U0810246

《论语》的种子

陆春祥 著

天津出版传媒集团
百花文艺出版社

图书在版编目（CIP）数据

《论语》的种子 / 陆春祥著. -- 天津 : 百花文艺出版社, 2023.4
ISBN 978-7-5306-8501-3

Ⅰ. ①论… Ⅱ. ①陆… Ⅲ. ①儒家②《论语》-研究 Ⅳ. ①B222.25

中国国家版本馆 CIP 数据核字(2023)第 037054 号

《论语》的种子
LUNYU DE ZHONGZI
陆春祥 著

出 版 人：薛印胜
责任编辑：王 燕　　辑页书法：汪惠仁
版式设计：郭亚红　　封面设计：彭 泽
出版发行：百花文艺出版社
地址：天津市和平区西康路 35 号　邮编：300051
电话传真：+86-22-23332651（发行部）
+86-22-23332656（总编室）
+86-22-23332478（邮购部）
网址：http://www.baihuawenyi.com
印刷：天津新华印务有限公司
开本：880 毫米×1230 毫米　1/32
字数：300 千字
印张：10.375
版次：2023 年 4 月第 1 版
印次：2023 年 4 月第 1 次印刷
定价：68.00元

如有印装质量问题，请与天津新华印务有限公司联系调换
地址：天津东丽开发区五经路 23 号
电话：(022)58160306
邮编：300300

版权所有　侵权必究

文质彬彬，然后君子。

（雍也第六）

目录

孔子的旗帜（序言）　1
孔门弟子人物表　23

第一卷

学而第一　3
为政第二　15

第二卷

八佾第三　31
里仁第四　43

第三卷

公冶长第五　55
雍也第六　72

第四卷

述而第七　89
泰伯第八　109

第五卷

子罕第九　121
乡党第十　139

第六卷

先进第十一　155
颜渊第十二　169

第七卷

子路第十三　187
宪问第十四　203

第八卷

卫灵公第十五　219
季氏第十六　232

第九卷

阳货第十七　249
微子第十八　262

第十卷

子张第十九　275
尧曰第二十　287

永远的《论语》（后记）　295
参考文献　298

孔子的旗帜(序言)

1.家世

微子启对那个暴烈的异母弟弟也没多大办法，只能洁身自好，商纣王朝无道，还是投奔周人吧，只要生灵不受涂炭。周灭商，周公迁微子启及商遗民至商丘，这就是后来的宋国，微子启就成了宋国的开国始祖，周朝的一个诸侯国。

孔子自己说，他是殷人之后，他们家都姓子，家谱上这样排着先辈：微仲(微子启的弟弟，兄终弟及，他也做过宋国国君)，弗父何(第十代)，正考父(第七代)，孔父嘉(第六代)。孔父嘉，嘉是名，孔是字，父乃美称。按宗法要求，五代以后，后代就要脱离宗室，另立一个族名，就是氏，以区分同姓下的不同家族，孔子先人于是就将孔父嘉的字拿来做氏，孔氏正式诞生，不过，他们仍然姓子。

因无严格规定，虽有孔氏，但孔子的先祖木金父、祈父、防叔、伯夏，直到孔子的父亲叔梁纥，都没称氏，名字里面也没有孔字。叔梁纥，叔梁是字，纥是名，他们仍然姓子，全称应该是子叔梁纥。孔子，名丘，字仲尼，全称也应该是子孔丘。春秋战国时代，大凡男子不称姓，称氏，以明贵贱，战国以后，人们开始以氏为姓，孔仲尼，孔鲤，孔伋，孔白，孔求，孔箕，孔穿，孔慎，孔鲋——孔姓生生不息。目前中国四百余万人的孔姓，孔子后裔的比例占了不少。

孔父嘉死于宋国的一场宫廷内乱，他的后人为避祸，从宋国一路奔逃至鲁国才安定下来。自微子启开始算，到叔梁纥时，已经好多代了，鲁国成了孔子先人安身立命之地。

叔梁纥（公元前622—公元前549），鲁国著名的武士，长得高高大大，壮壮实实。他曾两次为鲁国立下大战功，《左传》对叔梁纥有两处赞美，一是“有力如虎”；一是“以勇力闻于诸侯”。因此，叔梁纥升为陬邑的地方长官。

先看叔梁纥的第一次战功，救人。

《左传·襄公十年》详细记载了这件事：鲁襄公十年，叔梁纥被征召前去攻打一个名叫逼阳的小国，此时他已经五十多岁了。叔梁纥勇猛无比，他率领士兵迅速打开了逼阳的城门。正当鲁国士兵要蜂拥入城时，逼阳的守城卒，突然放下了厚重的闸门，意欲里外分而围之。叔梁纥见状，迅速跑到城门边，奋力托举住即将下落的闸门，士兵们安全撤出城外。

七年后，叔梁纥又立了第二次战功，还是救人。

《左传·襄公十七年》也详细记载了这件事：鲁襄公十七年，齐国侵鲁国，齐军大部队将鲁国大夫臧纥的城围得水泄不通。鲁襄公得报，迅速派出救援队伍，但援军行至半道，慑于齐军的威名，竟然折返。叔梁纥闻听此事，立即请命，他率领三百个敢死队士兵，嗷叫着冲进城内，杀出一条血路，将臧纥安全护送到鲁国都城。随后，叔梁纥又搬来救兵，内外夹击，齐军只好撤退。

再说叔梁纥的私事。

叔梁纥娶的夫人姓施，在数十年时间里，一连给他生下九个女儿。九朵花，家里整天如麻雀窝一样叽叽喳喳不停歇，女儿可爱是可爱，但叔梁纥没有幸福感，众所周知的原因，没有儿子，事业怎么继承？叔梁纥于是又娶了个妾，此妾还算争气，给他生了个儿子，但这个叫孟皮的孩子，却跛足，孟皮究竟是生下来就残疾呢，还是幼时脚受伤而残疾，不得而知，十有八九，跛疾自他娘胎中而来，总之，叔梁纥依然不开心。每每看着孟皮一翘一拐跟在姐姐们后面跑动的样子，叔梁纥总是轻轻地摇头和叹息。

这样的日子一过就是好多年。某天，六十七岁的叔梁纥，听说他的治下有户颜姓人家，家里有三个娇娇女，便鼓足信心，托人前往颜家求亲。

《孔子家语》中，对叔梁纥这段求婚细节也有详细记载：

> 颜氏有三女，其小曰征在。颜氏谓三女曰："陬大夫虽父祖为，然其先圣王之裔也。今其人身长九尺，武力绝伦，吾甚贪之。年长性严，不足为疑，三女孰能为之妻"？ 二女莫对，征在进曰："所制，何问焉"。父曰："即尔能矣"。遂以妻之。

不能不说，颜老爹爹是有眼光的：这位先生是圣人之后，你们看他的身高，九尺，高个父亲生下的孩子还不是个高人呀！还有，他的武功，这个不用说了，全国闻名，他的年纪虽然超过了我，但为人严谨，这些都不是什么大问题，闺女们，我真是爱煞这位女婿了，你们谁愿意嫁？大女儿二女儿不吭声，这么大的年纪，说破了天，我们也不喜欢。老三颜征在，刚满十七，她挺幽默地对父亲说：这位大人是仗着自己的身份，强行娶亲呀，那就嫁呗，还问什么呢！

古稀的老人和如花似玉的少女，这样的婚姻是残酷的，或许，是叔梁纥碍于面子，或许是大老婆施氏的不开心，总之，叔梁纥与颜征在的婚礼草草了事，婚后，叔梁纥就拉着小夫人的手，去了尴尼山，他们向山神祈祷：给我们一个健康聪明的儿子吧，求求您了！

2.少年

司马迁考察过孔子的家世后这样说孔子的出生:纥与颜氏女野合而生孔子。

此后,坊间的小道消息满天飞,说是叔梁纥与颜征在在野地里苟合而生下孔子,孔子就是个私生子。“野合”两字实在让人有点误会。其实,司马迁的意思应该是指,孔爹孔妈的婚姻,年纪相差有点大,不太符合礼制,一个大夫,娶媳妇也没有办个像样的婚礼,有如乡野之人草率。孔爹孔妈年纪虽差太大,也是明媒正娶,并不是野外躺一下偷个情而意外怀孕,叔梁纥没那么风流,颜征在也是个有家教的姑娘。

公元前551年9月28日,北方的天气已经开始转凉,鲁国昌平乡陬邑,一个男孩降生的有力啼哭声,打破了周边的平静,老大夫叔梁纥家热闹起来了,又一个儿子降生。老人心中一阵惊喜,仆从随即通报,孩子头顶上虽有个小凹陷,但没别的毛病,是个健康的男儿!大儿孟皮,字伯尼,那么,眼前这个老二,拜山神所赐,头顶还有凹陷,就叫丘吧,字仲尼。

一般说来,三岁以前的孩子是没什么记忆的,叔梁纥对这个小儿子的感情,只能靠人们想像,老来得子,捧在手心,含在嘴中,仲尼小朋友在姐姐哥哥们追逐嬉闹的笑声中应该开心,年轻妈妈颜征在也觉得眼前的孩子就是她的希望,一定要好好培养他。

公元前549年,七十一岁的叔梁纥突然离世,这一下,颜征在立即面临一个巨大的难题:她与儿子如何在这个大家庭中生活下去?叔梁纥不是什么大官,家庭经济能力有限,家主一去世,全家生活肯定会有问题,无论怎样,颜征在都觉得,她和儿子应该独立出去。

从孔子的成长过程看，颜妈妈这个决定相当正确，她带着三岁的儿子，离开昌平陬邑叔梁纥家，迁到鲁国国都曲阜城内的阙里居住。

回溯一下曲阜的历史。这里是周公的封地，也是贵族的集聚之地，周公长子伯禽从镐京带着众多的典章书籍去掌管封地，一直使用并保存完好，当时的人们就普遍认为，周朝的典章制度及历史文献尽在鲁国。颜妈妈就是要替儿子寻找这样的成长环境，小孔子在文化礼仪氛围极浓厚的环境中耳濡目染，迅速成长为一个少年的礼仪专家。

司马迁描绘了少年孔子学习礼仪的痴迷："孔子为儿嬉戏，常陈俎豆，设礼容"。家门口的空地上，小小少年，神情严肃而专注，将祭器按规定位置一一摆放，方形的，圆形的，祭器里面还要模仿摆上一些祭品，一切都停当，少年又整理了一下服饰，对着天与地磕头行礼。原始社会与封建社会，无论君王与平民，祭祀皆头等大事，祭天祭地祭祖宗，而祭祀有一套复杂的程序，一般人不可能掌握，谁要是学得了这样的本事，他就为自己找到了谋生的铁饭碗。

事实上，少年孔子，他的谋生能力要超过一般人：吾少也贱，故多能鄙事（《论语·子罕》）。鄙事指什么？不外乎扫地、担水、砍柴、种收庄稼、耕田耕地、养猪放牛什么的，自己养活自己，什么事都要自己干，这是一个极其简单的因果关系，穷人的孩子早当家。

自然，颜妈妈的志向，孔子的志向，一定不会仅限于此，他们还有更重要的事要做。除了礼之外，少年孔子还学习"六艺"中的其他几项——乐、射、御、书、数，且特别努力，可以这样说，他是在社会这所大学中自学的高材生，不仅如此，他还将此作为自己一生的理想，无论是否从政，都要积极入世，让自己成为一个完美的君子。

好学上进的阳光少年，一天天长高，转眼就超过了他的母亲，颜妈妈依稀记得丈夫的身高，她只觉得，儿子这高度，要超过他爹，还是司马迁，他这样描绘孔子："长九尺六寸，人皆谓之'长人'而异之"。老夫少妻，九尺高的叔梁纥，儿子已经超过他了，颜妈妈日日欣慰，孩子终于长大了，她不会想到，这个"长人"，会成为后世万人敬仰高不可攀的人物。

然而，上天一直在考验着孔子。三岁死爹，十七岁，风华正茂的少年，前景一派看好，年轻的母亲却离开了他。悲伤击不倒少年，孔子以一般人少有的熟练与老成，一件件地处理着眼前的大事：按礼仪先将母亲浅葬，再尽一切努力寻访父亲的坟，他要将他们合葬在一起。事遂人愿，少年终于完成了他的心愿，曲阜东十余里的防山，现在叫梁公林，孔子的父母就葬在那里。

3.而立

母亲不在，家也不在，但日子必须过下去。少年必须要有一个家。古代男子以二十岁为弱冠，某种意义上说，那时的青年标准是二十岁。

有文化，能吃苦，生活与工作能力都特别强，青年孔丘的好名声在四乡八邻传遍了，上门提亲的不说踏破门槛，一定不会少，十九岁的孔丘，选择了祖籍同是宋国的女子丌官氏结了婚。

我们完全可以这么认为，二十岁的青年孔丘，他的才华与名声，连鲁国国君也知道了，否则，结婚第二年，他儿子出生，国君怎么会送来两条鲤鱼祝贺呢？鲁国虽是小国，但国君是不会随便给一个平民送礼的。听说，有个叫孔仲尼的，各项才能都出类拔萃，又是宋国贵族之后，其父也立有战功，这样的青年，一定会成为国家的栋梁，他儿子出生，我们应该表示一下祝贺，鲁昭公听了别人汇报，于是作出了送鲤鱼的决定。孔鲤，字伯鱼，孔子唯一儿子的名字中，散发着国君关怀的荣光。

有妻有儿的孔丘，无论什么工作，他对自己都严格要求。他做鲁国权臣季孙氏家的委吏和乘田，非常出色。委吏，管理仓库，会计出纳，料量升斗，账目一清二楚。乘田，管理牲畜，晨饲日养，清扫洗刷，牛肥羊壮。如果这也算从政岗位的话（低级役吏），那么，正如孔子自己所说，只要给他岗位，他一定会做得很好，小到役吏，大到司寇，他都用实践证明了。

韩愈在《师说》中说：“圣人无常师。孔子师郯子、苌弘、师襄、老聃。郯之徒，其贤不及孔子。孔子曰：‘三人行，则必有我师。’”

孔丘向郯国（鲁国的附属小国）国君郯子请教官职，向大夫苌弘请教古乐，向乐官师襄学琴，向老子学习周礼，每一段学习过程，都是一个长长的故事，期间充满了努力与拼搏、尊重与温情，学生听得入迷，老师教得认真。除了老子，这些人的名气都在孔丘之下，但孔丘却满怀谦虚，学一样爱一样，他知道，人在各自的领域里各有所长，许多人都可以做他的老师。圣人是没有固定老师的，谁有本事跟谁学。

终于，虚心的孔丘，学得了满怀的本事，成了受人尊敬的孔子。三十而立，天地间，一个堂堂正正的儒者挺立，有思想、有担当，对社会、对国家。接下来，孔子要开始向世界展示他的抱负了。

4.课堂

孔子最大的理想，自然是从政，他有一身的本事，但一开始就不顺。

孔子去了一趟齐国，虽是邻国，但齐国无论哪一方面都要比鲁国强，是个名符其实的大国，齐景公对孔子印象不错，齐国还有著名的宰相晏婴，孔子觉得，齐国应该有他施展的机会。没有料到，晏婴强烈反对齐景公对孔子的任用，认为孔子那套理论在齐国大大行不通，于是想尽办法赶走他，弄得齐景公很没面子，只好以“我老了，不能用你了”作借口，打发走孔子。

但孔子面前，并不是只有从政一条路，他博学，有许多能力可以谋生，比如，替人办丧事，如前述，这不是个简单的差事，它需要极专业的学问，懂行的人少，报酬自然丰厚。不过，这都是孔子平时的副业。

此时的孔子，他选择的主业是办学堂，将教育职业化。一时兴起，没有规划，都不能持久，而要为国家社会培养人材，想让自己的思想得到有效传播，影响更多的人，必须要学堂才行。

《论语》课堂就此打开，鲁国及周边各国学子，有兄弟，有父子，有平民，也有官员，老老少少，齐聚泗水边，孔老师往往一讲就是大半天。

孔门课堂的教材，皆是孔老师自编。他将“仁”作为核心来进行教育，《论语》五百章，有五十八章一百零九次讲到了“仁”。如此强调“仁”，这个“仁”到底可以干什么？我的简单理解就是两句话：修身以达君子，为政宽厚爱民。一私用，一公用，无论私与公，仁者爱人，“仁”皆会帮我们达到理想的境界。

有教无类。根据不同学生的不同特点，制定适宜的教学方法，孔老师这个教育方法太好使了，两千五百年来，只要是遵行使用“有教无类”的，皆大获成功。道理其实不难理解，人间万事万物皆有个性，尤其是人，更是个个不同，既然不同，为什么要千篇一律地教呢？于是，樊迟问仁、子贡问仁、仲弓问仁、子张问仁，孔老师皆有不同的回答，每一种回答，都切题合景，学生深有所悟。

孔门课堂上，常有振聋发聩地声音传出。

“己所不欲，勿施于人”，古往今来，这是最能打动人的八个字，我觉得，这就是仁爱的本质体现。对方是我同类，以己推人，站在对方的立场，设身处地替对方着想。总之，对方在自己的心目中占有重要之地，这个对方其实就是我，在这样的思维与逻辑指挥下，许多对方不喜欢的事情就不会去做。

忽然想，这与“黄金分割律”不是很相似吗？0.618，这样的构图比例的数最和谐，和谐了才好看，才是美的。“己所不欲，勿施于人”，追求的也是人与人之间的关系，或者说是自然事物的最佳状态。伟大的哲学家孔子，注定要伟大，他的品德无可挑剔，他从不强加于人，纵观历史，没有任何一位哲学家如孔子那样体谅人。但是，两千五百多年来，几乎人人都能这样说，也都这样去教育别人，而一旦事涉自身，却未必能做到，即便是对自己的亲人。不过，这能怪孔子吗？这只能怪人性的复杂。

有人统计，《论语》中的成语及固定俗语多达几百个，仅以首篇《学而》为例：“学而时习之，有朋自远方来，不亦乐乎，犯上作乱，巧言令色，一日三省，三省吾身，节用爱人，入孝出悌，行有余力，言而有信，知过必改，慎终追远，温良恭俭让，和为贵，小大由之，食无求饱，居无求安，敏事慎言，切磋琢磨，精益求精，贫而乐道，告往知来。”它们都具有浓郁的场景感，时光虽流逝，但这些散发着夫子气息的格言警句，时时击打着人心。

孔门课堂，不仅限于狭窄的陋室，更多是在室外广阔的天地间，河湖水边，田间地头，甚至在流浪被困的途中。所谓情景教学，孔老师走到哪儿教到哪儿。孔老师知道，人生无涯，但知有涯，教学生，也是在教自己，教与学相长。

著名的“咏而归”来了：

暮春三月，春服既成，冠者五六人，童子六七人，浴乎沂，风乎舞雩，咏而归。

你一定会被曾皙的志向所迷倒，孔老师反正被曾皙不一般的志向迷倒了。“仁”与“礼”是孔子思想的核心原则，而我通俗的理解就是对人类的关心，在他的大原则下，他希望看到更多被仁爱培养出来的生动细节展现，比如眼前，子路、冉有、公西华，他们的志向都很不错，都还是一般入世的政治抱负，而曾皙不是，他追求自由的思想与生活，虽然孔老师本人也追求积极入世，但他胸怀宽广，他的学生，只要按仁与礼的规则行事，内心充实，不去损害公众与社会的利益，无论以何种生活方式生活与工作，都值得赞许。实现“咏而归”的理想状态，从另一个角度理解，不就是天下安宁吗？

5.学生

司马迁说，孔子在漫长的教育生涯中，培养出了三千余弟子，通“六艺”著名的学生就有七十多人。《论语》大教室的黑板报上，永久张贴着孔老师评出的各科先进学生的名字，他们每一个都形象丰满：

德行优良者：颜渊。闵子骞。冉伯牛。仲弓。

言语杰出者：宰我。子贡。

政事擅长者：冉有。季路。

熟悉文献者：子游。子夏。

我这里只说三位著名弟子：颜渊，子贡，子路。

孔老师擅情景教学，比如最常见的就是，利用各种机会让学生言志，然后启发式教学。三大弟子在一起的日子极难得，我也不知道这是不是汉代韩婴杜撰的还是有记载，但没有漏洞（以下详见《韩诗外传》卷七第二十六章）：

孔子游于景山之上，子路、子贡、颜渊从。

孔子曰：君子登高必赋，小子愿者何？言其愿，丘将启汝。

子路曰：由愿奋长戟，荡三军，乳虎在后，仇敌在前，蠡跃蛟奋，进救两国之患。

孔子曰：勇士哉！

子贡曰：两国构难，壮士列阵，尘埃涨天，赐不持一尺之兵，一斗之粮，解两国之难，用赐者存，不用赐者亡。

孔子曰：辩士哉！

颜回不愿。

孔子曰：回何不愿？

颜渊曰：二子已愿，故不敢愿。

孔子曰：不同，意各有事焉，回其愿，丘将启汝。

颜渊曰：愿得小国而相之，主以道制，臣以德化，君臣同心，外内相应，列国诸侯莫不从义向风，壮者趋而进，老者扶而至，教行乎百姓，德施乎四蛮，莫不释兵，辐辏乎四门，天下咸获永宁，蝖飞蠕动，各乐其性，进贤使能，各任其事，于是君绥于上，臣和于下，垂拱无为，动作中道，从容得礼，言仁义者赏，言战斗者死，则由何进而救，赐何难之解。

孔子曰：圣士哉！大人出，小子匿，圣者起，贤者伏。回与执政，则由赐焉施其能哉！

先说子路。

子路（公元前542 —前480），鲁国卞（今山东泗水县）人，姓仲，名由，字季路。子路小孔老师九岁，性格直爽勇敢，也可以说是有点鲁莽，他经常直言不讳地批评孔老师，但他武功好，协助老师“堕三都”，跟随老师周游列国，处处保护老师，孔老师也说：“自从我有子路，坏人不敢在他面前撒野了，安全有了保障”。

只要别人有难，仇敌在前，即便后面有凶猛的老虎在追，他也会奋勇挺着长戟，如蠡虫一样跃起蛟龙一样勇敢，荡平三军，解救危难！确实，子路勇敢无人能比，难怪孔老师要赞他是个“勇士”。

子路惨死于一场贵族之间的内乱，被人砍成肉酱，孔老师伤心不已，几个月不敢看酱缸，不敢听闻肉酱这个词。

再说子贡。

子贡（公元前520 —公元前456年），卫国（今河南省濮阳一带）人，姓端木，名赐，字子贡。子贡小孔老师三十一岁，是个经营天才，曾经商于曹、鲁之间，富致千金，善辞令，外交能力杰出。

子贡顺着子路设想的场景表达他的能力：如果两个国家即将发生战争，排山倒海一样的士兵已经面对面，扬起的灰尘将整个天空都遮蔽，面对这样一触即发的场景，我不会像子路一样冲锋陷阵，我不用一个兵，也不需要一斗粮，就会平息既然燃起的战火，任用我的国家就能生存，不任用我的国家就会灭亡，分分钟的事情，我保证！

子贡真不是吹牛，齐鲁夹谷之盟后，他受孔老师的委托，十年外交，存鲁、乱齐、破吴、强晋、霸越，无人能及。难怪孔老师要赞扬他的口才能力一等一。

接下来说颜渊。

颜渊（公元前 521—前 480），名回，字子渊，孔老师最得意的学生。颜回小孔老师三十岁，以德行著称，贫而乐道的典型，他最著名的品质都是孔老师总结的，“不迁怒，不贰过”“一箪食，一瓢饮，在陋巷，人不堪其忧，回也不改其乐”。

颜回极谦虚，子路说了，子贡说了，他不肯说，在孔老师的一再要求下，颜回表达了他的志向，颜回的志向，与子路、子贡迥然不同，总结起来说，他追求的是，去一个小国家，帮助那里的国君实行仁政，用道德来约束与感化百姓，君臣同心，君民同心，义的旗帜在这个小国高高飘扬，天下所有的国家，都羡慕向往，纷纷向小国学习，有识之士及天下百姓都来投奔这个国家，更重要的是，这个国家所倡导的德行，在天下的影响力越来越大，连遥远的少数民族都纷纷效仿，天下没有战事，百姓遵礼从仁，平安生活，每个人都能将自己的能力尽情施展出来。一句话，天下大同！

不过，颜回说是这么说，他并没有从政的意愿，他只愿意过他那种贫寒而粗陋的生活，将贫当作富，将贱当作贵，无勇而威，与读书人交流，终身无患难。孔老师心里清楚得很，颜回的志向其实就代表他的理想，只要给他一个平台，就可以将其治理成一个理想的模范标本。孔老师于是感叹：要是颜回从政，子路与子贡，就没有他们施展才能的机会了。

子路死了，孔老师难受极了；颜回短命而死，孔老师则丧魂落魄、悲痛欲绝地大叫：这是上天要亡我呀！这是上天要亡我呀！在孔老师眼中，颜回有许多地方都值得他学习，不迁怒，不贰过，颜回的品德，令人难以企及。

子路、颜回都死在孔老师之前，孔老师去世，一般的同学都守孝三年，子贡呢，在老师的坟前又守了三年。这是一种怎样的师生感情？拥有巨大的财富，善辩的口才，都只是子贡的外表，他的内心，对老师无比崇敬，他深知，日后再过几十年，几百年，几千年，人们的思想与生活，都会受到孔老师的影响，孔老师的思想，会像太阳一样，光照世界。

6.中都宰及其他

孔子做梦都想当官，只是没机会，或者机会不足，他一直在积蓄力量，等待时机，像上好的珍珠等待好价钱那样等买主。

鲁定公八年（公元前502年），季氏家著名的家臣阳货，终于被自己的权力冲昏了脑袋，他的思维这样的：既然你季桓子可以架空鲁定公，我不可以架空你季桓子吗？而多年来的事实已经证明，阳货确实大权在握，早在四年前，他就曾以私人的名义引诱孔子帮他，又是送小猪，又是侧面吹捧，弄得孔老师也难为情：好的，好的，我很快就要出来做官了。阳货终于忍耐不住而造了季桓子的反，他将季桓子囚禁起来，他还想将季氏杀死夺下全部权力，不想被打败，阳货于是逃往齐国，后被齐国所弃又逃往晋国。

阳货叛乱被平定，季氏与鲁定公似乎同时都想起了孔子：哎，孔仲尼在鲁国民众中威望颇高，且他的政治态度让他几乎完全站在王室这一边，追求国家安定，民众幸福，他又那么想出仕，我们应该任用孔仲尼，先让他去治理一个县吧，嗯，就去中都县，次年，已经五十一岁的孔子，被任命为中都宰。

司马迁用一句话评价了孔子这一次任职："孔子为中都宰，一年，四方皆则之"。"则"是什么意思？这里应该作动词"效法"解，就是说,孔子做了一年的中都县长,成就斐然,四方纷纷学习仿效。

孔子在中都宰这个岗位上，做出了什么值得各地学习的成绩呢?

孔子研究专家李木生,陪我去了中都,现在的汶上县。李木生说,孔子一开始出仕,就是心怀天下,他必须将中都治理好,且要短时间出成绩,他将此作为治理天下的一次实践。

孔子挑选了几个学生,一起前往中都,他们的心情,如春季草木勃发那样喜悦,然而,眼前的中都,却以一片凋敝迎接了他们。本该春耕大忙,但大片田地却杂草纵生,问了百姓为什么不种庄稼,百姓答:水利多年失修,无法灌溉。民以食为生,春不种,秋哪有收?如此荒芜,孔子的心情越来越沉重。孔子师生行至城内一市场小摊贩前,见一些人在拉拉扯扯,有哭有喊,一问,买者要低价,卖主不愿意,买者人高马大,一脸横肉,凶得很,卖者滥衫破裤,一脸菜色,可怜兮兮:俺家这几十个鸡蛋,积攒了好几个月,家里病人等着抓药呢,可他却只付半价!

实地调研了一圈,孔县长开始施政了,就如他的教学一样,具体情况,分类实施:凿井挖渠,使良田有保障;根据地力性质因地制宜,养鱼、养虾、种藕、种菱;无主荒地,谁开垦谁所有;各家多余的东西都拿到市场上去流通。只半年,中都大街上就开始热闹起来了,店铺作坊一家家相连,各国商品五花八门。生计问题解决,孔子又开始办讲堂,教育百姓懂礼仪、知廉耻。又半年,成效大显。

孔子果然有能力,鲁定公与季桓子都相当满意,鲁定公问孔子:“学子此法,以治鲁国,何如？”孔子信心十足:“虽天下可以乎！何但鲁国而已哉”(详见《孔子家语》)？鲁定公拈须大笑:“不错,你去做小司空吧,管理国家的工程,不少建筑与道路,都需要修整！”

孔县长要离任了，中都百姓倾城相送，东门外十里成了人巷，百姓恋恋不舍。

孔县长感动极了，他脱下一只靴子，以表示曾经在此任职过。李木生说，以前的汶上，曾有楼阁专门供奉孔子留下的“夫子屐”。中国历代清官文化里，离任留靴，就是由孔子宰中都开始传承下来的。

对孔子来说，司空这个职位，其实任职很短暂，不过，他却在人生履历上写下了辉煌的一页，他参加了鲁定公十年（公元前500年）齐鲁之间的夹谷会盟，并为鲁国大大赢回了面子。

夹谷会盟前，孔子已经嗅出了齐景公的不良企图，他们想武力劫持鲁定公，让鲁国彻底臣服，孔子建议鲁定公：“有文事必有武备，有武备必有文事”。也就是说，必须做好各项充分的准备，配备精兵强将，牢牢掌握主动权，防止会盟出现变数。

显然，主动权一开始就掌握在孔子手里，因为他是这次会盟中鲁国君主的相礼。更因为，孔子所掌握的周礼知识，天下闻名，人人佩服。

《左传》中绘声绘色地描绘了这场会盟。

会盟开始，各自奏乐，齐国先来。齐国响起的是夷狄之乐，这怎么行，你们齐国这样的大国，难道如此不懂礼数吗？庄严的场合，怎么能奏那些不上大雅之堂的夷狄之音呢！赶紧停止，撤下，听我们鲁国奏的周乐吧。齐国乐队立即被斥退，齐景公脸上红一阵白一阵。表演第二轮，舞蹈。齐国想扳回一局，一队滑稽戏演员，侏儒，上场，众人起哄，对严重不符合周礼的节目孔子大怒：真是下三烂，难道你们齐国就这样对待我们的君主的吗？齐景公的脸上挂不住了，给边上的莱人（被齐国征服）武士使眼色，他们的原计划是，用莱人劫持鲁定公。莱人武士于是列队上场，情况危急，孔子一边用身体挡着鲁定公，让他退下，一边自己迎身而上，严肃地对齐景公警告：两君和好，你们却让俘虏来捣乱，什么意思呀，这不像大国君主的风度！刚才的一切，齐景公都看在眼里，原来的计划，肯定不行了，立即改变，和鲁国盟好吧。

齐景公依然不甘心，写盟书时，齐写：齐军出境，鲁国必须派三百乘车随从。见此，孔子要求立即加上这样的限定句：可以，但齐国不归还我们汶阳一带的土地，鲁国绝不干这样的事！

齐景公无奈地挥挥手：好吧，好吧，郓城、汶阳、龟阳等地，都还给鲁国。

齐鲁会盟，强弱之间的游戏，只要条件基本合理，小国只有接受；接受了，就表示顺服，大国才会给你支持和帮助。在孔司空的努力下，鲁国显然取得了外交上的胜利，齐国不仅签了盟约，更归还了原来抢走的土地。

自然，孔子回国，也得到了重用，第二年，升任司寇，权力相当于宰相，他可以全力实施他的政治理想了。

一道夹谷深裂之中，鲁苏交界处的夹谷山并不高，整个海拔只有三百来米，赣榆当时属齐国地界。陪同人员告诉我，两千五百多年前，夹谷山下还是水面，会盟处在谷的中间位置，这是一个合适的高度，夹谷会盟后，谷因圣迹成佳境，石似莺啼作好声。夹谷因了孔仲尼在会盟上的表现而一举成名，而夹谷山的裂谷中，山风吹过石洞石隙，会发出像莺一样的阵阵鸣叫，更让人迷恋。

栗树林中，一阵劲风吹过，风中似乎夹着莺啼的声音，我知道，那极有可能是我的幻觉，不过，我依然相信，那是一只莺或数只莺，那莺，也许就是孔圣人的使者，它正穿越两千五百年的时空袅鸟而来。

不久，鲁定公就下达了这样的任命书：

宋公之子，弗甫何孙，鲁孔丘，命尔为司寇。(《韩诗外传》)

司寇的职责是什么？审判及处理案件。

这时的孔司寇，完全将他仁爱的核心思想贯串于行动中：

孔子为鲁司寇，断狱讼，皆进众议者而问之曰："子以为奚若？某以为何若"？皆曰云云。如是，然后夫子曰：当从某子几是。(《孔子家语》)

以仁爱为引导，孔司寇用民主的审判方法，有关人员一一找来，你以为如何处理？他以为如何判案？情况逐一掌握，比较，审视，孔子心中有数了：这个案子，父亲告儿子不孝，儿子又告父亲打人，我们这样断吧，将他们各自禁闭三日，各自反省，三日后再重新断。

三日后，父亲想通了，承认了错误，态度诚恳；儿子也想通了，也承认了错误，态度也诚恳。孔司寇断道："你们回家吧，记住，父慈子孝，乃为父为子本份，回家好好生活。"

7.丧家狗

家国相连，国就是家，做了四年多官，孔子做不下去了，他离开了鲁国，没有了国，就如同狗一样丧了家，孔子的丧家，起因是没有收到鲁国郊祭而分配的肉，这一份肉是象征，不送给你，表示已经不被国君信任。

没收到肉，也不是无缘无故的，起因就是大司寇任上的大动作“堕三都”。简单地说，鲁国的大权落在季孙孟三家大夫手中，简称“三桓”，“三都”是他们三家各自割据领地的城堡，“三桓”们其实都居住在都城内，数代以后，“三桓”的城堡，又被他们各自角色厉害的家臣所占据，家臣们的力量，已经足够与“三桓”对抗，阳货叛乱就是明证。而此时孔子提出的“堕三都”计划，表面上是帮助“三桓”解决权力旁落问题，但核心却是剥夺“三桓”权力，重归于鲁国国君。

“堕三都”的核心是：

家不藏甲，邑无百雉之城，今三家（三桓）过制，请皆损之。

（《孔子家语》）

叔孙氏的城堡顺利拆掉了。季孙氏的城堡，最大最坚固，管理者公山不狃起兵反抗，但最终被打败，也拆掉了。孟孙氏的城堡，孟懿子虽是孔老师的学生，但他的家臣极有远见：你装作不知道，我抵抗拆堡。学生表面同意老师的计划，暗中却全力支持家臣拒拆，从夏天一直拖到冬天，孟孙氏的城堡也没有拆成，鲁定公急了，带兵攻打，这个时候，叔孙氏、季孙氏醒悟过来了，我们的城堡都拆了，我们也就完蛋了，不管他！“三都”最终没完全堕成，孔子大受打击，他意识到，他所面对的是整个“三桓”势力，凭他一个人，改变不了局势。

有了这样一出，实际掌权的季孙氏，自然不会再相信孔子了。他可以将责任大大方方地推到孔子身上：你这个计划不行，差点酿成大错。

自此开始，五十五岁的孔子，离开鲁国长达十四年，说好听点是周游列国，说不好听，就如孔子自己说的，他就是一条丧了家的流浪狗。

十四年的流亡经历，一年写一册，至少十四册，每一册都可以写满千页。

早春的气息，扑鼻而来，一切都显示着勃勃的生机，孔子是多么不情愿地离开，鲁国生他养他，故国有他巨大的梦想。离开鲁国的那个夜晚，孔子一步一回头，尽管学生们在催促老师快行，赶紧找个旅店住下来吧，但孔子依然慢行着，他希望信使自夜幕中快马急驰而来，带来国君的诚意挽留，然而没有。孔子师生，带着夜的黑暗与故国泥土花草的气息，双脚不情愿地迈过了边境。

求仕，行道，教学，孔子与他的学生，队伍看起来有点浩荡。

司马迁简略地描写了孔子这十四年的主要经历：

> 孔子明王道，干七十余君，莫能用。（《史记·孔子世家》）

拜见了这么多国家的领导人，为什么一个都没有任用他？他们心里清楚得很，孔子名气是大，但鲁国为什么又不用他了？一定有原因。最主要的原因是，孔子观点保守，认为天下已经衰落，失德，缺礼，只有回到旧时代旧道德中去才能恢复兴盛局面，他的“仁义”与“礼乐”，他的“德治教化”，显然都太过理想化，行不通。卫国，陈国，曹国，宋国，郑国，蔡国，国君们对孔老师，表面尊敬，背后却连连摆手，孔老师像一张深秋无根叶，飘来飘去，总是不能落地。

周游列国中许多著名场景，比如子见南子，比如子畏于匡，比如厄于陈蔡，比如津口问渡，比如荷蓧丈人，比如叶公问政，皆如尘封凝固的罐头，加入充分的想像，你可以一一打开，两千五百从年前的气息依然浓郁而来。但无论多么困苦与艰辛，孔子都不忘传道与教学，寒风凌冽，饥寒交迫，白霜满地，星辰高挂，险象环生，他始终没有泄气，他看重眼前，也相信未来，他的学生，学生的学生，总会有机会去实现他的主张，完成他的理想。

从五十五岁到六十八岁，十四年是漫长的，孔子用坚定的理想牢牢地抵挡住各种碰壁与孤独。鲁哀公十年（公元前483年），妻子亓官氏去世了，孔子闻信，胸口一阵疼痛，这痛，为妻子，更为自己，故乡鲁国真的忘记他了吗？接近古稀之年，或许他应该返鲁了，家里有儿子伯鱼，有孙子孔伋，还有许多学生等着他，子贡、冉求也已经被任用，且充分体现出了他们的为政能力。

公元前484年，执政的季康子派了三个官员，专程前往卫国，接回了孔子。

孔子生命中的最后五年，日子应该不会太艰难，他有不少学生从政，当政者也经常来问政于他。上课、采风，写书、编书，饱经风霜的苍老声音，常常从孔氏课堂上空溢出，夜已冷已深，孔家书房的烛光中依旧映射出老人长长的身影。身虽已老，手也不断颤抖，可思想却常常泉涌，停不下来。

公元前479年4月11日，曲阜城春寒料峭，冷风刮在人脸上依然生疼，城北的洙水河边，已经泛青的柳叶，齐齐垂下了脑袋，它们在为一位哲人哀悼，这一天，孔子去世。

8.长夜的光

孔子去了，孔子的故事正式开始。

弟子们遵礼守丧。25个月，一日为师终生为父。日子是单调的，却不枯燥，同学们每天在都在回忆孔老师的教诲，他编过哪些书，做过哪些事，讲过哪些话，唱过什么歌，什么事开心了，什么时候生气了，都一一回忆，细细梳理。还有，同学之中的经典语句，也都要记下来。

曾参、有子，你们年轻，你们找弟子负责记录吧。

"天一句，地一句；古一句，今一句；东一句，西一句，南一句，北一句；上一句，下一句；左一句，右一句；人一句，物一句。"《论语》课堂，犹如生活现场。孔门师生，传道授业，其乐融融。

司马迁说："余读孔子书，想见其为人。"

程子说："孔子言语句句是自然，孟子言语句句是事实。"

朱熹说："夫子教人，零零星星，说来说去，合来合去，合成一个大物事。"

朱熹又说："天不生仲尼，万古如长夜。"

1988 年 1 月，全球诺贝尔奖得主在法国巴黎开会，会后发表了一个宣言，宣言这样指出：如果人类要在二十一世纪生存下去，必须回首两千五百年，去吸取孔子的智慧。

孔子的智慧是什么？是仁，是爱，是有教无类，是适时与中庸。大丈夫处世，立德，立功，立言。简言之，孔子所有的智慧，都在他与学生零零散散的言谈中，或许，正是他政治上的不得意，才有了三千弟子，才有了《论语》。

孔子的旗帜，自春秋而来，穿透两千五百年的时空，依然在星光下飘扬。

《论语》诸字，犹如活泼泼的思想种子，依然在中国及世界大地上茁壮生长。

孔门弟子人物表

1.颜回，字子渊，早死，孔子最得意的三大学生之首，孔门十哲之一，德行排第一，被追封为“复圣”，少孔子三十岁，被尊称为颜子；

2.闵子骞，名损，字子骞，孔门十哲之一，德行排第二，少孔子十五岁；

3.冉伯牛，名耕，字伯牛，孔门十哲之一，德行排第三；

4.冉仲弓，名雍，字仲弓，仁笃厚道，不苟言辞，品学兼优，孔门十哲之一，德行排第四；

5.冉有，名求，字子有，性格活泼乐观，孔门十哲之一，政事排第一，少孔子二十九岁；

6.子路，姓仲，名由，又字季路，性情爽直好勇粗莽，孔子最著名的三大学生之一，孔门十哲之一，政事排第二，少孔子九岁；

7.宰我，名予，字子我，天资聪颖，好学善思，言语排第一，孔门十哲之一；

8.子贡，姓端木，名赐，字子贡，思路敏捷，商业奇才，擅长外交，孔子最著名的三大学生之一，孔门十哲之一，言语排第二，子贡十年外交，存鲁、乱齐、破吴、强晋、霸越，少孔子三十一岁；

9.陈子禽，字子亢，一字子禽，少孔子四十岁；

10.子游，姓言，名偃，字子游，亦称言游，文学排第一，孔门十哲之一，少孔子四十五岁；

11.子夏，姓卜，名商，字子夏，文学排第二，孔门十哲之一，少孔子四十四岁；

12.子张，姓颛孙，名师，字子张，才意高广，以勇武激进著称，少孔子四十八岁，儒八派之首；

13.曾参，字子舆，被尊称为曾子，性格内向，处事谨慎，以孝著称，元文宗、明世宗追其为“宗圣”，少孔子四十六岁；

14.澹台灭明，复姓澹台，字子羽，貌丑，品端，少孔子三十九岁；

15.宓不齐，字子贱，德行出众，擅政事，孔子赞其为君子，少孔子三十岁；

16.原宪，字子思，亦称原思、仲宪，安贫乐道，后人将其与颜回并提；

17.公冶长，复姓公冶，名长，孔子女婿，心胸宽广，为人能忍受耻辱；

18.南宫适，复姓南宫，字子容，常称南容，孔子侄女婿，处事谨慎，崇尚道德；

19.曾点，名点，字子皙，亦称曾皙，曾参父，狂放之士，孔子早期弟子；

20.颜路，名无繇，字路，亦称颜由、颜路，颜回父，孔子早期弟子，少孔子六岁；

21.商瞿，名瞿，字子木，学习刻苦，精于《易》，少孔子二十九岁；

22.高柴，名柴，字子羔，亦称子高、子皋、季皋，身材矮小，相貌丑陋，忠厚有余，才智不足，少孔子三十岁；

23.漆雕开，复姓漆雕，字子开，亦称子若，执着学问，对《尚书》有研究，少孔子十一岁，列儒家八派之一；

24.公伯寮，复姓公伯，名寮，字子周，利欲熏心，谗害子路；

25.司马耕，复姓司马，名耕，字子牛，亦称司马牛，多言而躁；

26.樊迟，名须，字子迟，有勇力，勤学好问，少孔子三十六岁；

27.有子，姓有，名若，字子有，被尊称为有子，身高体伟，有勇力，貌似孔子，少孔子四十三岁，为孔门十哲之一；

28.公西赤，复姓公西，名赤，字子华，亦称公西华，擅祭祀之仪、宾客之礼，少孔子四十二岁；

29.巫马施，复姓巫马，名施，字子旗，亦称巫马旗，少孔子三十岁；

30.梁鳣，名鳣，字叔鱼，少孔子二十九岁；

31.颜幸，名幸，字子柳，少孔子四十六岁；

32.冉孺，名孺，字子鲁，少孔子五十岁；

33.曹卹，名卹，字子循，少孔子五十岁；

34.伯虔，名虔，字子析，少孔子五十岁；

35.公孙龙，复姓公孙，名龙，字子石，少孔子五十三岁。

以上三十五位，以《史记·仲尼弟子列传第七》排列为序。司马迁说，另有四十二位孔门著名弟子，只有名字，没有年纪，缺少具体事迹，不一一排列。也就是说，司马迁在《史记·孔子世家》中说"孔子以诗书礼乐教，弟子盖三千焉，身通六艺者七十有二人"，两个数字不太统一。幸好，七十七与七十二，数字不是关键，关键是，著名十哲，名单是一致的。司马迁说，他这个名单，全部根据《论语》中的弟子问排列而成，彼时，司马迁能看到的《论语》有三个版本，齐国版《论语》、鲁国版《论语》，还有从孔子故宅挖出来的"孔壁古文"古《论语》，应该权威，我信他。

第一卷

学而第一
为政第二

學而

君子風度

学而第一

“学而”今年大约有 2571 岁了，公元前 551 年 9 月 28 日，它和孔子一起诞生。

学而时习之，读书人终生的使命。

“陆学而”将要来到我家。嘉嘉的预产期是 4 月 20 号左右，我替未出生的孙孙命名为“学而”，我希望，他(她)带着夫子的气息而来，无论男女，无论长相，无论富贵，健康平安，智慧有修养就好。

(补记：2019 年 4 月 14 日，晨六时半，我在缙云的“岩下时光”民宿，还没起床，陆地同学急急打电话报喜：小瑞瑞来了，顺产，六斤一两，母女平安。瑞瑞是她奶奶早就取好的小名，我祥，她瑞。瑞瑞大名，陆修蕴，陆地和嘉莉自己取的，哈，他自己的孩子自己做主。不过，修蕴和学而并不冲突，通过努力钻研学问和品行，用来藏蓄智慧和才华，通过不断学习并经常践习，都是修炼自己行为的良好方法和途径。)

我问：学习并且时常温习，是一件快乐的事情吗？

百分之一百零一的同学回答：复习考试，一点也不快乐。

孔夫子应该不会说错，否则，古今读书人一定不会将它当作使命的。使命是什么？使命就是责任，强烈的责任，使命就是需要耗尽你毕生的心血去完成的任务。

那我们的理解一定有误。

时,偶尔;习,实践。将学到的东西偶尔用到实践上,那不是一件快乐的事情吗?嗯,这还差不多。屏幕上常见各种名人演说,听听蛮激动,细细一考究,原来都是将学到的东西贩卖一下而已,贩古贩今,贩东贩西,他们的本事在于"学而时习之"。

巧言令色,鲜矣仁。

巧言令色的人,在你身边找找,一下子会冒出不少。怎么表情都有点相似呢?皮笑肉不笑,或者,挤出的笑容,堆在窄脸上,足有几斤重。

敲重点,鲜矣仁。缺少真诚的心意,这就击中了要害,一个缺乏诚意的人,你还能指望他什么?他只能讲讲你喜欢听的话,而这些话,大多如草原上跑动的浮云,一会儿遮东,一会儿盖西,就是不落下雨点。

曾参出场了。

这位小孔子四十六岁的曾学生,一张嘴就说出了千古名言:三省吾身。

三省,也就是三问吧:为人做事有没有尽到心?和朋友交往有没有失信?老师教的东西有没有复习好?

是一日三次反省自己吗?肯定不止,必须每日多次,从早省到晚,周而复始。这样反省累吗?你说累吗?起先累,后来就不累了,再后来,不反省,就浑身难受。蒙古族作家鲍尔吉·原野对我说,他每天晨起跑步,无论何时何地,无论寒暑风雨。我赞叹:"哥,您真有毅力啊。"他笑道:"不跑难受。"

江西婺源江湾,有一座"三省堂",清中期的古建筑,老屋很大,房间很多。如果不是这个堂号,这样的老房子,人们是不太会关注的。况且,这房子也不是曾参的后人建造,但人们来此,大多是为了曾参。我猜测，中国各地以“三省堂”命名的房子应该会有不少，它是优秀品格铸造必不可少的原材料。

曾子是如何炼成的呢？

说来话长，我慢慢讲。

《先进》篇的最后一节，子路、曾皙、冉有、公西华在夫子面前各言其志。

最潇洒的曾皙，他的志向最著名：“暮春三月，春服既成，冠者五六人，童子六七人，浴乎沂，风乎舞雩，咏而归。”

曾皙显然比子路他们志高一筹，他将天时、地利、人和全融合在一起，自得其乐，随遇而安，夫子大赞，原因就是，曾皙的志向是全方位的，儒家需要这种充满人间烟火味的情怀。

曾皙比孔老师只小了六岁，虽是洒脱之人，但性格上显然比较成熟。

这么个温文尔雅的人，教育他的孩子，却严厉得很。

某次，曾皙让儿子去瓜地锄草，儿子不知道怎么回事，一边锄草，一边还想着其他的事。也许，昨天晚上的功课还不熟练，他的心思还在课本上呢，锄着锄着，就将一棵瓜苗给锄掉了。这下不得了，曾皙随手拿起一根棍子，重重地打了儿子一棒，儿子当场昏死过去。

曾皙是恨铁不成钢，老子打儿子，天经地义。

儿子也不是那么好惹的。

儿子苏醒过来后，也不埋怨父亲，他平静地理了理散乱的发髻，走到瓜地边，从容地坐下来，“鼓瑟而歌”，父亲是弹瑟高手，儿子自然也会。也就是说，曾皙的儿子，在遭到父亲暴打后，依然平静地弹瑟唱歌，像什么事也没有发生一样。

曾皙看着儿子的举动，一时不知道说什么好。

孔老师听说这件事后，评论道：父亲打儿子，轻轻地打，那就算了，如果重重地打，儿子一定要跑开。曾皙的儿子，被父亲暴打却依然受之，这是陷曾皙于不义呀，这不是孝顺的做法。

曾皙想来还比不过这个儿子呢。

曾皙的儿子还有更让人不解的举动：曾皙极喜欢吃羊枣，他儿子就忍着不吃。是枣不好吃吗？肯定不是，一定是枣太好吃了，儿子觉得，老爹这么喜欢吃，咱做儿子的，就别和他抢着吃了，让他多吃点，多吃点。

有一天，风和日丽，曾皙家的织布机有规律地响着，门前却突然热闹起来，有人跑来告诉曾皙的妻子："哎呀，不得了了，你儿子在街上杀了人，因为和人吵架。"曾妻头也不抬，依然两手紧握布梭，一下一下地织着。她相信，儿子绝对不会杀人，绝对不会。

曾皙去世后，儿子为他举行了简单的葬礼。儿子认为，父亲活着，好好待他；父亲死了，咏而归，薄葬就可以了。

这个儿子，就是曾参——"三省吾身"的道德模范。

父子都成为孔门的七十二贤弟子，极为难得。

曾参是有资格做子思老师的，虽然"参也鲁"（有点鲁钝，布衣以为只是表面而已），以前成绩不太好，但他勤奋刻苦，深得孔门真传，教教孔老师的孙子绰绰有余。孟子有没有受过子思的教诲无法准确考据，但孟子受教于子思的门生一定可以成立。

孔孟，就这样相连起来了。

"孔老师，还有比学习更重要的事情吗？"

孔老师摸摸下巴，笑笑说："傻孩子，自然有了。"

要孝顺父母、尊敬兄长，行为要谨慎，不说谎话，关心别人，亲近有善行的人，这些都比读书重要。

孔老师讲完这几条，和蔼地看着他的门生问："这几条做好，行有余力，则以学文。读书学习，很容易，但最重要的是做人。"

《大学》开宗明义就讲了大学之道：在明明德，在亲民，在止于至善。国家的高级学校，培养什么样的人才呢？学校要培养的人要能彰显人的品格，要亲近老百姓，人格一定要完善。

孔老师站在遥远的高冈上，面对着鳞次栉比的大学宿舍，那一群进进出出忙乱的各国大学生，那一群进进出出忙乱的各科教授，一面摇头，一面感喟：怎么就本末倒置了呢？唉，唉！

子夏，卫国人，小孔子四十四岁。

不过，子夏和曾参一样，都很老练，就如以前我教书的班级，坐在前排的几位小个子同学，年龄小、个子小，但脑子却比其他同学好使。

这一天的课堂上，子夏发出了成人般的感叹：

娶妻嘛，（年纪小的同学一张嘴，年纪大的同学齐齐地讪笑），假如噢，你们别笑，我没碰过女人，不代表我不知道女人。娶妻嘛一定要重品德，容貌是次要的。我妈以前这般漂亮，我爸说的，但现在还不是黄脸婆了吗？女人就是一朵花，含苞时最漂亮，开了就要凋谢。我家的小院子里有许多花，我观察十多年了。侍奉父母，必须尽心尽力。（年纪小的同学讲这句话时，年纪大的同学一脸的真诚。）我每天上下学，但一点儿也不影响我侍奉父母，以后，我希望我的孩子也这样对我。（年纪大的同学听到此，频频点头称是。）和朋友交往，绝对要真诚，讲信用，答应的事就必须守承信诺。

年纪大的同学闻此，开始闹哄哄地交头接耳起来。

陆布衣闻此，脑子里立即出现了尾生的形象。

男青年尾生，不知长相，不知年龄，庄子只提供了这么一点点信息。那尾生，看上了某年轻女子，他们相约在村东头的桥下面约会。那里僻静，一棵千年大樟树，将桥掩映着；桥下面，人迹罕至，那里绝对安全。

尾生其实早早就到了，站在桥柱下面，他在模拟与心爱的人相见的场景。等啊等，没等来那位女子，却等来了一场大暴雨。大雨如注，不，简直如柱，不一会儿，河水就涨起来了。河窄水急，洪水咆哮着往上涨，尾生抱着桥柱，就是不离开。他想，他这会儿离开了，那姑娘来了怎么办？不是就见不着他了吗？堂堂大丈夫，怎么可以没有信用呢？水涨到尾生的腰，涨到了尾生的胸，涨到了尾生的头，最后，漫过了他的头顶，尾生“抱梁柱而死”。

关于尾生的死亡原因，法医专家诊断：为情而死！

你们说尾生傻吗？好多姑娘说，一点儿也不傻，尾生是守信的典范。

现在哪里去找尾生呢？婚前信誓旦旦，婚后没过多久就离开了那座桥，有男尾生，也有女尾生。别指望他（她）抱柱，他（她）抱的是新人，抱的是新鲜，当然，还要抱财富。

子夏今天的演讲很过瘾，因为他看见孔老师站在门边不断地点头呢。

孔老师一肚皮的为政思想，不，只能说理想，因为一直得不到实践，五十一岁好不容易开始做官，他的官也做得相当不错：鲁国大治，人民富裕，道不拾遗。但还是少了许多变通，短暂的为官生涯不得不中止。从五十五岁起，他开始周游列国，这是好听的说法，难听的呢？他自己就认为，他是一条丧家犬，一条没有家的流浪狗。

他不是一个人丧家，他还带着一大群学生呢。个中艰辛，甘苦自知。不过，他对学生们的讲课，却一直没有停止；课堂变长了，变宽了，东风西风都可以任意在教室出入。

学生子禽，陈国人，小孔子四十岁。

子禽是个爱思考的学生，他一路随老师丧家，却见老师神情自若，无论到哪里，都是一副先知的模样，他就感到很奇怪。

有一天，他终于忍不住，抓住子贡同学的肩膀，使劲地摇了摇，发出了他的疑问："我们的孔老师，每到一个国家，一定会得到很多该国的各种资料，这是他自己找来的呢，还是别人主动给他的？"

子禽的这个问题，已经酝酿好久了，他看到孔老师，即便到一个非常陌生的国家，也会对这个国家了如指掌。他怎么会知道的呢？他难道真是神人吗？

子禽问完，喘了一大口气，即便没有答案，他也终于释然了。

子贡显然见多识广，他和蔼地看着这位小同学："老师为人温和、善良、恭敬、自制、谦逊，我以为，正是因为老师具有了这样的品质，他才会得到那些东西。而我们普通人，大多要靠问，才能得到这些知识。"

"嗯，嗯，"子禽不断点头，他觉得子贡比他懂得太多了。

布衣听完子贡的回答，觉得还不满意："孔老师，应该是将各种品德、储备的知识、强大的理解力数者融合，才有了这些先知先觉。"

举一个例子。

孔老师五十岁才开始学《周易》，他颇为后悔：要是早点儿看到这本书，他就不至于在黑夜里盲走许多路，就是说，他要聪明许多。

布衣一到知天命的年纪，迅速找来《周易》，乾、坤、震、巽、坎、离、艮、兑，这八个，简单，记一下就可以。两条线来了，一短，一长，然后，我开始背"乾三连，坤六断，震仰盂，艮覆碗，离中虚，坎中满，兑上缺，巽下断。"完了完了，数学本身就不好，背了多遍，被那两条长短不一的线折腾得头昏脑涨。这还没有生成六十四卦呢，每卦再加上六爻，三百八十四爻，彻底放弃。本来，我还有个小理想，古稀之年时，穿件布褂，捋着白胡子，给人算几卦，装装样子总是像的，因为我还有足够丰富的人生经验呢。

算是小告诫吧，数学不好，你还是别碰《周易》了。

我以前做班主任，每晚每早，都要去班级督查晚自修、早自习，背着手转来转去，偶尔会接受一下学生的提问。那时，我判断学生是不是好学，主要是看成绩，另外也看平时爱不爱提问。进了《论语》课堂，才发现自己的浅陋，孔老师早就有判断“好学”的标准了。

君子食无求饱，居无求安，敏于事而慎于言，就有道而正焉，可谓好学也已。

前两条，应该是为颜回量身打造的。“一箪食，一瓢饮，在陋巷，人不堪其忧，回也不改其乐。”颜回为什么不讲究吃，不讲究住？他心中只有一件事——读书，不断地读书，修身。凭颜回的本事，做个官应该没什么问题，但他不愿意，他对孔老师说：“俺在城外有五十亩田，足够供应我要吃的稀饭；我在城内还有十亩田，足够生产我要穿的丝袜。”摸清颜回的家底后，布衣感觉，颜回其实不是穷死的，他只是不讲究吃住而已。

《论语·雍也第六》中，就有这样的对话。

有一天，鲁哀公问孔老师：“您的学生中，谁最好学呀？”

孔老师回答：“有一个叫颜回的最好学。他很有修养，从不把怒气发在不相干的人身上，也从不犯同样的过错。只是太遗憾了，他年岁不大就死了，现在已经没有这样的学生了，我也没有听说过有爱好学习的人了。”

颜回死的时候只有四十一岁，孔老师大他三十岁。

孔子感叹完后的两年，也去世了。

继续说“好学”。

办事勤快，说话谨慎，这也是“好学”的要求。

子路办事勤快，但说话不谨慎，也不算好学。

其实，在不同的场合，孔老师对“好学”的阐释还是有不一样的地方。

有一天，子贡问孔子：“老师，卫国那个大夫，孔文子，他凭什么得到了‘文’的谥号呢？”孔老师答：“孔文子敏而好学，不耻下问，所以得到这个谥号。”

这里，孔老师的好学，又回到了聪明、爱好学习上来了。

这有一个前提——不耻下问。在古代，放下身段，并不是一件容易的事，贵族阶层，有着十分优越的自我感觉，一般耻于和身份低于自己的人打交道：那些下人，怎么可能有智呢？他们只配被奴役。但孔老师认为，他们大大地错了，他们错过了获取智慧的途径。他看得很明白，人非圣贤，每个人都有值得学习的地方。

其实，孔老师自己就是好学的典范，他骄傲地宣称：即便如十户人家这样的小地方，一定有像我这样做事尽责又讲信用的人，但是“不如丘之好学也”。

是的，如果不好学，三岁死爹，十七岁死娘，又没读过什么正规学堂的孔子，怎么会三十来岁就开始授徒呢？

人的一生，谁也不能准确预判贫和富会在什么时候到来。不过，这不影响对贫富的理解。作为有文化的读书人，必须要有情怀。贫来了如何处置，富来了如何对付，这实在是个大问题，会影响人的一生。

子贡以自己的亲身经历咨询孔老师：“老师，贫穷但不谄媚；富有但不骄傲，这样的态度如何呀？”

孔老师答：“应该是不错的态度。但是，贫穷而乐于行道，富有而崇尚礼义，显然要高于你刚才说的表现。”

子贡似乎有点儿大悟的样子:“老师,您给我们讲《诗经》的时候说到,如切如磋,如琢如磨,是不是说的同一个道理呀?”

孔子笑了:“端木赐呀,现在我们可以来讨论《诗经》了。告诉你一件事,你已经可以自行发挥,并且你还领悟到了另外一件事。”

孔老师回答子贡的标准,显然不是毫无根据,因为他的另一个好学生颜渊就是这样的良好践行者。那几句表扬颜渊的话,这里就不再赘述了。

《诗经·淇澳》,出自卫风,全诗共三章。每章九句,借物起兴,以绿竹赞美君子的高风亮节,其中著名的“如”字比喻,除了子贡说的,还有“如金如锡”“如圭如璧”。这些喻体,和前面所说的一样,修整骨角与玉石,浇铸青铜器皿,需要不断切磋琢磨,精益求精。这些比喻告诉我们,君子之美,在于后天的修养,在于道德的磨砺。

孔老师话的含义,其实还是明显的,乐道与好礼,和无谄无骄相比,显然境界更高,情怀更广。

不患人之不己知,患不知人也。

不担心别人不了解我,只担心我不了解别人。

别人不了解我,我已有的才学与品德,不但不会缺失,反而会更加促使我努力学习;别人不了解我,总是有原因的,各种方面都还没有达到足以让别人了解我的高度,这不就有了差距了吗?

我不了解别人,带来了许多问题。志同道合的朋友太少了,因为不了解别人,一直找不到合适的伙伴一起承担要做的事情。

孔老师这一说,解了我多年的困惑。我的困惑在前一句,别人一直不了解我,连表面也不了解,我这一身的本事无处施展,我是明珠投暗呀。

后一句,说的是知人善任吗?应该是的,孔子如果做鲁国的组织部长，一定会选用更多的人才。

不已知，不知人，连起来看，互为前提，互为基础。不知人，两眼一抹黑，一个人走夜路到天明，还不一定能到天明呢，极有可能在黑夜中死去；不已知，找个山水好的地方隐起来，孔老师偶见一路高歌的楚狂接舆，立即下车，想与他交谈，接舆连招呼也不打，扭头就跑。

為政

做一個通才

为政第二

为政之人必须要有德行。孔子打了一个很新鲜的比方:为政如果以德,就如北极星一样,安坐在它的位置上,其他星辰都会环绕着它排列。

这个北极星的喻体极有意思。

古代航海、野外活动,辨认方向主要靠北极星,它在北方夜空中十分显眼。找到北极星也极容易,它就在北斗七星的边上。古人早就给这勺子状排列的七颗星命了名:天枢(贪狼)、天璇(巨门)、三玑(禄存)、天权(文曲)、玉衡(廉贞)、开阳(武曲)、瑶光(破军)。沿着天璇与天枢的方向延伸大约五倍,就是北极星。

北极星距离地球有多远?大约433光年。北极星有多大?直径约为5200万千米。事实上,北极星有三个天体,仅北极星A的质量就是太阳的4.5倍,如果将它与太阳放在一起,它的亮度是太阳的1260倍。

孔老师自然不可能认识到如此博大的北极星,在他眼里,北极星几乎每天不动,安坐在高高的夜空中,成为其他星辰的领袖。

天上一颗星,地上一个人,北极星就是有德行的帝王,天下所有的人都是星星。孔老师是什么星呢?天权星吧,我们进文庙祭拜这位先哲的时候,心里大多认为他就是天上的文曲星。

现在不少人开车用北斗导航系统，中国人自己开发的，灵光得很，因为天上已经有66颗北斗卫星全方位环绕着，地上随便什么东西，只要不隐形，都极容易找到。至于指路，更是小菜一碟，我开车出小区十几分钟后，导航就提醒我了：枯藤老树昏鸦，车多小心大妈！

孔子老师主持编纂完《诗经》（以下简称《诗》）后，脑子仍然一直在各国空旷的田野上转悠，采风搜集诗歌的场景，让他获益多多。即便在课堂上，或者日常生活中，他也是逮着机会就进行情景式教育。

这天，他在课堂上开始讲《诗》。所有的诗都在他脑子里，他将高高举起的右手用力在空中挥了挥，以八十一分贝的音量喊道："《诗》三百篇，我用三个字就可以概括它，哪三个字呢？思无邪。同学们，这三个字实际上是两个字，'思'只是发语词，没什么意义，'邪'呢，不是指邪恶，它是古义'徐'的意思，心无他顾，'无邪'什么意思呢？就是不虚假，没有造作，无论孝子、忠臣、怨男、愁女，都真情流露！"

国风、大雅、小雅、周颂、鲁颂、商颂，三百一十一篇，皆为民众心底里喊出，在广袤大地上回响，宫商角徵羽，有时甚至响遏行云。

王阳明的心学课堂上，学生这样问他：孔子的"思无邪"一语，为什么能概括《诗经》三百篇的意思呢？

王阳明答：何止《诗经》三百篇，整个儒家的六经，用这一句话就可以全部概括，甚至古往今来一切圣贤的言论，一句"思无邪"统统可以囊括。除此之外还有什么可说的？这是一了百了的功夫。

灵魂深处去掉"私"字，才能有无限的崇高。

小瑞瑞两周岁了，她已经会背几十首唐诗，我知道，这对她记忆力的训练、阅读习惯的养成，一定有益。从上一周开始，我教她读《诗经》，第一首便是《小雅》中的《鹿鸣》，我喜欢那种“我有嘉宾，鼓瑟吹笙”的欢乐场景。瑞瑞也喜欢，小哥哥小姐姐们，穿着古装朗诵，第一段慢诵，然后重回第一段，快速朗读三段，再重复第一段，结句重复三回：“人之好我，示我周行！”“人之好我，示我周行！”“人之好我，示我周行！”童声整齐而铿锵有力。

《鹿鸣》念完，瑞瑞问什么是“周行”。她常常会对最后一句发问。我说就是我们家门前那条丽水路，她每天早晨七点半，准时从她家的远洋公馆到我们左岸花园“上班”，她知道这条路叫丽水路。“周行”就是大道嘛，古人待朋友真诚呀，朋友喝醉了酒，他们热情地指点回家的大路。“呦呦鹿鸣，食野之蒿。”我对瑞瑞说：“你和奶奶明天上午去菜场买蒿，晚上我们吃蒿菜！”

我的计划是，《鹿鸣》学完，再学《关雎》，让她深刻领会自己是“窈窕淑女”，女孩子，从小就要优雅（她一哭，我就嘲笑她不优雅，她会立即止住）；再学《硕鼠》，她喜欢狗，讨厌鼠，不过，她还没真正看见过老鼠，尤其是大老鼠；再学《七月》，只要学开头两段就可以了，马上就要进入七月酷暑。瑞瑞自然不能体会先民们的真情，不过，她歪着脑袋念诗，一脸的纯真，甚是可爱。

幼童尚未开化之时，一切皆思无邪。

思无邪和为政有关系吗？当然有了，真心实意对待一切事物，包括天地间的草木虫鱼鸟兽。

政令是用来教导的，刑罚是用来管束的，有了这两条，百姓就会免于罪过，但还不知道羞耻。孔老师认为，政令与刑罚是治理国家的关键，但还必须加上德行与礼制；道之以德，齐之以礼，百姓就会有耻且格。格是什么？格指代正途，也就是说，治国，仅靠法治是不行的，还得辅以德治。

礼制就是德治的重要内容。比如祭祀，各种天神、大小祖宗，一个都不能少，封禅，春祭祀，夏祭祀，秋祭祀，冬祭祀，进献猎获物，进献新出的农作物；宫室器物新成要祭祀，田猎或战争结束时要祭祀。总之，祭祀成了古人生活中的重要事件。周朝的六卿，除总揽朝政的太宰外，掌祭祀的太宗、掌历法的太史、掌祈祷的太祝、掌神事的太土、掌占卜的太卜，几乎都和礼制有关。

对着天，对着地，对着各种神，郑重地摆上供品，上香磕头，一拜二拜三拜，屏气敛息，众人神情肃穆，神秘的仪式中，人们的内心完成了对上天的臣服。

学生带了一批又一批，时光如白驹过隙，十四年的周游列国，历尽艰辛，孔老师身心俱疲。

春日的某个上午，暖阳照射在教室的木窗格子上，七十岁的孔老师，满头银发，他在一个高年级研修班上发表了一个重要讲话。此刻，曲折的生活经历重重砸来，三岁死爹，十七岁死娘，什么活儿他都干过，什么苦他都吃过，什么人他都见过，跌跌撞撞到今天，实在不容易呀！孔老师谈人生，谈理想，感慨万分："我十五岁开始立志学习，三十岁已经立起自我，立身处世了，四十岁不再迷惑，五十岁开始领悟并认同自己的命运，六十岁知道如何去顺应天命，各种批评都能容纳。如今我七十岁了，想做什么便做什么，随心所欲，都不会越过礼制和规矩。"

确实如此，孔子终于成了众人仰随的大哲。

2021 年 5 月 15 日下午，浙江安吉的一家酒店，毕浦中学高中 1991 届 30 周年联欢会正热闹举行。此届学生，我完整教了三年，轮到我发言时，我着重讲了孔老师的“五十知天命”，因为他们都已经到了或者接近知天命的年纪。

孔老师的天命，大约包括三个方面：他所从事的政教活动，使天下回归正道；努力使自己走向至善；面对命运的无奈，只能尽力而为。

陆老师接着展开：这个天命，可以理解成自然世界及社会的运行规律，我们必须顺应而不能违背，我们必须敬畏而不能违背。我们生活在千万个偶然性中，但任何的偶然，一定来自必然，这个必然，其实就是天命。此时，我微笑地指着一位同学说道：“比如方国锋，我看微信群中，你整天喝酒，而且常常酒醉，你一定知道五十岁的人，需要如何保养身体的，你如果一直这么喝下去——”我戛然而止。方国锋低下了头，同学们全都大笑。我又拿出老师惯用的口吻提高了声音，“既然知道了天命，那么，我们就应该重新开始。五十岁以前，只是人生的上半场，我不喜欢听刚刚大家说的那些暮气很重的话，我虽比你们大十岁，但我依然要与你们共勉，知命，顺命，直面命，踢好人生下半场球！”

孔老师的课，课程大多因地因时因人而定，每逢感兴趣的话题，课堂气氛常常活跃得很，学生们争论得停不下来，因为他们知道，相同的问题，孔老师常有不同的答案，令人眼界大开。这一天的重头戏是关于“孝”。

小孔老师二十岁的孟懿子，他父亲命他来向孔老师学礼，孟父可是鲁国把持朝政的三位大夫之一。孟懿子问：“老师，什么是孝呢？”

孔老师回答得极简单：“无违。”就是不要违背礼制。孔老师这样说的前提是：孟孙氏、季孙氏、叔孙氏三位大夫，经常违背礼制，还常常僭越礼制，孔子说给孟懿子听，他一定会传话给他老爹听。

次日，樊迟为孔老师驾车时，孔老师特意和樊迟解释这个“无违”：父母活着的时候，依礼侍奉；父母过世后，依礼安葬，依礼祭祀。

见父亲这么好学，孟懿子的儿子孟武伯也立即举起了手：“老师，什么是孝？”他这样想，我爹的孝和我的孝应该不一样。

果然，孔老师这样答：“让父母只担心你的疾病，不要担心其他。”

孟武伯，谥武，想必小孟年轻时就好勇，父母一定担心儿子惹是生非，遭遇灾祸，孔老师于是适当提醒。对古人来说，唯有疾病是无法控制的，除此之外，你的工作学习生活各项都非常好，父母自然不用操心，这就是孝。

孟武伯若有所思：是啊，自己平时这么鲁莽，以后要谨慎了，否则就是不孝。

布衣听了，觉得还可以延伸：“子女平时将自己的身体保护好了，其实就是对父母的孝；你的身体，除了你自己要操心外，还有就是父母要为你操心，那是真操心，不是别人一般礼节性的操心。上个月体检，我的几个指标不太好，但一直拖着，现在看来，还得再去重新检查一下，免得父母操心，嗯，马上预约医院。”

孔老师关于孝的两种不同回答，同学们如水入油锅开始炸溢，老师还有没有不同的回答呢？年轻人子游，嚯地站起来问了同样的问题，他怕别人抢了话题。

孔老师看了看年轻的学生，笑眯眯地答：“今天我们谈孝，大多是指侍奉父母，可是，我们人也一样养活狗呀马。如果不尊敬父母，那有什么区别？”

是呀，这确实是个问题，但很多人没想过，从为人子女到为人父母，再到为人爷爷奶奶也没有去想过。此问题的关键，是要有对父母的尊敬和敬爱。也就是说，光有一般的行动还不行，还要从内心深处生发敬爱之情。

子夏同学，见缝插针，提了同样的问题。

孔老师有点扬扬自得，这个问题，引起了大的波澜，还需要继续阐发一下，说说清楚："色难。有事，弟子服其劳；有酒食，先生馔，曾以为孝乎？"

子女不给父母好脸色看，或者说，子女对父母保持和悦的脸色，是最难的。父母有事要办，年轻人代劳，准备食物，给年长的人吃，这就是孝吗？

仍然是精神层面的人性问题，为父母做事、请父母吃饭，这些都是小事，重要的是敬，是心理情感的表现。人对犬马也可以有深厚的感情，犬马于人亦然，但这不是敬。孔老师的问题，令人深思。

一个简单的"孝"字，上老下子，表明子要孝敬老人，加上反文旁，就是"教"，孝确实需要教育，不过，教依然还是停留在表面，如果不去践行，那等于白说。从古至今，孝一直在考验我们。这个问题，后面《先进》第十一中，我们还会说到闵子骞。

如何看一个人？

孔老师提供了三个角度：看明白他正在做的事情，看清楚他以往的所作所为，看仔细他的心理寄托。三看之后，孔老师重复了他的结论：人焉廋(sōu)哉？人焉廋哉？是呀，从过去、现在、未来全方位观察，这个人还能躲到哪儿去呢？他的品行，无论如何也隐藏不起来了。

如果只看一个角度，就会出现各种各样的弊端。

比如，只看过去，不看现在：此人以前能干，现在一定能干，没想到的是，以前适合他的岗位，现在并不适合。

比如只看现在不问过去：英雄莫问出身，只要他做好眼前事，不反思过去，做着做着过去的老毛病又犯了。那些老毛病，就如那顽强不死的杂草，一遇充足的雨水、合适的温度就会茁壮起来。

孔老师的教导虽经典，依然有漏洞，主要是人心难测。过去已去，现在虽实，心如何观察判断？未来也尚未到来，所以，对一个人不能轻易下结论，他随时都有可能发生变化。

“温故而知新，可以为师矣。”

故是什么？就孔老师来说，他以前的各种典籍及规章礼制都是，甚至还包括各种为人处世的道理。苦命人孔丘，完全靠自己的努力，十五有志于学，到三十岁就开始为人师了。

光知故还不行，那只是图书馆式的收藏，重点是知新，从中领悟出新的道理，这样才可以做别人的老师。孔老师在教学实践中也是如此，他的新观点新见解，并不是天上掉下来的，关于这一点，他自己就坦承：“我非生而知之者，好古，敏以求之者也。”爱好，加上勤奋敏捷，在温故的基础上，触类旁通得以知新。

与孔老师同时代的苏格拉底，整天在雅典街头转来转去，在各种场合演说，他的思想和观点，也来自温故知新。柏拉图听了一场苏格拉底的演讲后，于是将所有学问都放下，每天上街，追着苏格拉底听演讲。

知新的重要一环，依然是实践的丰富积累，唯此才会温故，成为人师。

全祖望在《亭林先生神道表》中写了顾炎武的手不释卷。

顾炎武凡是外出旅行，都用两匹马三匹骡拉车装书，这些书他随时要读。到了险要关口，就叫来跟随的退役老兵，询问详细情况。

如果说的与平时听到的不一样，就赶紧往前方行，找个客店住下，随后就打开书核对校正。有时，顾先生走在平原旷野，两边没什么风景，他就在马背上默读各种经典著作及注与疏。偶有忘记的，就立即前往小镇旅店，反复复习。

大学问家顾炎武，此时正在写作《天下郡书》，这是一部文献资料与历史考察相结合的著作，他将温了的巨量的故，与眼前的详细考察紧密融合。

仍然是谈人，孔老师这回是谈君子。

聪明的学生子贡问孔老师：什么是君子？

孔老师简洁答道：先行其言，而后从之。

这话放今天也不难懂，先践行自己要说的话，做到以后再说出来。

关于言和行，自古至今，大致有四类关系：说了再行，边说边行，行了不说，说了不行。或者，四类视具体情景与场合交叉进行。

有了目标，先悄悄实践，实践成功，再说出来。本来也可以不说，只是为了给别人留下经验与教训，这也是一种胸襟与情怀。行了不说，那就有私心。为什么不能边说边行？怕出万一，怕无穷的变数。至于说了不行，那是君子所不齿的。光说不练，给民众画饼，或者，实践起来大打折扣，都是糊弄百姓。

接下来，孔老师还发出了特别的警告：君子不器。

君子的目标，不是要成为一个有特定用途的器具。

器就是工具与器械。君子不器，强调君子是做大事的，掌握宏观，不能成为干具体事的专业人员。显然，孔子之后，君子不器就发生了重大的变化：要在社会立足，君子必器，无论政治、军事、文化、艺术哪个领域,巫医乐师百工,都必须成为某一行业的专家才行。

尽管是用粗线条勾勒君子的标准,君子的形象还是逐渐清晰起来。紧接着,孔老师又指出君子的一个特征,为了使大家更好理解,他将君子与小人做了比较:君子周而不比,小人比而不周。

孔子研究权威朱熹这么解释:“周,普遍也;比,偏党也。”

君子普遍厚待人们,而不偏袒阿私;小人偏袒阿私,而不普遍厚待他人。换句话说,君子为人处事常常开诚布公,不偏爱同党,而小人则刚好相反。

君子与小人,这是一种对立的存在,或者是统治阶级给社会的强行分类,王公贵族平民,三六九等,但它通常是就道德品质而言的,德是唯一的硬杠杠,德才兼备是最好的君子。德胜才,依然可以是君子;才胜德,可能就是小人;才德皆无,那是少见的愚人。孔老师的课堂上,至少有十几次关于君子与小人的讨论,我们以后也会多处写到。

生活中常见“伪君子”与“真小人”,形象地打个比方,前者干的是诈骗,后者则干脆抢劫。两种人都难防,前者善于装,更可怕,后者则缺少廉耻。

大幕拉开,答尔丢夫上场,黑帽黑衣黑裤,一个虔诚的教士。莫里哀为这个十七世纪的宗教伪善者倾注了大量的心血。耐心看完《伪君子》全剧,贪食、贪睡、贪财、贪色,一个十足的恶棍,栩栩如生。

学与思的关系,在孔老师眼里,只有简单的两句话:“学而不思则罔,思而不学则殆。”学中思,思中学,相辅相成,才能有所得。如果割裂,就会毫无领悟,就会陷于迷惑。

其实，思考就是学习，学习时有疑问就需要思考。思而不学，只是凭空去思考，学习与思考原本就不是两件事。

孔老师是随便说说的吗？不是，他是通过自己的经验得出的深刻教训："吾尝终日不食，终夜不寝，以思，无益，不如学也。"

就思考成就这一点来说，孔老师似乎不如释迦牟尼菩提树下七天七夜思考的成就大。青年王子乔答摩·悉达多，为摆脱生老病死轮回之苦，解救苦难众生，放弃继承王位与王族的生活，在苦修多年之后开始思考，那七天七夜的不吃不喝，是他从人到佛的大转折。

学与思，看起来简单，但也不能均衡用力，两者相较，思更重要。孔老师在谈到君子条件的时候，重点谈了思，不是三思，是九思，这个我们在后面讲到《论语·季氏第十六》时还要说。

"视思明，听思聪，色思温，貌思恭，言思忠，事思敬，疑思问，忿思难，见得思义。"考虑明白，听得清楚，表情温和，容貌庄重，言语真诚，做事敬业，向人请教，对发怒带来的麻烦、据为己有的东西都要考虑后果。

实际上，这里的思，着重于自觉与反省，与"一日三省吾身"同义。

九，是最大的阳数，还代表多。君子要反省的，远不止这九思，九十思也不止。

如何对待持不同意见者？孔老师的态度是宽容，或者不去理会。正所谓"道不同，不相为谋"。我们各自有着自己的人生理想，我们不是一路人。

如果不宽容，那就得去指责批判，这样一来，难免造成争论不休的祸害。

就学术观点来说，理不辩不明，争论非常必要，只有在争论中，才能明辨是与非。但从历史看，起初的争论或许大家都守规守矩，但不用多长时间，就会产生派系之争，不是争而是攻，最后就进入你死我活的境地，中外皆然，例子比比皆是。

“子路呀，你过来，我告诉你如何求知。”

头上插着雉鸡毛，身上背着剑，子路快速向前跨了八步。孔老师轻声地对他说：“知道就是知道，不知道就是不知道。这就是正确的求知态度。”

子路搔搔头，似乎不太明白。他很勇敢，能为老师去拼命，但对知识的接受速度，显然没有子贡快。孔老师也不着急，继续解释：“知道了，就要树立起足够的信心，或者说你知道得很多，那你就是这方面的专家了；不知道，那就不能虚张声势，装作知道的样子。”

“嗯。”子路点点头，他听懂了，向老师微笑一下，表示衷心感谢。

跟随孔老师学习的人不少，大多是学六艺：礼、乐、射、御、书、数。学而优则仕，因此，“学干禄”（学习如何获得官职与俸禄）为重要课程。

有一天，课闲时，陈国青年子张问孔老师如何获得干禄。

子张身边还站着一群青年学生，都抻着脖子听。就在昨天，孔门有两个学生去县里做官了，此事引起一阵小轰动。

孔老师见状，觉得是一个极好的教育时机，于是他从言与行两个层面阐述了为官的基本道理：“多听，各种话都要听，对有怀疑的部分保留，对可以说的部分谨慎地说，如此就会少犯错误；多看，各种事情都要看；危险的事情不去干，自己认为有把握的事情谨慎地干，如此就会减少后悔。讲话少过错，做事少后悔，你们追求的官职与俸禄全都有了。”简单说来，就是要慎说慎做。慎不等于少，慎是指决策过程，而少，则容易滑入不说话不干事的懒政误区。

人非神圣，只要说话干事，总会有差错。而孔老师显然不是教学生不说话不干事，他关注的是打基础，是修身。

子张全身充满了激情，仿佛已经奔赴从政的岗位了。此时正值寒冬，他搓搓双手，又问了孔老师一个志向很大的问题："老师，未来十代的制度，我们今天可以知道吗？"

孔老师知天、知地、更知礼，这个问题，他回答得很轻松。

商朝承继夏朝的礼制，虽有增加与删削，但还是可以知道的；周代承继商朝的礼制，虽有增加与删削，但也是可以知道的。那么，以后承继周朝的国家，就算经历百代，也是可以知道它的礼制的。

孔子这个推理，完全正确。一个新王朝，不可能凭空诞生，它一定是打破旧王朝而来，虽是打破甚至是打碎，但总有可以承继的基本礼制，这由基本人性决定，毋庸置疑。

不仅学生向孔老师学干禄，就连鲁国的士大夫们也来学。

孔老师周游列国回来后，鲁国执政的上卿季康子来向孔老师求教："孔老师呀，要使我国的百姓尊敬、效忠国君，并且振作起精神，应该怎么做？"

孔老师这样回答季康子：对百姓庄严，他们就会尊敬；对百姓仁慈，他们就会效忠；提拔好人、教导能力不足的人，他们就会振作。

季康子大受启发，决定回去后立即执行，特别是要照顾百姓。这几年的赋税提得太高了，民众已经不堪重负，必须减下来。还有就是要大力提拔有能力的人，让他们充实各个岗位，这个问题，马上去和鲁哀公汇报商量一下。

季康子显然从孔老师这里尝到了甜头，他以后经常来向孔老师请教，我们在《颜渊第十二》中还会看到。

鲁哀公听了季康子的汇报，觉得非常好，但他还是有点儿不放心，特意召孔老师进宫，向他请教有关国家管理的重要问题：如何管理百姓，让百姓信服？

孔老师对症开方子："一个国家，千个问题，万个问题，老丘我觉得还是用人问题，这个问题，前几天我已经和季康子说过了，这里，再做阐述。提拔正直的人，坚决撤换偏曲的人，老百姓就会顺服；如果提拔偏曲的人，放着正直的人不用，那么，这些人就会欺上瞒下，玩弄权术，百姓就不会顺服。"

鲁哀公看着须发皆白、一脸沧桑的孔老师，觉得他的话甚有道理。总体上说百姓都还比较听话，百姓服不服，关键还是管理者。嗯，前段时间提拔的那几个干部，百姓反映比较大，应该马上撤换，马上！

孔子是从过政的，而且成就卓然，不过此时的孔老师已经心灰意冷，他只是提供咨询而已，说他是国家咨询委员会专家已经是抬举他了。有人问孔老师："您为什么不参与政治呢？"

孔老师一脸苦笑："《尚书》上不是讲了，人生最重要的是孝顺父母，友爱兄弟，再推及政治，这就是参与政治了。"这样回答时，孔老师脑中闪现出一个经典场景：无论父母兄弟如何折磨舜，他总是待他们如初，家庭最终和乐，爱的力量，最终使天下大同。

第二卷

八佾第三

里仁第四

八佾

是可忍
孰不可忍

八佾第三

鲁国，季氏家庙庭前，一队队盛装舞女正翩翩而出，盛大的舞会即将举行。

轻绸薄纱，着服艳丽，舞女们左手提着长裙，右手做着牵引动作，鱼贯而来，一队，一队，一队，一队，一队，一队，一队，最后还有一队，八队舞女，每队八人。乐舞的行列叫“佾”（yì），八队就是八佾，六十四人，多么整齐豪华的方阵。

季氏叫季平子，他是鲁国当权的卿大夫。

周天子拥有至高无上的权力。他分封了数百个诸侯国，各诸侯国的最高领导就是诸侯王，王下面是大夫。鲁国君主桓公有四子，他传位于嫡长子庄公，另外的庶子后代就成了孟孙氏、叔孙氏、季孙氏。此时，鲁国王室权势微弱，三家大夫掌权，这三家皆是鲁桓公的后代，又称三桓，他们的头就是季孙氏。

对于舞蹈，周礼明确规定，天子八佾，诸侯六佾，大夫四佾，士二佾。也就是说，季孙氏只能享受四佾，如果他借桓公之庙名，最多也只能享受六佾。

可是，季孙氏不管，他已经没有那么多的约束，周天子名存实亡，鲁昭公不合他意，被他赶出国去，现在的鲁定公都是他扶立起来的，他想怎么享受就怎么享受。季孙氏端坐在中间，两旁的陪同者，看他的脸色行事。

这件事情，传到孔老师的耳中，他这样评论：“是可忍也，孰不可忍也！”

这如果可以忍，那还有什么不可以容忍的呢？天下越来越乱，面对着日益丧失的周礼，孔老师无奈得很，除了发发牢骚又能怎样？一个卿大夫，都敢用天子礼，天下已经没有什么规矩了。

季孙氏才不管这些约束。

庭院里的热闹刚结束，屋内祭祖典礼开始了，季孙氏照样用天子之礼。天子之礼中有一重要环节，那就是要唱着《诗经·周颂·雍》诗撤除祭品，诗曰："四方诸侯，都来助祭；天子仪容，美好静穆。"孔子感叹："这样的诗怎么能用在三桓的庙堂呀！"感叹完，又抬起双脚，轮翻地狠狠踩了几下地。

鲁国人林放，来请教孔子："老师，什么才是礼的根本呢？"

孔老师答："你问的真是一个大问题呀，夷狄都还知道有君主呢，不像我们周朝诸国，连君主都没有了。一般的礼，与其铺张奢侈，不如俭朴节约；至于丧礼，与其仪式周全，不如心中哀戚。"

孔老师说的是事实，春秋时期，周朝曾经五年没有天子，鲁国曾经九年没有国君。不过，依照朱熹的说法，这里的没有，不是真没有，而是伤时之乱，感叹感伤，有了又怎样呢？下面还不是不尊重国君？礼已经毁坏了。

丧礼是礼制中的重要一环，可与心中的感情相比，仪式终归是次要的，父母在世多孝顺，父母去世要悲哀，但仪式不是演给别人看的，重要的是心中依然保持着父母在世时的那份爱。

布衣也有一个疑问：国家虽然规定礼制，但天子为什么要八佾呢？可能孔老师会这样回答我：问得好，这代表周朝的国家形象，天子是不应该有享乐之心的，他应该吃什么都味同嚼蜡才对。那这不是死要面子活受罪吗？孔老师闻此，尴尬地呵呵一笑。

礼呀，某种程度上说，就是孔老师的命。

又是季孙氏，他越来越过分了。

这一天，他率人祭祀泰山，祭品都一一排列好了。按礼制，只有天子与诸侯才可以祭祀国境内的山川，季孙氏是大夫，他祭泰山，显然是越礼。

孔老师又急了，他对冉求说："你不能阻止季孙氏吗？"冉求答："不能。"孔子哀叹："啊呀，难道你们认为，泰山之神还不如那个林放懂得礼吗？"

季孙氏要祭山，冉求虽在季孙氏手下做官，也无能为力，他怎么劝得动季孙氏。孔老师也真是急了，又将刚刚问礼的林放扯进来，冉求应该明白老师的意思：普通人林放都能问礼，而作为神灵的泰山，就能安心接受季孙氏的祭祀吗？实际上，孔老师在批评季孙氏的同时，也批评了冉求：你追随季孙氏，没有做好工作，季孙氏的财富已经超过了鲁君，你却还为他聚敛，这不是让他的财富越来越多吗？对于冉求的这种行为，出于愤激，孔老师甚至向其他学生这样呼吁："冉求不是我的同道，同学们可以敲着大鼓去批判他！"

布衣虚拟了一个场景。

季孙氏一行虔诚跪拜，口中念念有词："泰山神灵，保佑我呀保佑我呀，我会多多给您上供的，您一定要保佑我百事顺万事成。"泰山神看着眼前一大堆丰富的供品，虽知道季孙氏越规，但开口不骂送礼人，依然有点心花怒放，山神故作严肃："行行，我知道了，你们回去吧。"乱了乱了，现在的祭祀，也是有一搭没一搭的，极不正常，他急着要享用那些供品呢！

现世不稳，神的日子也不好过。

冬去春来，孔老师依旧在他心心念念的礼制上执着着。

去周公庙，每一件礼器，每一件礼器的摆放，孔老师都一件一件地过问。有人不理解，甚至还觉得有点儿好笑：谁说孔子懂礼呀，他进周公庙，什么事都要问。孔子这样应答对他的诘难：问清楚行礼的细节，这本身就是礼。

这一天的课堂上，孔老师又讲到了这个话题："夏朝的礼制，我能叙述，它的后代杞国却没有办法证实；商朝的礼制，我也能叙述，它的后代宋国却也没有办法证实。这都是资料与人才欠缺造成的，如果有足够的资料与人才，我就能证实它。周朝的礼制参考了夏商两朝，形成了灿烂丰富的文化，我是遵从周朝文化的。"

学生们知道，孔老师做人做学问都极认真，某一问题，如果没找到可靠的资料，他是不会轻易下结论的。因此，他也特别遵从前人留下的礼制，既然传了这么多代了，它一定是前人智慧的结晶，我们要好好遵从。

比如，禘（dì）祭（天子祭）的时候，孔老师说："献玉这一步后，我就不想看下去了。为什么呢？这有前提。周成王感念周公大德，特赐其后代子孙在鲁国为周公举行禘祭，后来，鲁国之君也趁机用此祭礼来祭祀其先祖，这就越礼了。"所以，孔老师看到献玉部分就不想看下去了，献玉以迎祖先之灵，这个程序，天子祭与诸侯祭是相同的。

有学生好奇地问："老师，这个禘礼，到底是怎样一种礼呀？"

孔老师实事求是，态度诚恳："这个，无论是程式还是理论，我也没有太多的研究呢。古代的大祭，主要有祭天、祭地、祭祖宗。天子与诸侯各有祭祀的祖宗，不能越界。但我以为，深知道这种大礼的人，治理天下，就好像这样。"孔老师说到这里，用右手指了指自己的左手掌心，那意思似乎是说，易如反掌。

祥林嫂捐了门槛后，自以为身子干净了，死后不会下地狱，可以参加鲁四老爷家的祭祀了。当她兴高采烈地去端祭品时，被鲁四老爷威严地制止了：“祥林嫂，你放着罢！”祥林嫂闻此，手像炮烙似的缩回。鲁四老爷暗想，祭祀实在马虎不得的，祥林嫂这样晦气的女人，怎么可以拿祭品，绝对不行。美洲印第安巫师，在主持宗教舞蹈仪式时，如果唱错了曲子，会被立即处死，以免神灵生气。

为什么要如此重视祭祀呢？

祭如在，祭神如神在。孔老师说：“我不赞成那种祭祀时有如不在祭祀的状态。”孔老师态度很明确，“我们祭祀时，必须专心与充满诚意、虔诚与恭敬，祖先与神明，真的存在，他们就站在你的面前。”

同学们闻此，全都严肃起来，大家在想：要多学点儿这方面的学问，以后祭祀时，也要更加虔诚恭敬。

这时，插班生，临时来进修的卫国大夫王孙贾，举手发言：“老师，我们卫国现在有一句民间谚语，是说，与其讨好尊贵的奥神，不如讨好当令的灶神，这怎么理解呢？”孔老师提高声音回答：“不能这样说，一个人得罪了天，就没有地方可以献上祷告了！奥在室内的西南角，地位尊贵，灶负责饮食之事，每天都要使用，一个尊贵，一个实用，但祭祀的原则，不能讲世故、讲实用，依然要以尊贵为先，以天为最高对象，天是所有事物的主宰。”

王孙贾说的谚语，还有这样的解释，布衣觉得也挺有意思的：奥、灶都是借代，奥指卫灵公的夫人南子，灶指当权大夫弥子瑕。神重要，不如身边直接管理自己的上司重要。而孔子认为天重要，是提醒王孙贾不能忘记更重要的礼制。

马上就要到月初的朔(初一)。天子每年年初都会颁布诸侯历法,颁布后,诸侯必须按规定的时间去祖庙告朔。鲁定公、鲁哀公时,天子势衰,已经不行告朔礼了,但官员还是每月准备告朔时的活羊。这一天,子贡正在审查告朔的祭品,他想,既然已经不告朔,这一礼节不如废除,活羊就不用了。

孔老师听说这件事后,对子贡说:“赐呀,你舍不得那只羊,我舍不得那种礼。”

“如果没有羊,这个告朔礼就完全消失了,而君臣之间的关系也就越来越模糊。子贡呀,你那么聪明的人,难道不知道这不是一只活羊那么简单的事吗?”

一只活羊正从子贡手里挣脱,羊一听孔老师的态度,还得拿它开刀,侥幸地表情瞬间变色:“唉,老师呀,为什么总是拿我们当供品呢?”

帝王的太牢礼,少不了牛、羊、猪。

诸侯卿大夫的少牢礼,少不了羊、猪。

看来,羊与猪都是主角。羊爱干净,随和、温顺,渴饮甘泉,饿吃青草。华夏文明中,人们早就赋予了羊以神格。周朝的广州,连年天灾,百姓苦不堪言。某一天,南海上空突然传来一阵仙乐,五位仙人,分别骑着不同毛色口衔稻穗的山羊而来,从此,广州就变成了五羊城,成了岭南最富庶的地方。

礼崩乐坏。这乐,也同样揪着孔老师的心。

孟子估计不懂音乐,他的书中从来没有涉及音乐,而孔老师对音乐却到了痴迷的程度,且学问甚高。他曾经这样和鲁国的大乐官师挚交流音乐理论:音乐是可以了解的,开始演奏时,一件件乐器发出的声音，显得活泼和热烈；演出中，众音和谐而单纯，节奏清晰而明亮；紧接着，旋律往复与连绵，直到一曲告终。

一些曲子，孔老师反复欣赏，如痴如醉。

比如《韶》，舜时乐曲，歌咏舜的德治教化：美得无以复加，善得无以复加。

比如《武》，周初乐曲，歌咏周武王安定天下：美得无以复加，但尚未善得无以复加。

比如《关雎》，诗乐舞一体：快乐而不至于沉溺，悲哀而不至于伤痛。

某天，孔老师听完一场高水准的音乐会，名演员众多，名曲众多，他这样和学生谈体会："从著名演员师挚开始演奏，一直到结束时的《关雎》之曲，我的耳中，一直洋溢着美妙的音乐。"

孔老师周游列国，各国的音乐会自然不会放过。

某天，孔老师到了齐国，或许是齐国乐师演奏乐曲的水平更高，孔老师听了《韶》乐的专场音乐会后，在相当长的一段时间内，吃肉竟然不知道肉的味道：想不到齐国演奏的《韶》，竟然可以完美到这样的地步！他是喜欢音乐，他也是真懂音乐。

孔老师毕竟是大师，他不仅仅满足于听感，身心愉悦，他还会将音乐与治国联系起来，悟出他独特的治国方针。某天，颜回向孔老师请教如何建立国家制度，孔老师就尽情发挥：依照夏朝的历法，乘坐商朝的车子，戴周朝的礼帽，音乐就采用《韶》乐与《武》乐。不过，我要警告人们的是，郑国的乐曲乃靡靡之音，阿谀的小人会带来危险，因此，我们要舍弃郑国的乐曲，远离阿谀的小人。

孔子的音乐老师苌弘，曾在别人面前这样表扬他："我看孔仲尼这个人有圣人之相，眼眶像河一样平正而直，额头高高突起，这是黄帝的形貌呀。他的胳膊修长，背脊隆起，身高九尺六寸，这是成汤的仪容呀。然而，他说话一开始一定先讲先王之道，谦恭有礼，博学多识，几乎无所不知，这大概是圣人要出现了吧。”而孔子听了老师的表扬后谦虚地笑笑说：“我哪敢承受如此高的赞誉，我只不过是一个爱好礼乐的人而已。”

一米九三的孔老师，每次出现，都在人群中鹤立。他说的是实话，他就是想将历朝礼制的优点继承下来，再结合实际创新，礼制大部分不会变：好的礼制，十代甚至百代都可以使用。

管仲家的土台，引发了孔老师的强烈不满：“管仲的见识与度量，真是太短太小了！”

孔老师的批评，基于以下事实：管仲竟然为自己建有三处公馆，每一处公馆都有大量的工作人员服侍他；国君在宫室的大门内设置屏墙，管仲的公馆内也学样设置屏墙；国君宴请友邦贵宾，在堂上设有放置酒杯的土台，管仲的公馆内也安置了这样的土台。

追赶途中，管仲以为那一箭，齐公子小白一定死了，没想到小白装死，逃回国后立即成了齐桓公。齐国与鲁国都知道，谁得到了管仲，谁就可以称霸天下，鲍叔牙将霸王的愿景与小小的私仇都摆在了小白面前，让他自己选择，小白与管仲一直聊了三天三夜，最后拜管仲为相，并称其为“仲父”。七年后，公子小白——齐桓公终于成了霸主。

不过，对管仲的优缺点，孔老师一是一、二是二，他看得深刻。他赞扬管仲是行仁的人，齐大夫伯氏的三百户人家，国君分配给了管仲，虽然伯氏只能吃粗粮，他对管仲却从不抱怨。但子路、子贡均对此有疑义，认为管仲不能算仁，为此孔老师教育他们说：“齐桓公多次主持诸侯会盟，使天下没有战事，百姓承受他的恩惠，这些都是管仲促成的。如果没有管仲，我们可能已经沦为夷狄，披头散发，穿着衣襟开在左边的衣服了，难道为了小的信义而让管仲在山沟中自杀，死了也没人知道吗？”但在修身立德方面，孔老师也毫不客气地指摘管仲：“他这种作为，如果算是懂礼，那么还有谁是不懂礼的呢？”

实际上，孔老师的不满，依然是因为他脑子中固有的礼，无论谁功劳多大，他不在这个层面，就不能享受这样的待遇，否则就是越界。

对孔老师这种守礼护礼行为，许多人都高度赞扬。

周游列国途中，某天，孔老师一行到达卫国西北边境一个叫仪城的地方，守城官员请求拜见大名鼎鼎的孔老师，并说明了他想见的理由：“有名望的君子来到我们这里，我都要请求拜见一下的。”

随行的学生安排了这一次会见。会见结束，仪城官员对孔老师的学生说：“你们这些人为什么担心失去官位呢？天下没有正道已经很久了，但天将以你们的老师作为教化百姓的木铎。”

木铎是什么？就是木舌铜铃，在古装影视剧中常见：官员宣布政教法令，巡行时手里拿着木舌铜铃，一边喊一边摇，铃铃铃，众人一下聚集起来了。那么，木铎就是一种比喻和象征：伟大的孔子，他是为人民指方向的精神导师。

神情有些沮丧的学生，一听守城官员如此赞赏孔老师，一时精神大振。

神权、君权、族权、夫权，孔老师都竭力维护。

荀子出来解释了，他说礼有三本：天地者，生之本也；先祖者，类（族类）之本也；君师者，治之本也。荀子于是强调：“上事天，下事地，尊祖先而隆君师，是礼之三本也。”

事天事地，天地代表神权；尊祖，先祖代表族权；隆君师，君师代表君权。

天地君亲师。

每到腊月二十九夜，老屋堂前，桌子上供着认真备好的祭礼，大门敞开，母亲在门外空地上堆着的金银元宝上小心点起火。火光映照夜空，父母拿着香，对着写有“天地君亲师”字样的中堂顶礼膜拜，口中念念有词。我在一旁默默伫立，边看边想，此时，中国的许多家庭，正以不同的方式对“天地君亲师”致礼。我又到门外的空地上看那堆火，火光逐渐暗下去了，母亲叮嘱，别去拨，让它自己熄灭。夜的天空，深沉阔大无边，似乎站着个庞大而强壮的让人敬畏之神。

公元前五世纪时的地球的东部，孔老师固执地在护卫他的礼，并要求学生积极参政议政。

与此同时，地球的西部雅典，一个繁荣的城邦，有位叫苏格拉底的哲人，也在不遗余力地宣传他坚持正义及不参政的理念。苏格拉底没有著作，其言论都被学生柏拉图记录在《理想国》中，这和孔子的学生记录老师的言行而成《论语》极相似。苏格拉底与学生有一系列的对话，他的教学更多采用的是质疑法，偏重于思考。他强调并和人争论诸如“爱的最高形式是什么”“什么是德行”之类的问题。苏格拉底崇尚哲人王统治，哲人王能告诉大家在社会中做什么。

苏格拉底在狱中说：未经检视的生活不值得过。

孔子则在课堂上、朝堂上强调又强调：己所不欲，勿施于人；己欲立而立人，己欲达而达人。

2021 年 9 月 16 日傍晚，希腊雅典，古市集遗址，2021 年“中国希腊文化和旅游年”在此揭幕。中国美术馆馆长吴为山捐赠的雕塑作品《神遇——孔子与苏格拉底的对话》同时揭幕。

这里是古希腊城邦时期公民的重要活动场所，当年城邦中各行各业的人在此互通有无，苏格拉底经常在此演讲、辩论，向世人展示其深刻的哲思。苏格拉底与孔子两尊青铜雕像，分立西东，面向彼此。苏格拉底袒胸露肩，衣着随意；孔子则衣袂随风，交手行礼，春光满面。

曾两次访问中国的希腊文学家卡赞扎基斯说：“苏格拉底和孔子，是人类的两张面具，面具之下是同一张人类理性的面孔。”

说得好，理性，哲人共同的特征。

里仁

用壞人做鏡子

里仁第四

《诗经·周颂》，第五首是《天作》，只有短短的七行二十七个字，却是最精练的周朝发展史：

> 天作高山，
> 太王荒之。
> 彼作矣，
> 文王康之。
> 彼自徂矣，
> 岐有夷之行。
> 子孙保之！

己亥七月中旬，虽已进入炎夏，但当天气温只有二十一摄氏度，在陕西岐山周原广场，我高声吟咏了数遍《天作》。

上天筑就了一座伟大的岐山，但大山荒凉，是太王精心领导治理，使荒山变成了粮仓。百姓们在此安心栖居，文王带领大家走向安康，通往岐山的道路平平坦坦。周人子孙呀，大家要巩固发展先辈所创的基业，永远保持这种生活。

太王，就是后稷的子孙古公亶父，他是周文王的爷爷。正是古公亶父英明决策，率领族人在岐山定居，并选择了姬昌继位，才使周朝有了八百年的基业。

看《诗经·大雅·绵》的开头四句：

古公亶父，来朝走马；
率西水浒，至于岐下。

伟大的古公亶父，从清晨出发，昼夜策马，沿着渭水向西跑，终于来到美丽的岐下周原，他率领众族人，选择此处定居。

岐山，在长安西边，因山有两岐(两峰)，故称岐山，岐地也称西岐。

周朝起初的一百余年里，岐山就是中国的名山，西岐是周的政治经济文化中心，周族由一个地方性部落逐步上升到统治全国的天子地位。

如何选择一个理想的居住地?古人将其作为头等大事来做。安身立命，先要安好身，后才能立命。古公亶父选择西岐就是一个极好的例子。

孔老师的课堂上，他将这个问题更加具体化："里仁为美，择不处仁，焉得知?"居住在民风淳朴的地方是最理想的，一个人不选择民风淳朴的地方作为自己的住处，算不上明智。

西岐经过古公亶父及后代经年累月的建设，就成了一个理想居住地，它的突出特点就是仁。人们在此，互帮互助，坦诚相待，真心诚意地生活。

仁义礼智信，仁，居中国人所崇尚的五种道德之首。中国大大小小的地名中，有不少带有"仁"字，铜仁、仁寿、安仁，没有仔细研究过，不过，考证起来，十有八九与仁爱和善有关。"仁"字延伸开去，还有和睦、关怀、帮助等等含义。离我居住地不远就有一条和睦街道，和睦路、和睦新村、和睦坊、和睦公园、和睦医院，和睦小学，一片和睦。谁都喜欢和睦，睦了才会美，才是最理想的。

居住地不会自己自动成仁，它的仁，是靠人打造出来的。一个人的仁，虽会影响不少人，但显然势单力薄，它还需要一群人，最好是集体都仁。这尽管属于理想主义，但仍然要提倡所有仁。这一点，孔老师特别强调：只有行仁者才能做到喜爱好人、厌恶坏人，而且，一个人，只要立志行仁，就不会做坏事了。

个人的道德修养与全社会的道德水准有着紧密的联系。孔老师相信自己的判断与能力，他要去说服一个人——朋友柳下季的弟弟盗跖。

这盗跖是什么人呢？一个无恶不作的强盗，他带着九千人，今天打这个，明天杀那个，穿室破户，赶走人家的牛羊，掳掠人家的妇女，不敬父母，贪得无厌。人人痛恨他，却拿他没有办法。

孔老师要去劝，柳下季警告他：“千万别去，去了说不定他会杀掉你！”

孔老师相信人性本善，还是去了。颜回驾着车，子贡在边上坐着，他们一起陪孔老师去做盗跖的思想工作，希望说服盗跖，让他做一个仁义者。

孔老师见到正在山南休整的盗跖，那个场景，差一点儿让孔老师将早饭都吐出来，因为盗跖正在切人的肝吃。孔老师强忍着套了近乎，说明来意，盗跖已经是满腔怒火，怒发冲冠：“孔丘，你如果顺着我就罢了，如果违逆我的意思，我就将你碎尸万段！”孔老师依然强忍着，一二三四五，六七八九十，道理说了一套又一套，不想，盗跖的嘴也是好生了得，一二三四五、六七八九十，依条据理反驳，搞得孔老师居然说不出话来。盗跖最后警告：“看在我哥的面子上，我不杀你，赶紧滚回去！”

孔老师跑回车上，脸色煞白，胸闷难忍，手上的缰绳都三次脱落。回到鲁国的东城门外，正好碰上盗跖的哥哥柳下季，柳下季见孔老师面如死灰，问："好几天没见您，是不是去见我弟弟了？"孔子仰天长叹："我是没病自己针灸呀，差一点儿在老虎口中出不来！"

孔子这个故事，显然是庄子杜撰的，不过，他讲孔老师见盗跖的故事，其实是在讽刺儒家：强行让人做好人是行不通的，法律都只能保证让人不越界，但没有办法让人人都成为好人。

孔老师一直纠缠于仁的好与恶。

富有与尊贵，每个人都想要，如果不来自正当的途径，好仁的君子是不会接受的；贫穷与卑微，每个人都讨厌，但真正的君子却不会逃避，安贫乐道。也就是说，如果没有仁，君子凭什么成就他君子的名声？真君子，不会片刻离开仁，在匆忙急迫时会坚持，在危险困顿时也会坚持。

贫贱与卑微，确实会给人造成伤害，但从另一角度说，富有与尊贵给人造成的伤害，要远远大于前者。富和贵最容易生成的两种毛病就是懒与傲，而这也是人生失败的最重要原因。佛也说，多给孩子一份财富，就是减少孩子一份福报。李煜与赵佶，在各自的艺术领域，都是超一流的，可怜薄命做了君王。

好仁没有止境，越好仁，就越会讨厌不仁，这能帮助好仁者达到越来越完美的地步，不会出现偏邪的行为。因为，仁不是人天生就有的德行，仁也是人通过努力可以达到的。

百谷养百人，百人显百性，每个人的性格，就如世上没有两片相同的树叶，都不会一个样：有人急躁，有人温和，有人爽朗，有人深沉。故从另一角度说，观察一个人的过错，也可以看出一个人的仁。

某一天，孔老师在课堂上又和学生讨论人生理想，课毕后，孔老师一声长叹："朝闻道，夕死可矣！"

早晨听懂了人生的理想，就算当晚死去也不妨。

布衣也听到了这一声长叹，思索良久，我从三个方面来理解这句话。

其一，道是什么？孔子的课堂中，情景不同，道所指的重点也不完全相同，此处，重点应该是指人生的理想与价值之类。

其二，什么是死？老子认为一个人不太重视自己的生命，反而能较好地保存自己；庄子认为死是人的另一种存在形式，他妻子去世，他反而鼓盆而歌；而孔子的生死观则博杂得很。但无论哪一种观点，都承认生死只是客观规律，不必惊慌，应该泰然处之。孔子说，志士仁人，可以杀身成仁，后面他还会说到，未知生，焉知死。"朝闻道，夕死可也。"这里的"朝"与"夕"，并不实指具体的时间，只是指人生的某种获得。

其三，志向与现实。君子如果有志于道，那么，一箪食，一瓢饮，居陋巷，也都是快乐的事，他不会以穷困为可耻；君子如果立身处世于天下，那么，他就不会存心敌视什么，也不会倾心羡慕什么，他只以心中的道为做人行事之准则。

君子立恒志，有了人生的大方向，就要一辈子去坚持它，无论发生什么曲折，都不会因此而改变志向。既然方向不会改变，那么，无论生命的时间多短多长，都只是在践行人生目标而已。

君子的志向引出了另一组相对的概念。为了更有力地说明这个问题，孔老师将君子与小人做了对比，一对比，什么都清楚了。

君子关心的是德政，小人在乎的是生活；君子关心的是规范，小人在乎的是利益；君子领悟的是礼义，小人心中只有利害。

这里的君子是谁？显然是国君与官吏，那小人就是指一般的百姓。

从我与这个世界的关系出发考察，统治者关心他们的统治秩序，而老百姓则关心自己的生活与利益，那君子难道就一点不关心生活与利益吗？他们难道不吃不喝？肯定不是，我以为，孔老师如此说，只是用对比来告诫人们，不要为了生活和利益而忽略德行与基本规范，即后人常说的取之有度。如果这一点可以成立，那么，君子与小人，就不仅仅是有关地位的概念，亦指品德方面。人生在世，吃穿够用适度就行，不要过分了。

为什么不能过分，孔老师接着强调，如果为了处世全都依照利益来考量，那就会招致许多怨恨。天下之利实在有限，有人得利多了，一定就有人得利少了，这个社会的诸多不公平事，就是这么造成的。而因利导致相争，那就偏离了孔老师所提倡的正道了。

尧帝有皇宫吗？没有的，他的住所，椽子粗糙，不加砍削；柱子简单，柱顶甚至都没有方木。他吃粗粮做的饭，喝野菜熬的汤，穿的是布衣。当时的富裕之家住着华丽的高台厚榭，吃着珍奇的食物，穿着绣花衣服、白狐皮衣。和他们比较，尧就是过着简单如苦行僧般的生活。这样对待自己，对待生活，他还有什么可以留恋的？于是，他把整个天下都传给了舜。

孔老师的思想，一下子又进入到尧舜的时空中去了。

孔老师又多方说明什么是仁，真是苦口婆心。

有一天，他这样告诉学生：刚，毅，木，讷，近仁。

刚强、果决、朴实、寡言，这就接近仁了。

刚者无欲，毅者果敢，木者朴行，讷者谨言。四者皆能力行，且又依据个人的性格及所处的环境做适当调整与应用，那就接近或等于仁，这与孔老师前面告诫的巧言令色相反。

孔老师在课堂上敲了重点：寡言，做人重要的一环。君子嘛，就要努力在言语上谨慎迟钝，而在行动上要敏捷有效。古代的人话不轻易出口，因为他们以来不及实践为可耻。

同学们听了教诲，纷纷点头：嗯，夫子早就告诫，食不言，寝不语。回去好好睡觉，默默地想问题吧。

著名的曾参再次出场。

孔老师对曾参说："参呀，我的人生观，是一以贯之的。"曾参答："嗯，老师，的确如此。"孔老师出去后，别的同学就问曾参了："曾同学，老师的人生观指什么？"曾参笑笑答："老师的人生观，其实只有两个字，忠与恕。"

后人都以曾参的这两个字来概括孔老师的人生观，前者重点指君主及国家，后者常指孔子为人处事的态度。恕其实就是仁。在曾参眼里，孔老师是一个宽宏大量的人，他也是一个能以自己的心推想别人心的人。

王阳明向他的学生解释孔子的"一以贯之"：一，就好比树木的根本；贯，就像树木的枝与叶。没有根，哪来树枝与树叶？孔老师以此来教曾参，是先发现曾参没有掌握用功的关键，才告诉他要注意把握中心思想的。

孔老师去世时，曾参只有二十七岁。"参也鲁"，在老师眼中，他并不是一个十分聪明的人，那么，曾参的理解，也只能是一知半解的；不过，他对"忠恕"这两个字的解释，却也十分精确，讲到位了。子贡曾经问过孔子："老师，有没有一个字可以让人终身奉行的呢？"孔老师说："应该是'恕'吧，己所不欲，勿施于人。"

华夏文明中有“灭国不绝祀”的传统，也是一种恕。

虽然将你的国家灭了，但依然为你保留一些血脉，使你祖宗的香火不绝，为他人，也为自己。一怕灭国的祖宗化成厉鬼来报复，二怕自己灭国后没人祭祀。杞国人是夏禹的直系后裔，商汤灭夏，将夏王室遗民迁到杞地，建立了杞国。曹魏代汉，晋灭魏蜀吴，末代君主还是得到了比较好的待遇。但也有大量的例子证明，新朝建立，为防死灰复燃，将前朝后裔统统斩草除根的，可见，要做到“恕”字有多难，尤其在切身利益之前。

孔子说：“见贤思齐焉，见不贤而内自省也。”

德行卓越的人，总是在人群中鹤立，不是说他长得高大或者特别，而是因为他的德行。哪怕是在“里仁”，一个让人安居乐业的好地方，贤者也是人们学习的标杆，人们看见他，就要想怎么努力像他一样，看见不贤者，就要迅速反省自己是否也犯同样的错误。对贤者来说，贤是无止境的，他需要终身积累贤并时刻警醒自己有不贤之处。

我办公室有一幅“见贤思齐”的书法作品，已经挂了整整十八年了。每天上班，进门就是“见贤思齐”，一种善良的提醒。我将书法看成是一个人，一个老人。某次，我查字典，偶然发现“齐”字还通“斋”，意思是肃敬，但我将它理解成书斋的斋，虽然，我在办公室每天要签不少版面，要听不少广告呀发行呀子公司呀等等的汇报，但“斋”字就是一种告诫：不要忘记阅读，业余时间还是要坚持写作。有时，我甚至将它理解成吃斋念佛的斋，因为体检指标已经出现好多个上升的箭头，医生告诫：少吃红肉，少吃动物内脏，少吃油腻，多吃素。

贤能者，一定是德行高的，对此，孔老师强调："德不孤，必有邻。"有德行的人，是不会孤单的，他必定得到人们的亲近与支持。

寒冷的夜晚，柳下惠宿于郭门，有一青年女子来投宿，柳下惠怕她冻死，就解开外衣让她坐在他怀中，然后裹紧衣服，两人就这么相拥着坐了一夜，什么事也没有发生，女子得救。一般人只称赞柳下惠的贤，而不去想柳下惠那一夜的煎熬。"坐怀不乱"是个好成语，它是专门用来褒奖柳下惠的，一褒就是数千年。

刘、关、张结义，大哥刘备靠的是什么？就是德。曹操对关云长那么好，后者也要回到刘备阵营中；刘备白帝城托孤，诸葛亮死心塌地扶助刘禅，全都因为刘备的德。有人说，刘皇叔是装出来的，装狗熊，装可怜，嗯，他也真会装。话说回来，也不仅仅是刘备，哪个皇帝不装？

接下来，孔老师重点说了子女如何处理与父母关系的四个重要方面。

第一，我们服侍父母时，如果发现父母有什么过错，就要委婉地劝阻；如果父母不听从，仍然要尊敬他们，不惹他们生气，虽然内心忧愁，却不抱怨。

第二，父母在世时，子女不远走高飞。如果一定要远走，那必须要有一定的方向。

第三，观察一个人，要看他在父母活着的时候选择什么志向，以及父母去世以后有什么行为表现。如果他能三年内不改变父母在世时为人处世的作风，这就可以说是孝了。

第四，父母的年龄，做子女的一定要记得。一方面为他们高寿而欢喜，一方面为他们日渐年老而忧惧。

第一、第四条，从两千五百年前到今天，依然完全适用。父母是普通人，必定会犯错；子女是普通人，也一定会犯错。但站在不同的立场与角度，还有年龄及见识，彼与彼的错误，有时往往一看就明白，这就需要提醒。不过，今天的子女，有多少能准确记得父母的年龄及生日？肯定不会百分之百。

第二条，“儿行千里母担忧”，母担忧，父也担忧。古人要游学与游仕，但这里的“不远游”，不是绝对不让你出门，而是着重于不要使父母挂念与担忧。

第三条，三年有守孝三年之意，三年后，你就可以放飞自己了，不要被束缚，将事业做好，将生活过好，父母在天之灵也会欣慰。

日本俳句大师小林一茶，1792 年以此为题写过一首俳句：“父在母在，我在的——啊，美如繁花之日”。家人同在，这是一种什么景象：“美如繁花”。不过，很少有人会将这普通的日常如此诗化。

人与人之间如何更好地相处？我们通过学生子游知道了孔老师的态度：服侍君主，如果过于烦琐，就会招致侮辱；对待朋友，如果过于烦琐，也会受到疏远。

秦桧家造格天阁，四川军区司令员郑刚中，贿赂秦家造房子的工匠，暗里量好尺寸，并按尺寸定制了地毯。新阁落成，郑的地毯送来，一铺，哎，怎么刚刚好啊！后来，秦桧知道了真相，很不高兴：你个老郑，我家装修你也知道啊？这是我家的私事，要你这么起劲干什么？我还不知道有多少事让你刺探了呢！某天，秦桧随便找了郑的碴子，将其贬官。

一句话，人与人之间，要保持适当的距离，适可而止，这是相处的智慧，即便是亲密无间的夫妇，也得有自己相对独立的空间。将对方时刻拴在自己裤腰带上的行为，不是疼，不是爱，是自私，极度短视的自私，更是离间亲密关系的重要祸首。

第三卷

公冶长第五

雍也第六

公冶長

孔子嫁女婿

公冶长第五

除颜回、子贡、子路三大著名弟子外，公冶长与南宫适这两个学生，孔老师是比较喜欢的。

孔老师的女儿及哥哥的女儿，都已经到嫁人的年龄，优秀的学生自然是他的首选。公冶长，一表人才，曾蹲过监狱，但孔老师还是决定将女儿嫁给他：谁还没个过错？何况公冶长进监狱，并不是他的错（公冶长懂鸟语，是鸟害他坐了牢）。南宫适，也是一表人才，他捧着《白圭》诗，一遍又一遍地读："白圭之玷，尚可磨也；斯言之玷，不可为也。"（白玉有瑕疵，还可以磨掉；说话有瑕疵，就没有办法补救了。）孔老师决定将侄女嫁给这位学生，他自信看人极准："如果国家政治步入正轨，他不会没有官做；如果国家政治不步入轨，他也能够避免灾祸。南宫适谨言慎行，可保我侄女安乐！"

据说孔老爹叔梁纥的原配施氏生了九个女儿，后来娶妾，生了个儿子，孟皮，字伯尼，却天生残疾，脚不好，走不了路。叔梁纥晚年再娶颜征在，生下孔子，字仲尼，孔家老二。孔老师十九岁娶宋国姑娘亓官氏，生儿子时，鲁昭公曾派人送来一条鲤鱼祝贺，孔子十二分开心，给儿子取名鲤，字伯鱼。亓官氏还生了个女儿，除名字叫孔姣外，没有更多记录。

孔老师似乎讲究优生优育，不过，孔鲤实在是个平常人，且死在孔子前。孔子身材高大，智力过人，家教严厉，我们有理由相信，孔姣姑娘，应该如花似玉且又知书达礼，公冶长是幸运的。伯尼的女儿呢？相貌我不敢肯定，但她嫁得一定比孔姣好。孔子一辈子讲礼让，先人后己，好青年，先要让给哥哥的女儿；伯尼没有自己优秀，他的子女，应该多关照才是。

孔老师做这个决定，需要勇气与前瞻，万一嫁错了人，那女儿与侄女的幸福怎么办呢？但他相信自己的眼光与判断，他更在乎风气的引导，不要认为蹲过监狱的就低人一等。看人要全面，看过去，看现在，更要看未来。

估计不是孔老师开的头，让自己的学生成为女婿，似成惯例，太子的老师，教着教着，就成了太子的岳父，但老师是被动的，外人眼里的荣光，在太子傅看来，完全没有凡人那种春天般的温暖，有时甚至更加战战兢兢，如履薄冰。

子贡表现越来越好，自我感觉也越来越好，孔老师对他态度也越来越好。

有一天，子贡忍不住问孔老师："老师，我的表现如何呀？"孔老师笑笑，这显然是不自信的表现嘛，他存心与子贡开个玩笑："你是一种器具。"

子贡一惊：器具？老师不是说过"君子不器"吗？难道我不是君子？但子贡修养还算深厚，他忍着迷惑问："我是什么器具呢？"

孔老师答："宗庙里面贵重的瑚和琏。"

瑚与琏，都是古代祭祀时盛装黍稷的尊贵玉器，这种玉器，夏朝叫瑚，商朝叫琏。这里是借代，指特别有才能的人，可以担大任。

子贡听了老师的回答，高兴不起来，因为，老师心怀天下，还有更高的要求，真正的君子，不能如器具那样局限于某一方面，说他像瑚琏，听着像褒奖，实际含有委婉的批评：子贡呀，还需要再努力！

谢灵运说："天下才共一石，曹子建独得八斗。我得一斗。自古及今共用一斗。”小谢明显是在吹牛，不过，才用斗这种器具来装，也真是新鲜。才如芝麻粒，一斗也算恒河沙数，无穷尽；才如花生粒，一斗也够吃上一个月的（我是指当零食吃），生吃油炒皆香；才如大番薯，一斗也只有几个，一天就吃完了，食量大的话，只能一顿饱。

子贡想到这里，看着笑容复杂的孔老师，眼光再往后穿过八百年时光，聚焦到鲜亮活脱的小谢身上，不禁一身冷汗：他不要当番薯！

孔老师见教育起了效果，高兴，于是接着教育子贡，这回，他反着问："赐呀，你与颜回相比，谁更优秀？"有了上面的教训，子贡这回老实了："赐怎么敢与颜回比呢？他听到一个道理可以推出十个相关的道理，不，其实不止十个，是全部，他一听就懂，而我听到一个道理，只能推出两个相关的道理。"孔子笑着说："你很诚实嘛。是呀，你比不上颜回，我也比不上颜回，我与你都比不上颜回！"

孔老师有自知之明，谁优秀他心里一清二楚。闻一知二与闻一知十，不仅仅事关智力，也指学习方法，人家的方法就是巧，不服不行。

虽是老师，但老师也非万能，孔老师的意思，唐代的韩愈替他表达了："师不必贤于弟子，弟子不必不如师。闻道有先后，术业有专攻，如此而已。"

有人这样评价冉雍（字仲弓）："冉雍这个人，可以行仁，口才却不够好。"孔老师答："何必需要口才呢？口齿伶俐的强辩，常常引起别人的讨厌。我不知道冉仲弓是不是行仁，但所谓的口才好，我认为没什么用处。"

道理极简单：口才只是表面，在口才上逞能，这样的人离仁还是很远。所以，仁与口才没有必然的关系，如果两者皆好，自然是好事，但两者相较，一定是仁重要。

仁是可以扩展的，比如各种才能，但要在实践中灵活运用。

诸葛亮自以为神算，看人也准，北伐途中，派马谡前去做镇守街亭的前锋，行前还再三交代街亭的重要性："失了街亭，我军必败。"诸葛丞相甚至还给出了"靠山近水安营扎寨"的具体要求。不想，自以为熟读兵书的马将军，到了目的地观察以后，以为丞相完全多虑，骄傲轻敌，还不听副将劝阻，将营寨扎于山上，结果被张郃卡住命脉，败得一塌糊涂。自此，马谡就成了夸夸其谈的典型。会说有什么用呢？绝知此事要躬行，写作如此，打仗也如此。

鲁国组织部门的长官，又到孔老师这里来拜访，请求老师推荐几个学生，有几个岗位急需人才，他们的人才库已经空了。

孔老师这回推荐漆雕开去做官，漆雕是不常见的复姓，漆雕开，名开，原名启，小孔老师十一岁。照例，要进行一次谈话。不想，漆雕同学拒绝："老师呀，我对做官还没有信心呢，现在还不想出仕！"

孔老师听了，反而高兴："哈，好，这说明你对自己有更高的要求，还需要不断积累知识与能力，增进修养和道德品质。只要有本事，什么时候做官都可以。我去告诉组织部门的长官，这次你就不去了。"

布衣闻此也感叹，要是做官的，都如漆雕开那样想多好呀，可惜，越到后来，读书人越急着想出仕，"学而优则仕"，十年寒窗，一朝金榜题名，是做梦都想的好事。

不过，也有人说，漆雕同学城府很深，他不屑于一般的岗位，不安于小成，是想做大官，他在等待时机，一个最合适的时机。

顺带说说漆雕这个姓。

孔子时期，漆雕应该是个小姓，但孔子的学生中，除漆雕开外，还有漆雕哆、漆雕徒父，漆雕后来简化成单姓漆，这三个漆雕就成了漆姓中的三贤，唐、宋、明等朝代均对三贤有封赐。

小姓不等于不著名。另一个著名的小姓人物——大白天睡觉的宰予上场了。宰予，字子我，孔门同学也喊他宰我。

某天，一个阳光正灿烂的时刻，有个值勤的学生跑过来告诉孔老师："老师呀，我们巡查寝室，竟然发现，宰予同学在呼呼大睡。"

大白天睡觉，这显然是个事件，不过，宰予同学各门功课一直都好，思想活跃，好学深思，善于提问，关键是他有一张伶俐的嘴，会说。

即便如此，孔老师还是忍不住跺脚，大声批评："腐朽的木头没有办法用来雕刻，废土砌成的墙壁没有办法涂平滑。这个宰予，我真是没话可说了。"

或许，这件事太刺激孔老师了，他又向学生们发表了看法，实际上，有点警告其他同学的意思："宰予改变了我的一个看法，以前，我对待别人，听他的说法就相信他的行为，今后，我听别人的说法，不会再简单相信他了，还要观察他的行为，一切行为！"

除非生病或者特别的工种，古人一般白天不会睡觉，日出而作，日落而息，长长的黑夜，足够休息了。因此，大白天睡觉，不是个小问题，说大了，是品德问题，这样的人，怎么可以寄托重任？

在整个《论语》课堂中，宰予数次出场，孔老师有三次教育他的场景。

有次，鲁哀公请教宰予："土地神的神主牌位用什么木头做好呢？”宰予这样建议：“夏代用松木，商代用柏木，周代用栗木，是说要使百姓紧张战栗。”宰予举周代的意思，其实是暗示鲁哀公，可以用武力去改变叔孙氏、孟孙氏、季孙氏三家大夫专权的现状。

孔老师听了宰予的建议，批评说：“已成的事不能再解释，过去的事不能再劝阻，从前种种过错也不能再责怪了。宰予不要自作聪明，‘三桓’的势力正盛，一下子无法改变，而贸然行事，必将造成大乱。”

某天，宰予问孔老师什么是仁，他打了这么个比方：“对于有仁德的人，别人告诉他井里掉下去一位仁人，他会跟着跳下去吗？”

古里古怪的问题，这不是为难老师吗。孔子一听就生气了：“你什么不好比呀，偏要这样比。君子有那么笨的吗？君子可以到井边去救，却不能陷入井中；君子可能被欺骗，却不能被迷惑！”孔老师的意思很明确，君子是不能随便牺牲自己生命的，更何况是行仁者。

宰予的口才好得很，他就是想通过辩论来提高自己感知事物的能力，因此，他常常质疑一些既有说法。某天，正好一位同学回家守丧，这一离去，就要分别三年，三十六个月呀，宰予就和老师讨论起“三年之丧”这个重大礼节来。

宰予问：“老师呀，三年之丧礼，实在是太长了。我是这样想的，君子三年不参加礼仪活动，礼一定会生疏；三年不演奏音乐，音乐一定会忘记。旧谷吃完，新谷收获，一季一换的打火轮都已经轮了一圈。我认为，守丧，一年就可以了。”

孔老师听着宰予的话，肚子也渐渐贮满了愤怒：“你的意思是要好好享受生活，吃好的，穿好的，你心安吗？”

宰予似乎不理会老师的怒意，故意再次惹怒老师：“心安的。”

孔老师遂将声音提高了："你心安，你就这么做好了。君子守孝，吃饭不香甜，闻乐不快乐，睡觉不踏实，所以才不去做。如今你心安，你就去做好了！"

宰予看着老师满脸的怒气，知道又闯祸了，迅速从老师的办公室溜了出来。不过，宰予认为，他探讨真理的初衷没有错，理不辩不明。

宰予出去后，孔老师又一次感叹，感叹中带着某种绝望："这个宰予同学，真是没有仁义呀，他居然想废除三年守丧之礼。儿女生下三年后，才会脱离父母的怀抱。父母养育三年，我们还报三年，这是普遍真理，天下人都这么做。宰予的父母也抱他在怀中照顾了三年呀！"

三件事情营造出来的宰予形象，是一个刁钻古怪的"坏"学生，其实，宰予是一个相当优秀的好学生，是"孔门十哲"之一。他跟着老师周游列国，常受老师派遣，去齐国和楚国出使。后世追封宰予为齐侯、临淄公、齐国公，从祀孔庙。

宰予的形象也经常出现在其他作品中，比如《孔从子》中就有一则。

宰予从齐国出使回来，向孔老师汇报了一件事："梁丘据被毒蛇咬伤，一个月后才好。病愈后，他去朝堂见国君及诸位大夫，还有不少宾客、弟子刚好在场。大夫及宾客们，一个个都向梁丘据争着呈送治蛇毒的方子。弟子忍不住说道：'送药方是为了治病，而梁丘大夫病好了，这药方还有什么用处呢？你们难道是想要梁丘大夫再被蛇咬，然后用你们的药方吗？'他们听了都不说话了。老师呀，我说的话有什么不对劲的地方吗？"

孔老师照例批评："你这样说不对，三折肱而后成为良医，多次断臂就知道医治的方法了。梁丘大夫病好了，与他有同样疾病的人一定会向他咨询治疗的药方，众人送药方，就是想让别人也知道药方以便应付突发情况。而且，众多药方放在一起，还可以比较出它们的优劣。”

辛予同学口才实在是太好了，不说忍不住，但常常顾其一不顾其二，或者说，阅历尚有欠缺，导致思考还不够缜密。

笔者做了七年高中老师，烦恼事不少，最担心的还是自己的情绪；情绪低落时，不开心了，甚至身体有小恙，只要不病倒，还得强打精神面对学生，这时，他就会生发出一些感想：“唉，假如不是老师，不想说话就可以不说，但作为老师就不行，不仅要说，还得状态好，卖力说。”

这一天，孔老师的情绪也出了点儿小状况，他这样感叹：“唉，我的理想没有机会实现了，干脆坐着木筏到海外去。能跟着我去的，大概只有子路吧。”子路听了很开心，孔老师瞬间又对子路实行了打击：“子路呀，你对勇敢的爱好超过了我，但就是不知道如何剪裁自己！”

孔老师说话，思维常常跳跃。这里至少有两层意思，一说自己想退隐江湖，二顺带敲打一下子路。

这里只说一说孔老师的退隐想法。

出海不是去海上漂荡，而是去寻找某个合适的地方。那里有山有水有林有田地，人烟稀少，飞鸟往返，呈现出一派自由的景象，这就是隐居的好地方。孔老师后来又产生了想去“九夷”隐居的新想法。“九夷”指东方的九个民族，借代多个民族。有人不解：“那种地方太简陋了，怎么能住呢？”孔老师满不在乎：“君子去住的话，怎么会简陋呢？”中国士大夫的抗击打能力其实不强，一不如意就想跑到江湖躲起来。介子推生重耳的气，于是带着老娘去山里躲起来，被烧死也不出山；伯夷叔齐都不想做国君，跑到首阳山采薇，饿死也不出山！

隐士也有好玩的糗事。

脑子里跳出一则关于隐士“知音”的笔记。

有隐士精于弹琴，曾得异授，每于断林荒野间，一鼓再弄，凄禽寒鸦，相和悲鸣。某天，隐士游楚地，旅窗独奏洞庭之曲，窗外一邻居老太连连赞叹，弹得太好了，弹得太像了！隐士弹完也感叹：“我弹了半辈子琴，不想在此遇到知音。”隐士于是开门去拜访那个知音老太，老太说：“我老头子活着的时候，是个弹棉花匠，今天听到您弹的曲子，太像他弹棉花的声音了！”隐士默然而返。

这就是做隐士的危险了，如果没有特别的才能，闷头研究技艺，极有可能走进死胡同，没人可以交流及请教，那种所谓的异授，不过是传说罢了。

接下来再说子路。

孔老师批评子路“无所取材”，没有地方可以找到合适的木材，不知道剪裁自己，这样的批评是委婉的。自孔老师在大街上看到那个头上插着野鸡毛、身披兽皮大衣的愣头青后，心里就有点儿喜欢子路，该同学缺点不少，但他勇敢、直率，听老师的话，是个直肠子。子路做事干脆，他答应要做的事，从不拖延，孔老师这样表扬：根据一面之词，就可以查出实情、判决案件的大概只有子路了。这表明，子路的断案能力极强。子路作战勇敢，孔老师曾向孟武伯这样推荐：我这个学生，有能力做一个国家的最高军事长官！

子路死在卫国，死得很惨。

子路在卫国的贵族孔悝那里做官，孔悝是卫灵公之子蒯聩的外甥。太子蒯聩，与卫灵公小夫人南子关系不好，欲刺杀南子，结果被南子发现，卫灵公大怒，蒯聩被迫出逃宋国。卫灵公死，南子扶立蒯聩的儿子继位，就是卫出公。儿子继位都已经十二年了，蒯聩还不死心，想当国君。某天，蒯聩从国外潜回卫国，住在孔悝家里，孔悝并不支持舅舅夺权，但孔悝的母亲却大力帮助哥哥一起搞政变。他们将孔悝扣了起来。政变开始后，孔悝的一个家臣，帮助卫出公逃到了鲁国，子路听说突发事件后，立即赶往孔悝家营救。蒯聩的两员猛将与子路展开激战，子路受重伤，帽缨也断了，子路说："好汉临死前，帽子还是要戴正的。"于是他停下来将帽缨扶正，这个时候，对方一刀杀了子路，且将子路剁成了肉酱。蒯聩终于成了卫国第三十任国君卫庄公。因为卫国的第十二任国君也叫卫庄公，后人为了区别，就将他们分成卫前庄公和卫后庄公。蒯聩上台后的第一件事，就是将南子杀掉，不过，荒唐的蒯聩只做了三年国君。

七十一岁的孔老师得知子路的死讯后，悲痛得呼天抢地，边哭边将屋子里的酱用罩子盖起来，看到酱，孔老师就想到变成肉酱的子路，难受得心痛。

在某一时间段中，孔老师接连评价了五个人。

孔文子、子产、晏平仲、臧文仲、微生高，他们排着队出现在我面前，待一个一个慢慢说。

评孔文子：敏而好学，不耻下问。

《左传》里有关于孔文子的记载。

孔文子叫孔圉，是卫国大夫。孔圉攻打国君，还随意嫁女儿，这都不合礼，他死后却被谥"文"，子贡大为不解，孔子就告诉他孔圉的优点。

孔圉是个聪明的人，喜欢学习，不耻下问，几乎没有什么事能难倒他。敏为前提，学乃持续不断的过程，下问是确保学有成果的多途径来源，三人行必有我师，地位不如自己的，年纪比自己小的，甚至一文不名的乞丐，都有值得学习的地方，于是，孔圉就成了孔文子。很明显，谥孔圉为“文”，意在劝学好问。关于孔文子，在有关《学而》的部分已有所涉及，这里不再展开。

评子产：子产是个照顾百姓的君子，他身上有四种行为值得人们学习，行为态度谦逊庄重，侍奉君长严肃尊敬，抚养百姓恩惠优待，役使百姓适当合理。

子产是郑国贵族，郑穆公的后代，他是个好官员、好上级，博学、尚辞、通礼。子产执政二十多年，郑国在他的治理下，曾经出现中兴的大好局面。如果将他与管仲做比较，他身上有管仲所不具备的优点，管仲生活过分讲究。子产去世，郑国的青壮年痛哭失声，老人像孩童那样哭泣。

评晏平仲：他很善于与人交朋友，交往越久，别人越敬重他。

晏平仲，名婴，齐国大夫。著名的“晏子使楚”说的就是他。哈，身材短小相貌不好有什么呀，关键是脑子好使，你让我钻狗洞我就钻呀，出使狗国才钻狗洞呢，难道你们楚国是狗国吗？

《史记》中说，鲁昭公二十七年（公元前515年），三十七岁的孔子前往齐国，推行自己的政治主张。齐景公看中了孔子，有意任用他，但晏婴反对，孔子在齐国最终没有做成官。但《论语》第十八章中，齐景公自己却这样说：“我已经老了，没有办法任用他了。”但也有人说，孔子前往齐国，是为帮助逃亡在齐国的鲁昭公回国，齐国当时政治混乱不堪，孔子根本就不想在齐国做官。《孔丛子》里这样说，晏婴深夜拜访孔子，请教对策，孔子对他说：“现在的齐国已经无可救药了，如一匹失去缰绳的马一样乱跑，想拉也拉不住，我判断，齐景公与您不在人世后，齐国政权恐怕要落于田氏之手。”孔子还是有眼光的，齐国政权虽没有这么快走向没落，但到了公元前386年，田和放逐齐康公于海滨，自立为国君，田氏终于取代了齐。

人一辈子得两三知己足矣。此种感叹同时也表示长久的朋友难做。个中原因颇多，职业不同疏生，时间长久疏远，地域隔离分开，因钱、因情、因权、因各种各样的小事，都极容易使好朋友反目。君子之交淡如水，水却是宝贵的东西，谁也离不开，也喻清白最好。朋友之间，千万别提借钱，会伤感情，但连好朋友都不借，还怎么向一般人开口？这显然是悖论。

评臧文仲：他家里养着一只大乌龟，用祖庙的装饰来供奉它，这算得上明智吗？

臧文仲，鲁国的大夫，大夫家中却用天子的庙饰，属于不守本分的越礼行为，这样的人当然算不上明智。在《论语》的第十五章中，孔老师继续批评这个人：臧文仲是个不称职的长官，他明知道柳下惠有卓越的才能，却不任用他。臧资格很老，权力很大，历仕鲁庄公、闵公、僖公、文公四朝。

评微生高：谁说微生高性情直爽？有人向他讨要一点醋，他却去向邻居要来再给人。

微生是复姓，鲁国人微生高，孔子的学生，以直著称，但孔子在此批评了他：没有就是没有，自己没有不说清楚，反而去向别人借，这可以算是义气，但绝不能算真诚。中国人的好面子，不知道可不可以从微生高算起，但微生高此举确实是典型的好面子，自己没有（即便是临时短缺），也要装大方；明明一桌子的菜，却谦卑地劝客人：没有菜，没有菜，你吃，你吃！

《战国策》与《汉书》，都将这个微生当作尾生，是讲信用的典范：与女方约会，女方没来，突涨洪水，抱柱而死。一个人做事不用惊天动地，仅借醋与抱柱两件事，就足以让他名垂千古。

“三思而后行”，孔子以为两思即可后行了。

这个成语说的是季文子，鲁国的大夫，他做每件事，都要考虑许多次才去做。孔子听到后说，考虑两次也就可以了。

季文子在孔子出生前的十三年就已经去世，孔子这里显然是听别人描述的。“三思”“三省”，三代表多，多代表谨慎，孔老师的两次，不是绝对，而是根据实际情况做出判断。如果是一个复杂的大事情，比如现今某法律法规的出台，这个“三”就指几十次上百次，甚至更多次。但如果是比较简单的事情，也如此繁复，借口程序，借口规则，这极可能造成时机的延误。

明正统十四年（公元1449年）七月十七日，北京城骄阳似火，明英宗不顾王直等臣子的反对，对文武大臣的多次劝谏置之不理，依然率大军御驾亲征蒙古瓦剌部。诏才下两日，各项准备均不充分，大军即匆忙集结启程，上下一片混乱。虽名为亲征，但军务大事皆由监军太监王振决定，将领处处受节制，王振指挥又接连失当，致使明军屡战屡败，最终酿成土木堡之变，明朝二十万精锐被歼，明英宗被俘。

不知彼，也不知己，且两思而后行，注定了明英宗的失败。

孔老师讨厌巧言令色之徒，这里，他将这种观察人的方法更深入具体地展开：

说话好听，表情讨好，态度恭顺，这样的行为，左丘明认为可耻，我也认为可耻；内心怨恨一个人，表面上却与他继续交往，这样的行为，左丘明认为可耻，我也认为可耻。

孔老师重点批评的还是缺少真诚。

至于后一种人，生活中极常见。孔老师认为，与内心怨恨的人交往，是多么痛苦的事情，如果长期交往，这不是浪费生命吗？

左丘明，鲁国著名人物，品德高尚，文史皆擅，他作《左传》，作《国语》，孔子只比他小了五岁，他们两人是好朋友，有共同的理想，左丘明曾陪同孔子一起去周王室，大力支持孔子从政。孔子将左丘明尊为自己生活与工作的楷模，左丘明认为可耻的，他也认为可耻。

两位著名人物都表态了，巧言令色足恭之徒，匿怨而友其人之徒，都在他们的思想光芒照耀下显得灰头土脸的。

这一天，颜回与子路闲闲地陪着老师，似乎没什么正经事，孔老师就让他们谈谈自己的志向。不同的是，这一回，学生谈了志向，孔老师紧接着也谈了志向。这是一个著名的志向，这样的社会，人人向往。

子路总是抢着发言，他的志向是："我希望做到把自己的车子、马匹、衣服与朋友共用，即便用坏了也一点儿没有关系！"孔老师一听，越发喜欢子路了。颜回接着谈志向："我希望做到不夸耀自己的优点，不把劳苦的事推给别人。"颜回知道自己优秀，别人经常赞美他，连老师也经常在背后表扬他，他自己就越发低调，别人表扬那是别人的事，自己随时警醒，修养无止境，要继续努力，而且，还要更加勤勉，多干苦活儿累活儿重活儿。子路一脸真诚地对着孔老师："我希望听听老师的志向。"孔老师答："我的志向是，老者安之，朋友信之，少者怀之。"

子路志在情义，然诺慷慨；颜回志在无私，谦虚谨慎；孔老师志在大同，理想的世界。

老年人得到安养，朋友们相互信赖，青少年都得到关怀——乌托邦式、桃花源式，一个极度和谐的社会。

2016年5月的一天，我走进了金华的坡阳古街。

村口，一面硕大的心形笑脸墙，彩色，醒目。男女老少，张张笑脸，当然还有花朵一样的婴儿，他们笑得天真、自然，是那种各种烦事碎事统统抛诸脑后的释然，是那种可以任意舒张血脉的家的感觉。笑脸墙的边上，还有创建美丽家庭的标准，庭院环境、家居人文、勤劳致富、邻里和睦、爱心奉献，每一条都有具体的标准判别。

居家养老服务照料中心，小黑板上，今日购菜单醒目：肉53元，萝卜15元，笋11.5元，蒜6元，豆腐干25元，总共110.5元。

食堂用餐老人形象栏，我仔细看了，二十几位老人，最大的1921年出生，最晚出生的是1941年，有照片、监护人电话号码。他们每餐付两块钱，其余的村里贴补，或者来自捐献。爱心榜上，我看到最近的三笔捐献是：2015年11月，陈桂有，猪一只，毛重260斤；2016年1月，朱金寒，人民币3000元；2016年3月17日，岭下成泰银行，米100斤，油2箱，餐巾纸1箱，纸杯1箱，塑料袋8捆。

己亥腊月廿四上午，我在广州越秀区旧南海县社区徜徉，这里以前是旧南海县的县衙所在地，这几日虽说是广州最冷的日子，可那些花，却一如阳春里展示出的倩影，令人愉悦。

惠吉西路33号，"长者饭堂"前，我们驻足。这是旧南海社区的老年食堂，我细看菜单，除了灼时蔬，周一至周五菜式完全不同，比如，冬菇蒸鸡、萝卜煮鱼松、土茯苓煲骨、虫草花蒸肉饼、罗汉斋、梅子蒸排骨、韭菜炒蛋、莲子百合煲猪骨、木瓜煲鱼尾，单单从菜名中就能闻出浓浓的广州香味，当然还有如榕树般的惠风和畅。

居家养老，不离家，吃喝有地方，还少花钱，中国目前很多地方都有这样的养老中心。老吾老，以及人之老，老人生活安逸。

回到标题公冶长，孔子的女婿。

《笑林广记》有一则讽刺走后门的笑话《得丈人力》，让人喷饭：

> 有以岳丈之力，得中魁选者，或作语嘲之曰：孔门弟子入试，临揭晓，先报子张第十九，人曰：他一貌堂堂，果有好处。又报子路第十三，人曰：他粗人也中得高，全凭那一阵气魄。又报颜渊第十二，人曰：此圣门高足，屈了他些。又报公冶长第五，人骇曰：此子平日不见怎的，如何倒中正魁？或曰：全得他丈人之力耳。

子张第十九，子路第十三，颜渊第十二，引出公冶长的第五，第五应该是一甲了，公冶长凭什么能列一甲呢？凭的不就是孔子是他的老丈人吗？

雍也

不遷怒
不貳過

雍也第六

孔子说:雍也这个人,可以出仕去做卿大夫了。

雍也,姓冉,字仲弓。他是个什么样的人呢?没有具体的生平,不过,孔老师多次谈到他。孔老师在谈到雍也时,这样说:耕牛的后代,长着红色的毛及整齐的角,就算不想用它来祭祀,山川之神难道会舍弃它吗?

太牢之礼中,排第一的就是牛,但这不是一般的耕牛,周代尚赤,它的毛是红色的。这是一个比喻,人才应该不问出身,是人才,就要提拔他做官。

在孔老师的记忆中,雍也读书勤奋,他仔细观察人,总是想多学一点儿,为日后的从政打基础,有一次,他向孔老师请教如何评价子桑伯子这个人。

孔老师答:“这个人很可以呀,他凡事求简便。”

雍也听出了老师的意思:“内心严肃,办事力求简便,这样治理人民,是可以的;如果本身态度随意,办事也力求简便,这就太随便了。”

孔老师赞同他的回答:“你的话很有道理。”

凡事求简便,至少有两大好处:少了烦苛,百姓就能自由生活。如果什么都设置规范,人就像生活在一张蜘蛛细织的密网中;世上许多事,并不复杂,是人自己将它搞复杂了,去繁就简,其实是一种聪明的活法儿。

子桑伯子是智者，在他眼里，天下事就应该简单一些，只要有严肃而真诚的内心。

在《学而》中，孔老师向鲁哀公介绍颜回最大的优点是六个字：不迁怒，不贰过。这里要着重引申一下。

司法部门提供了一个发人深省的数字：有百分之七十的犯罪，皆为激情犯罪。也就是说，本来没有犯罪意图，是临时起意。而临时起意中，第一个心理因素就是迁怒。比如，早上出门，夫妻俩又为孩子谁接谁送的问题吵得不可开交，两人均怀着愤怒：你变了，变得不体谅我了。双方都这么想。男子开车，遇到突然的夹塞，愤怒万分，立即停下，逼骂对方，而对方怀着同样的心情，于是谁也不让谁，吵着吵着，动了拳脚，再动了家伙，最后两人都进了班房。

贰过，重复犯错；可以是自己的错，也可以是别人的错。自己犯过的错，自然会长些记性；别人犯过的错，也应该引起警惕。于是，贰过的发生，总让人事后感叹：明明已经吃过苦头了，为什么还会去犯呢？

迁怒指如何待人，贰过指如何克己。两者其实相互关联。如果不迁怒，就不会贰过或者少贰过；如果不贰过，就不会迁怒或者少迁怒。不迁怒，不贰过，我可以确定，几乎大多激情犯罪都可以避免。

我在四十岁后就遵从这样一条戒律：愤怒时不做决定。虽做不到百分之百，但只要遵守了，事情总会出现转机。决定时需要咬咬牙，不过，实在受益无穷。

小米到底给多少？怎么拿？实在不是小米的问题，而是礼制问题。

第一件事：公西华奉命出使齐国，冉有替他母亲申请小米，孔子说："给他釜。"冉有觉得少了，请求再加，孔子说："那给他庾吧。"

冉有却给公西华的母亲运去小米五秉。关于这件事,孔子发表了看法:“公西华到齐国出使,穿着华贵衣服,坐着好马车。我听说,君子救急不添富。”

第二件事:年轻的原思做孔子家的总管,孔子给他年薪九百斗小米,原思不肯接受这么多。孔子劝道:原思不要推辞,多的可以拿去救助家乡的穷人!

釜、庾、秉,皆古代量器。釜的容量因为标准不一,不知道具体多少,这里指数量不多;庾,一说二斗四升,一说十六斗;秉,一秉十六斛,五秉八十斛,一斛十斗。由此可知,冉有擅长主张,将小米提到八百斗。和原思的俸禄相比,冉有送出的差不多是一年的薪酬了。

公西华出使,时间不会太长,按规定,可以适当补贴,他本身应该有俸禄。尽管没有标准,但孔老师认为冉有大手大脚,更有无原则帮助老同学之嫌,也不符合规矩。为他人增加财富,这不是君子应该干的,君子只是救穷急而已。原思是君子行为,奉公克己,他在孔子家做官,也是为国家办事,至于粮食,够吃就行。而一旦原思采纳孔老师的建议,则原思的贤与廉,会为更多的百姓所称道。

小米,及后世的各种俸禄,都是测量人心道德的检测剂。

子贡、子路、冉有,都是当官的政治人才。孔子的学生中,也有不少不想当官的,闵子骞就是其中一位。

闵子骞在孔门德行优良榜上排前列,位居颜回之后。

季孙氏想派闵子骞担任费邑的县长。闵对来报信的人说:“您好好地替我辞掉吧。如果再有人来找我,我一定逃到汶水的北面去。”

闵子骞不想去季孙氏的封地做官,或者还有一种可能,他不喜欢季孙氏这个人,这样的主子,跟着他干不会有好结局,坚决不去!

汶水就是大汶河，它的北面就是齐国，闵子骞说得很委婉："你们如果再来请我，我就逃出国去。"反正，他就是不想做官。

马上想起也不想做官的许由。相比闵子骞的小县长，许由可是尧想禅让给他帝位啊。许由跑到河边去洗耳，他表示，这样的消息，会脏了他的耳。

许由刚洗完耳，恰好被牵着牛来河边饮水的巢父看到了："你呀，就是故作清高！你在这里洗耳，我还怕这水被你洗脏了呢。我的牛喝了脏水会害病的。"巢父牵着牛跑到许由洗耳处的上游去了。

冉伯牛生病了，病得很重。孔老师去探望他。孔老师从窗户外握着伯牛的手叹息："我们要失去他了，这是命呀！这样的人，竟然得了这样的病！这样的人，竟然得了这样的病！"

孔老师为什么从窗外握了握冉伯牛的手？冉伯牛得的极有可能是传染病，不便进屋。孔老师为什么握一握手就知道病情？他从小生活困苦，什么活儿都干过，自然，小病小痛，完全靠自己，而等有了足够的知识后，他累积起来的成功医案也使他成了小有名气的医生，一把脉就知道病情。

连续两个感叹，既表示自己的无能为力，也表达对命运的不可测，无法抗拒。

忽然想，所有的动植物都会生病，神仙会不会生病？看了那么多的古代笔记，脑中搜索一下，似乎找不到呢，反而，神仙们都是神医，每当人类有难，神仙就出现了，甘露一滴、神丹一粒、仙草一株，甚至这些都不用，手轻轻一摸，如孔老师摸冉伯牛那样（不，应该是孔老师如神仙一样摸）；甚至摸也不用，隔空挥一挥手，就知道病灶在哪里了。

孔老师赞颜回，除前面的六个字外，还有一段著名的赞颂："贤哉回也！一箪食，一瓢饮，在陋巷，人不堪其忧，回也不改其乐。贤哉回也！"

如此清苦，一般人受不了，颜回却无比快乐。

两千五百年来，人们一直随着孔老师的赞赏而赞赏。

孔老师又是两次赞赏，一前一后。这仅仅是贤吗？对于颜回的贫而乐道，我更看重颜回的意志。无论何事，人一旦树立坚定如铁般的意志，就很难被摧毁，除非他自己倒下。

全世界有许多苦行僧，真正的苦修，让人感叹。

斯文·赫定在西藏的林迦寺，听到了不少令人恐惧的苦修故事。

一位隐居僧人前不久刚去世，他将自己关在石洞里长达十二年。在他之前，有一位僧人在黑洞里待了四十年。更有甚者，一位苦行僧，很年轻的时候就进了黑洞，在里面修炼了六十九年。苦行僧感觉死期临近，忍不住想再见一回太阳，于是向外面发出信号，要僧人恢复他的自由，但他已经年老眼瞎，最后还没来得及走到太阳下面，就瘫倒在了地上。

此后，赫定在翻越外喜马拉雅新山口时，在勾弗村边的一座高山上，发现了一个很奇怪的垂直山洞，洞口下方就住着从尼泊尔化缘到此的两个僧人和两个尼姑，他们在此服侍隐居在更高处山洞里的苦修僧人，一位叫贡桑的苦行僧已经百岁，他们也像林迦寺里修炼的苦行僧一样，在苍茫天空下，不惧苦寒，只专注于自己的内心净化。

数年前，我到青海，在塔尔寺看到了数千平方米的壮观的大经堂。

经堂外面，许多磕长头的信徒让人感慨。这些信众，老少不等，男女不限，每做一个动作都十分虔诚，双手合十，眼神专注，嘴里念着经，跪倒趴下，身体挺直。这既需要体力，更需要毅力，他们往往要磕满十万个头才停下来。如果一个身体好的人，磕完十万个头，怎么也要好几个月。如果身体状况不是很允许，那完成此心愿，大概需要一年的时间。

这些信众，没人强制他们，他们完全是一种内心的自觉，是一种内心的需要，因此，他们在完成这些动作时，一定是认真而细致的，绝对不会偷工减料。他们强调动作的完美，在完美中实现心愿，完成忏悔，内心坚定而清澄，不带世俗，不带杂念，为自己，为家人。

磕长头的，和赫定见到的石洞苦行僧，他们修行的目标一样，都是靠和颜回同样的意志，为了家人，为了来世，为了一种千年不变的信念。

冉求的自信心，似乎有点儿小问题。这一天，他又自叹："我不是不喜欢老师的思想和学说，只是我的力量不够呀。"孔老师听说后，立即教育他："力量不够的人，走到半路才会放弃。现在你却是画地自限不上路。"

这个畏缩不前的冉求，孔老师一直很关注，他在说这句话的时候，脑子里就闪现出颜回的形象：我只看到他不断地进步，没见他停下来过。可惜颜回早死。

学孔老师的道固然难，但冉求的借口，却是我们大多数人的借口，格式一般是：我真的想做好某件事，可惜我能力不够。某件事可以随意扩展，小到一般，大到重大，但这些事，都要经过坚持不懈的努力才有可能做好它们，半途而废的人很多，如冉求一样找借口的人更多，有了这个借口，他就可以心安了。

嗯，抱歉抱歉，挟泰山以超北海，非吾能也！

子游担任武城的县长。孔老师问他："你在那里发现什么人才了吗？"子游回答老师："有一个叫澹台灭明的，他走路不抄近路，如果不是公事，也从不到我屋子里来。"

孔老师很关心学生的施政，人才是首位，所以这么问。

张岱《夜航船》序的结尾有"小僧伸脚"一句，在此拿来说一说。

从前，有一个和尚，与一位读书人，同宿于夜行的航船中。读书人高谈阔论，和尚非常敬畏和慑服，睡觉时，将脚蜷缩起来，害怕碰到读书人。

然而，和尚听出读书人的话里有破绽后，就问他："请问这位相公，澹台灭明是一个人还是两个人？"

读书人答："是两个人。"

和尚追问："那么尧舜呢，是一个人还是两个人？"

读书人答："自然是一个人啦！"

和尚听此，笑笑说："这么说来，就让我小和尚先伸伸脚啦。"

书生是典型的不懂装懂，不能怪和尚设的这个局。

"澹台灭明"，澹台为复姓，灭明是名，字子羽，他是孔门七十二著名弟子之一。不过，子游此时说的，估计澹台尚未进入孔子的学堂。但在子游看来，他已经是个人才了：不抄近路，表示奉公守法守规矩；非公事不去领导家里，表示只为工作，不拍马屁。

澹台灭明曾经南游至南昌，进贤县就是为纪念他而取的名。杭州也有一澹台灭明的石刻像，南宋绍兴二十六年（公元 1156 年）刻绘。有一个成语，"人不可貌相"，说的就是澹台灭明，因为他长相丑陋，孔老师差点儿都不愿意收他为徒。后来，澹台融会贯通，学习成就巨大，还带出了几百个学生，孔老师听说后深刻反思自己的失误:“以貌取人,失之子羽。”意思是:我以貌取人,以至于错误地判断了子羽这个好学生。

和尚拿澹台灭明做教材,引所有读书人深思。

孔老师与卫国有扯不断的关系。对卫国的局势,他曾这样感叹:现在的卫国,不是些如祝鮀那样的花言巧语之辈,就是些如宋朝那样的徒有其表之辈,今天的卫国,恐怕很难避免灾祸了。

卫灵公无道,为什么还没败亡?因为他手下有三大人才,孔文子负责外交,祝鮀掌管祭祀,王孙贾统率军队。祝鮀口才好,但品性有问题,祭祀不是什么关键部门。

孔老师极其讨厌花言巧语,我们前面已经说过,这里只说宋朝的美貌。

宋朝,春秋时期宋国的美男之一,他与宋玉一样,皆以容貌俊美闻名。美男子宋朝一进入卫国,就被卫灵公的母亲宣姜看上了,后来,又被卫灵公的夫人南子看上。某次,太子蒯聩路过宋国,听到路人对他唱的一首歌谣,就是讽刺南子与宋朝私通的,内容不堪入耳,蒯聩于是就动了刺杀南子及宋朝的念头。

我们之前讲子路之死时,就说到了这个蒯聩,不过,刺杀计划被灵敏的南子识破,蒯聩被赶出国。十二年后,他潜回卫国抢了儿子的王位。

颜值弄不好就成祸害,仅仅长得帅,没有仁,国家仍然要灭亡。

邹忌的大小婆娘,都说他帅,远比城北的徐公帅,邹忌也真认为自己帅呆了。某天,邹忌见到了徐公,仅看一眼就惭愧了,自己远不如徐公帅,然后迅速反省。一个人的帅能成为别人的镜子,也是件不错的事,宋朝成了教训人的靶子,也算垃圾成了种花的养料。

谁能走出屋外而不经过大门?

孔老师多么想别人都接受他传授的仁呀爱呀礼呀，如果那样，天下就会大同。他这个发问的言外之意是：“为什么人们为人处世，不来学习我提供的道呢？”再换句通俗的话：“我的话，人们为什么不听呢！”

春秋战国时代，周朝的大厦已经倾倒，诸侯各自独立为政，各种思想百家争鸣，就如同百花齐放，行走在自由的旷野上，天地辽阔深远，人们自由散漫。孔子苦出身，勤努力，自学成才，成为令人瞩目的精神导师。高个子孔丘，振臂一呼，中青年学子呼啦响应；他打起的旗帜，各国纷纷关注。然而，从孔子的施政实践看，依然是相当的不如意，短期的从政、十四年的周游列国，就是明证，这远没有达到他的预期目标。

这些人，为什么不走正门？或者不从正门走出来呢？孔老师想不通，实在有点儿想不通，他提供的可是一条正途坦途：觚这种酒器已经不像个有棱有角的觚了。这还是个觚吗？这还是个觚吗！

历史的车轮滚滚向前。孔老师一年年地呼吁，一直到老、到死，天下越来越分崩离析，不以他的意志为转移。

孔老师转念一想，听不听是人家的事，管不了那么多，不如好好继续修炼自己，做一个文质彬彬的君子：质胜文则野，文胜质则史。文质彬彬，然后君子。

质，未经加工的质朴，人的本质；文，后天习得的各种礼仪文化；野，粗野；史，虚浮；彬彬，适度、适中。

孔子所说的是一个极广阔的话题，含义丰富。布衣试着予以四解。

本义一解：质朴多过文饰即为粗野，反之就会限于呆板。两者适中调和，才是君子应有的修养。

广义二解：朴素多过文化，就会显得没有文化；反之，则会显得没有根基，流于虚浮。文化的繁荣呈现要与人类朴素的本质相适应，这才是文明社会发展理想而良好的通途。

引伸三解：一个人没有文化会显得粗俗，而过于文雅反而掩盖了质朴的本真，使人觉得酸和呆。修养不够，无礼粗野，夸夸其谈，华而不实，都不是君子良好的表现；不卑不亢，才是最好的风度。

延伸四解：各种建筑、所有文艺，其实都需要内外结合，不偏废，平衡适度，才会名实相符，才能显现出它们独有的美。

可卫国大夫棘子成不这样认为：君子只要质朴就够了，要文化做什么呢？子贡显然不赞成棘子成的偏激，立即反驳道："您这样谈君子，真是让人遗憾。须知一言既出，驷马难追。如果文化就如质朴一样，质朴也如文化一样，那么，去掉文化的话，虎豹皮就像犬羊皮一样了。"

做人做事，都要文质彬彬。古今皆然。

子曰："君子博学于文，约之以礼，亦可以弗畔矣夫！"

君子广泛学习文献知识，并以礼来约束自己，就可以不违背大道了。

有的人学习能力特别强，学得特别好，如果不适当约束，也会自我膨胀，那样，就和本来的学习目的背道而驰，故此礼，乃有助于品德的养成，约束久了，就会成为自觉行为。

杭州余杭人徐爱，王阳明的妹夫，也是王阳明最得意的学生，有"王门颜回"之称。有一天，徐爱读《论语》至此处，对王阳明说："先生认为'博文'是'约礼'的功夫，我想了很久也想不明白，请先生再给我讲一讲。"

王阳明答："'礼'就是'理'，'文'表现出来被人看见就是'礼'，'文'隐藏看不见则为'理'。'礼'与'理'是同一个东西。'约礼'，就是要使心至纯至精而达到天理。要做到这一点，就必须在显现'理'的地方下功夫。比如，侍奉双亲，就在待亲上学习存养天理；身处富贵或贫贱，就要在富贵或贫贱中学习存养天理。无论你是行动还是静止，说话还是沉默，随时随地都不要忘记存养天理。这就是'博学之于文'，就是'约礼'的功夫。"

王阳明时刻不忘他的天理，脑子这么一转，也想通了。

子曰："知者乐水，仁者乐山。知者动，仁者静。知者乐，仁者寿。"

聪明的人喜欢水，仁爱的人喜欢山。为什么呢？流水静移而动，遇山转弯，遇石溢之，过凹满之，从不与对手拼争，但发起脾气来也面目可怖；山厚重博大，幕天席地，明月入怀，草木虫鸟兽，一切皆容，且千万年屹立，活得久长。

水是大地的女儿，山是大地的儿子，乐水、乐山，皆好。

相较而言，孔老师更在意仁者。其实，仁者包括了知者，知者往前走就是仁者。那么，仁者也乐水，更乐山，包容万物，恢廓大度，能动也能静，能乐还能寿。

中国传统文化中，山水皆有神性，是知者与仁者的精神栖息地，也是生命最终的栖息地。

周迅用眼睛直勾勾看着周润发，发了一个让所有男人都扛不住的嗲："夫子，你为什么要和我这样名声不好的女人见面呢？"

约莫喝了一盏酒的工夫，周润发在完成脸色变红、心跳加速、手心出汗这样几个程序后回答："我想要在卫国施行仁政，请夫人帮我游说灵公。"

当孔老师决定接受南子邀请的时候，子路等学生们很不高兴。大家都说，老师您怎么能去见名声如此不好的女人呢？"这些学生哪里知道夫子的远大政治理想"，但他又不能过多地解释，只能举着双手发誓说:“请你们相信我吧,我如果做了错事,老天一定会惩罚我的! 老天一定会惩罚我的! ”

老师毕竟是老师,子路们还是相信老师的定力。老师一定要这么做,冒着风险去做,一定有他做的道理,而且,老师年纪也不小了。我们等结果吧。

夫子自有他的道理。他这样的人,并不是听风就是雨的,他有自己的判断。况且,他已经做过很长时间的调查研究,那个南子,并不像人们传说的那么淫荡,她是个非常有理想的女子,她给卫灵公出了不少治国的好主意。比如,她倡导学习和教育的氛围,在卫国建了不少学校,使百姓的孩子都有机会学习;比如她非常尊重人才(高薪请孔子讲学),为卫国的发展做出了很大的贡献;比如她很尊重人民群众的个性化发展,倡导品质生活。在卫国,女孩子可以识字读书,可以不裹小脚,可以非常好地充分展现自己的美貌。南子这一切行为,在有些人看来,相当出位出轨,不是一个好女人。而孔老师的眼光要远高于一般的人,从他因材施教的角度来说,正好可以抓住这样的机会,实现他的一些政治抱负。

孔夫子于是见了南子。

据史官统计,孔子见南子,时间用了约莫喝三十六盏半酒的工夫。

子路见了表情复杂的夫子,噘着嘴数落道:“不是说好只见喝三盏酒的工夫吗? 怎么用了喝五十一盏酒的工夫呢? 哎,还有十四盏半酒的工夫都干了些什么呢? ”这个只有夫子和南子两人知道。据说,连太史公在写《史记·孔子世家》也头痛了好长时间,始终没搞清楚。

子见南子,几千年来,绯闻一直不断。不过,我相信,那南子一定非常有气质。

日本俳句大师与谢芜村,以此为题材写过一首俳句:

“春将归去，与汝同车，低声细语。”有季节，有场景，令人充满遐想。

某天，孔老师回答子贡关于什么是仁的问题：“己欲立而立人，己欲达而达人。能近取譬，可谓仁之方也已。”

自己想要安稳立足，就要帮助别人安稳立足；自己想要开拓发展，就要帮助别人开拓发展。能够从自己的情况来设想如何与人相处，可以说是行仁的方法。

这样的人是极少极少的，按孔老师的说法，这是圣人行为。

仁，在某种程度上就是德。虽然，君王有君王德，百姓有百姓德，但实际上就是设身处地替对方着想。到了孟子这里，表述已经相当完整：老吾老以及人之老，幼无幼以及人之幼，天下可运于股掌之间。将别人的老人当作自己的老人，将别人的孩子当作自己的孩子。如此，则统一天下就如在手掌上转东西那样简单。这几乎是治理天下的法宝呀！

而这么做的前提，孔老师早就告诫：“己所不欲，勿施于人！”

如果这个世界能按着孔老师的仁道运转，如果这个世界的人能接受孔老师的仁道，那就会出现让所有人都想达到的理想境界：无争无斗，你谦我让，月明风清。

群雄纷起，周朝已经名存实亡，基本控制不了下面的诸侯国，不少大国强国更是恣意践踏礼制，A 国甚至都不想向 L 天子朝贡了。

某庚子年，天下瘟疫大暴发，诸国皆不能幸免，民众死病十之二三，A 国就想将责任都推到 C 国头上，指责 C 国是源头国，因为 C 国后来居上，A 国的霸主地位受到威胁，他们极度不爽，想尽一切办法打压。L 天子被逼无奈，指令天朝五大名医（医缓、医和、医响、文挚、秦越人)组成专业调查组彻查,查来查去,最后,名医们一致认为源头出自 A 国的某个秘密基地。

说起这件事,孔老师对子贡叹息:“赐呀,A 国要是能欲立立人欲达达人,特别是那个君王 T,那这场疫情,一定不会蔓延这么广、这么久,这不,我们的出国访学,你们的留学计划,都受到严重的影响!”

第四卷

述而第七

泰伯第八

述而

不要冒充内行

述而第七

述而不作，信而好古，我想我自己很像老彭了吧。

对古代文化，又信又爱，但只是阐述而不创作。

为什么“述而不作”？

文字出现以前，述而无法作，要作，也都是些符号与线条。

我去宁夏贺兰山下看岩画，看石头表面上的气象万千。宁夏的岩画，主要在贺兰山和卫宁北山一带，它是几千到数万年间的先人留下的，据不完全统计，有上万幅之多。自古以来，有许多著名的游牧民族都在这一带生活过，西戎、党项、匈奴、鲜卑、月氏、高车、突厥、吐蕃、蒙古，任何一个名词，都曾经在中国历史的册页上散发着光辉。日常的游牧、喜庆的歌舞、原始宗教活动、部落之间的战争场面、神话传说、图腾崇拜、狩猎畜牧，或写实，或写意，都被各族先人艺术家们磨制、凿刻到岩石上，充分表达着他们的思想，线条虽粗犷稚拙，感情却豪迈奔放，汪洋恣肆，让人叹赏。

文字出现以后，纸张出现以前，人们的书写工具主要是简牍、丝绸、树皮之类，述而作，但纸与丝绸都贵，一片简能写几十字已经不得了了。而那些简，即便牛拉，拉得大汗淋漓，拉来的简装满了整座房子，其实也没有多少字。半部《论语》治天下，现在你试试？

字也重要，纸也重要，中国各地现在还能看到不少“惜字亭”古迹，就是一个明证，如果不敬惜字纸，则罪恶极重，与不孝父母同罪。

我去阿拉善盟的额济纳旗博物馆，那里的三万多枚居延汉简让我着迷。居延汉简内容丰富博杂，远不止字面上的意义所能解释，它联结着一个朝代数个民族的兴衰，还有无数个悲情的家庭，大漠与长空、风沙与冰雪、血与火，两千多年的居延汉简，无声胜有声。

孔老师只述不作，实在是古代写作极不方便导致的无奈，如果不是学生记录整理，孔老师真的不会留下多少文字。从这个层面说，孔老师的述，其实是另一种形式的作，他心心念念的礼与仁，后世都得到了极大的弘扬。

还有老彭。

老彭是谁？有人说是商朝大夫，也有人说就是老子，这似乎不重要了，但这个老彭一定是孔老师的偶像。

默而识之，学而不厌，诲人不倦，应该是做老师的必备基本功，孔老师在说这三条标准的时候，有一个自我反省：我到底做到了多少呢？或者说，我到底做得多好呢？

静静地做学问，学习而不厌烦，教导别人而不倦怠，前两条是对自己，后一条是对别人。此三条，互为前提。撇开道德要求，要想当个好老师，基本功必须扎实。

相比前两条自身的训练，后一条更难得，有多少老师能做得很好？

我教了七年高中，自觉前两条还可以，后一条，顶多及格而已。常常要倦，为什么倦？那么多学生，不能只对一两个特别好，否则会有人说闲话。如果都不倦，身体会将你的心弄疲倦。

孔老师其实做得相当不错，他紧接着就提出了修身的“四要”：

要好好修养德行，要好好讲习学问，该做的事一定要去做，有缺点错误要立即改正。不仅要努力达到，而且要常修常新。

不过，孔老师为了使课堂上的教育效果最大化，他是从反面的假设提出这“四要”的：德之不修，学之不讲，闻义不能徙，不善不能改。这些都让我忧虑呀！

孔老师忧国、忧民，还忧他的教育。他知道，他的课堂其实是鲁国朝政的后备人才库，不，应该是世界各国人才库，他应该在课堂上，将这些后备人才，尽量锻造得完美一些，甚至造出一批栋梁之才，但无论能力大小，德行这一关，一定要严格要求。宰予白天不就睡个觉吗，会变得那么不堪吗？会的！在孔老师眼里，品德问题绝不能掺沙子，否则就会祸国殃民，这样的事他不干。

孔老师燕居时，态度安稳，神情舒缓。

燕居是指闲居、休闲时光，居家生活，一定要舒坦适意。

孔老师虽少也陋吃了不少苦，成年后，靠自己的拼搏才有了比较高的社会地位，生活也随之改善。总体来说，他属于典型的士大夫阶层，这一类人，处于社会的中间层，往往是社会的顶梁柱。

如果是纯粹的平头百姓，则谈不上所谓的舒坦与适意，他们或许整日劳累，一张嘴也得不到温饱，一张床也不会感觉到温暖，舒适离他们很远。

宋代叶梦得有著名的笔记《避暑录话》，为什么取这样的书名？这应该和避暑有关。叶在自序中也讲得非常清楚。绍兴五年（公元1135年）五月，因酷暑难熬，几十年来都没有这么热过啊，不能安其室，于是每日早起，一仆背着竹榻，择泉石深旷、竹松幽茂处，偃仰终日，两个儿子叶栋、叶模和门生徐度带着书陪着。大家猜着了，他们乘凉不会这么干坐着，叶梦得和儿子、学生们会谈各种各样的事,前朝事、书中事、人间事,说来说去,一天就过去了。三人都对叶说:"我们听了您这么多有趣的故事,一定要将它们记下来。"叶栋就承担起这个任务,挑挑选选,就有了《避暑录话》。

叶梦得卒赠检校少保,待遇与职位都让人羡慕,他的燕居,自然"申申""夭夭"(和舒之貌)。

某个冬日,恰逢休息,孔老师坐在院子里晒太阳,阳光逐渐温暖起来,孔老师昏昏欲睡,忽然,他抬起头对着天感叹:我实在太老了,竟然好久都没有梦见周公了!

孔老师经常梦见周公。周公是什么人呀?这自然是好梦吉梦,老了不做梦?显然不是,他是在说,年轻时志向满满,精力旺盛,能不断学习周公,并将学到的用于实践。而现在,老了。

梦是现实的另一种折射,《周礼》特设占梦之官,孔老师一定再清楚不过。占梦官以日月星辰占六梦之吉凶。群臣庶人献吉梦于王,王拜而受之。这话题太长,不去展开。

梦周公,瞌睡的代名词,这是孔老师万万没想到的,我们将他的美好寓意搞得低级庸俗了。《笑林广记》中更是笑料不断:

> 一师昼寝,而不容学生瞌睡。学生诘之,师谬言曰:我乃梦周公也。明昼,其徒亦效之,师以戒方击醒曰:汝何得如此?徒曰:亦往见周公耳。师曰:周公何语?答曰:周公曰,昨日并不曾见尊师。

老师,不就是一瞌睡,至于弄得这么冠冕堂皇吗?就你可以白天睡觉?有样学样,学生是聪明学生,老师本想一着棋将死学生:周公和你说什么话了没?不想却被学生反将死:周公说昨天根本没看见你!

关于孔老师教学收费的情况,历来有争论,看孔老师自己是如何说的:“自行束脩以上,吾未尝无诲焉。”

争论来自断句。

其一:十五岁以上的孩子,我没有不教的。

其二:自行束脩,以上吾,未尝无诲焉。

束脩之礼,十条干腊肉。束带,借代十五岁的孩子。

其一反映孔老师有教无类的观点,与学费多少无关。

其二则明确表示,要来孔家学堂读书的,必须用十条干腊肉作为学费。

那么,孔老师的学堂收不收学费?肯定收,不收,他办不下去。从整部《论语》看,孔子的收入大致有四个部分:学费收入,替人办丧事收入,做官的俸禄,学生的孝敬。各个阶段,收入比例各有侧重。

但《论语》本章,历来基本遵行有教无类观点,这是对孔老师的称赞,不管你交不交学费,到了这个年纪,想学习的,都来学吧。或许,学生读着读着,经济周转过来,学费自然也就交了。而必须带十条干腊肉的说法,太小看孔老师了!

孔老师的学堂,人的心灵得到完善与治疗,那真正治疗人身体的医院呢?不管是谁,只要是病人,先收进来治好再说。有这样的医院吗?

就读书方法而言,在《论语》课堂上,孔子老师显然也是极其讲究。

看看,最后面一排,那个同学歪着头、闭着眼,已经沉思许久,脸色越来越难看,他应该在反省:自己怎么那么笨,这几句话就是不能很好地理解。

闹，再看，左边中间那位同学，这一段话已经重复好几次了，依然结结巴巴，依然找不到合适的词语，想说而说不出。

孔老师观察已久，然后走到那两位同学身边，一二三四，如此这般，同学脸上的笑容立即绽放，说话的声音也大起来。

孔老师的方法是：不愤不启，不悱不发。

前面那同学，已经进入“愤”的状态，我就用“启”的方法。就是说，等到他努力想懂而懂不了的时候，我再去开导他。后面那同学，已经进入“悱”的状态，我就用“发”的方法。就是说，等到他努力想说而说不出的时候，我再去引导他。

“愤”和“悱”，我将其看作有难度的阅读和写作。

“愤”的本义，是郁结于心。各种事，特别不好的事，怎么处理也处理不好的事，包括灾难、疾病、贫穷和困顿等等，这些事已经严重影响工作和生活，天长日久，累积于胸，这就是愤。

“愤”还有一个引申义，指充盈、旺盛。即便天地，它们的空间也是有限的，何况狭窄的人心？当“愤”积聚过多过久，它必定要溢出心外，是谓释放；释放不了，怨气怒气就会将人杀死。

这就要说到写作的本源。

有苦难，有疼痛，一直淤积，然后爆发。福克纳说：“我最大的财富在于我拥有一个苦难的童年。”其实，福克纳并不愁吃穿，他所谓的苦难，我以为，只是他曾祖父的荣耀与父亲的落寞构成的巨大反差，还有失意的父亲和坚强的母亲势不两立的家庭环境，以及他总也长不高令人烦恼的个子。然而，对作家来说，这些痛苦已经足够让他酝酿出独特的作品了。

也因此，许多作家，苦难写完了，好作品也就结束了，包括许多名作家，都逃不出这个苦难怪圈。对作家来说，“愤盈”是好事，但对一般人而言，“不盈”才是好事。

老子看着孔子的课堂教学，他提出了另一种观点："夫唯不盈，故能蔽而新成。"什么意思？正因为没有满出来，所以一直能够去旧存新。满了就要溢，而在溢出之前，要将有所缺憾的旧物更新。去旧存新，才是人生发展的良好状态。

就我个人的阅读和写作经验而言，有时也常常会陷入"悱"的状态，想说而说不出，想写而写不出，想读而读不进。遥问孔老师，他的笑声透空而来："举一隅不以三隅反，则不复也。"我告诉你一个角度，你却不能联想到另外三个角度，我还能再说什么呢？

孔老师在有丧事的人家吃饭，从来不曾吃饱过。

古代的丧礼与祭祀一样，皆极其复杂，必须专业人员操办才行。

朱熹的《朱子家礼》中，将丧葬分成若干步骤，仅安葬之前就有初终（病人断气）、沐浴、袭、奠、为位、饭含、灵座、魂吊、铭旌、小敛、大殓、成服、朝夕哭奠、上食、吊、奠、赙、闻丧、奔丧等步骤，而这些步骤，并不是一气呵成的，需要在规定的天数内完成。

孔老师吃不饱饭，其实是吃不下饭，他与丧家同悲。

孔老师虽是歌唱爱好者，但替人办丧事全身心投入，这一天如果哭过，就不再唱歌。而且，这种情绪也一直延伸到他的生活中，做人做事，真心真诚。

孔老师的悲，绝不是为了钱，他有相当通俗的金钱观：财富如果可以求得，就算做个"执鞭之士"，我也去干；如果无法以正当手段求得，那我还是干我愿意干的事情吧。

杨伯峻先生这样注释："执鞭之士，根据《周礼》，有两种人拿着皮鞭，一种是古代天子以及诸侯出入之时，有二至八人拿着皮鞭使行路之人让道；一种是市场的守门人，手执皮鞭维持秩序。"

我的理解，似乎赶车为妥，孔老师的车本来就赶得不错，这样的工作，驾轻就熟；市场的看门人，也不是没有可能，不管哪一种，都属于比较低等的职业，但是凭自己的本事吃饭，这样赚来的钱，心安理得。

或许，在某种不太友好的氛围中，有人责备孔老师略有盈余的家境："孔老师，我们鲁国名人呀，闹，动动嘴，来钱快。"孔老师一急，就有点儿小小的愤慨了。不开玩笑，这是原则问题。不义而富且贵，于我如浮云。胸怀博大，振聋发聩。

下面这则笑话出自《笑林广记》，贫者虽贫，视金钱的气度却不凡。

> 千金子骄语人曰："我富甚，汝何得不奉承？"贫者曰："汝自多金子，我何与而奉汝耶？"富者曰："倘分一半与汝何如？"答曰："汝五百，我五百，我汝等耳，何奉焉？"又曰："悉以相送，难道犹不奉我？"答曰："汝失千金，而我得之，汝又当趋奉我矣。"

孔老师对齐、战、疾三件事，极其慎重。

齐(zhai)：斋戒。我们在《八佾》里已经说过孔老师对祭祀的态度、对鬼神的敬仰，这是排在第一位的，心态虔诚，程序严谨，任何事情都没这个重要。

战，指战争。春秋战国时期，战争的硝烟始终弥漫，各国间打打杀杀，一鼓作气(齐鲁长勺之战)、退避三舍(晋楚城濮之战)、卧薪尝胆(勾践灭吴)、围魏救赵、图穷匕见(荆轲刺秦王)，战争就像小孩儿过家家，或朝秦暮楚，或暗箭伤人，它决定着国家的兴衰、个人的生死存亡，但综观历史，几乎没有完全的赢家。

有战就有和。前年开始，我重读《史记》，十二本纪和三十世家中，那些诸侯国之间，会盟就像玩儿过家家，今年和你会，明年和他盟，结盟，翻脸；又结盟，又翻脸，再结盟……据浙江传媒学院的任中峰博士统计，二百五十五年的春秋历史中，诸侯间共有 275 场会盟，平均一年一场多。这些会盟中，齐鲁两国，显然十分活跃，鲁国参加了其中的 183 次，齐国参加了 116 次，两国单独会盟达 29 次。春秋时空中，那些诸侯和卿大夫，赶来赶去参加各种大会，甚是有趣。大国君主趾高气扬，声如洪钟，气场十足；小国君主低声下气，随声附和，唯唯诺诺。不过，就在这样的游戏中，诸侯国之间的权力秩序得到了确认和体现，周天子领导的天下基本名存实亡。

疾，指疾病。身体是前提与本钱，对此孔子有一系列教导。

吃要小心，对于吃孔老师极科学，“食不厌精，脍不厌细”是总原则，但对精与粗并不挑剔。具体来说，他有八不吃：

> 食饐(yi)而餲(ai)，鱼馁而肉败，不食；色恶，不食；臭(xiu)恶，不食；失饪，不食；不时，不食；割不正，不食；不得其酱，不食。肉虽多，不使胜食气。唯酒无量，不及乱。沽酒市脯，不食。不撤姜食，不多食。

不吃是为了有效地防病。变味的食物，腐烂的鱼肉，食物颜色不好，食物味道难闻，烹调不当，季节不对，切割方式不对，没有相配调料，买来的酒与肉干不吃。另外，即便肉量丰盛，也不超过平时所吃的饭量；喝酒虽不限量，但从不喝醉；姜也不多吃。

肉败、色恶、恶臭、失饪，孔老师不吃，我们也不吃，这是常识。

失饪，没有将食物煮熟，孔老师不吃，我也不吃。刀豆半熟有毒，河豚需要专业厨师烹饪。西餐厅点牛排，侍应生会问牛排熟的程度：三分？六分？我要九分，带血的、半生的，我的肚子皆不适应。

季节不当的食物，孔老师不吃，我们天天吃。古人靠季节吃饭，现在有便捷的运输，有随时可搭的大棚。前一种没问题，国家幅员辽阔，季节迥然，依然是时令产品；后一种反季节栽培，忽略了季节栽培，不过许多人依然怀念季节与时令，并给食物冠以“土”或“本”字，什么土菜馆、本鸡煲，生意都特别好。

割不正，大约是指食物切割的标准化方式，这种方式，并不是随随便便制定出来的，而是人们的约定俗成，是人们长期生活实践的经验总结。庖丁解牛为什么能随心所欲，一把刀用了十九年还和新刀一样？他太熟悉牛的身体结构了。朱熹说，比如断葱，以寸为度，盖其质美。这个我完全不以为然，我见到的葱，吃火锅可以整根，做调料，皆是碎花，葱花嘛。

吃肉不过量，喝酒不喝醉，这也是常识，不过，现代人常常违反。你请客，或者同学朋友聚会，不醉不足以显示热情，醉了才表示友谊深厚。

买来的酒与肉干不吃，是怕不干净吧？不过我还是不太明白：孔老师自己家开酒坊？没有记录。孔老师自己家养猪？也没有记录。那就是他收的学费，里面有酒有肉干，足以维持日常生活。

最后一条，不多食姜。古人的餐桌上，姜估计是必摆的，朱熹这样说：“姜，通神明，去秽恶。”人们吃完饭，诸食皆撤，唯姜不撤。嗯，吃姜是有讲究的，适时、适量，“冬吃萝卜夏吃姜，不用医生开药方”。

日本小说家井上靖，我看过他的《敦煌》，他晚年还写过一本叫《孔子》的小说。他给书的主人公取名“蔫姜”，意思是老姜，姜还是老的辣嘛。这来源就是孔老师的“不撤姜食”。蔫姜自叙是蔡国遗民，祖先世代都在王城里造币，双亲早丧，在深山里居住了二十年，在孔子周游列国途中成了孔子的弟子，这当然是井上靖的虚拟。一晃，蔫姜也到了孔老师去世的年纪，这个时候的他，还精神十足，到处给人做报告，宣传孔老师的各种学问及政治主张。井上靖如此设计一个虚构的人物来贯串全书，实在有些趣味。

保护身体，吃固然重要，但人食五谷，不可能不生病，疾病来了如何应对呢？某天，孔老师生病了，季康子派人送药来，孔老师作揖接受。送药人走后，孔老师却说："我不清楚这种药的药性，不敢服用。"

古代许多读书人都懂药，孔老师肯定懂医，《雍也第六》中写到他为冉伯牛诊过脉。识得一些药理与药性也是有好处的，除了一些常备大众药，不能人家送什么药就吃什么药。自己的身体自己知道，还是要弄清楚再吃。

孔老师这样向人阐述他的快乐观："饭疏食，饮水，曲肱而枕之，乐亦在其中矣。"

吃粗食，喝冷水，弯起手臂当枕头，这样的生活也是挺有乐趣的！

在《雍也第六》中，孔老师已经称赞过颜回的清贫之乐，这里不展开。

朱熹认为，孔颜之乐至少有三种境界：鸢飞鱼跃，无一夫不得其所，万物各得其所。儒学的本质是安身立命之学，孔颜之乐，追求的其实也是安身立命。内心充实，人生就有方向，外在的清贫根本不算什么。

关于孔颜之乐，陆原静给王阳明写信求教，王阳明回答了学生的问题。

来信问："从前，周敦颐先生常常要程颢寻找孔颜都乐些什么，我想问此乐与七情之乐是否相同？如果相同，那么普通人一旦满足了自己的欲望，就都能快乐了，又何必去做圣贤呢？如果另外有真正的快乐，那么圣贤碰到大忧、大怒、大惊、大惧之事，此乐还存在吗？如果君子心中常怀戒惧，那怎么又能快乐呢？我平时多烦恼，还不曾体会过真正的快乐，现在真想去找到这种快乐啊！"

王阳明如此答："快乐是人心的本体，虽与七情之乐有些不同，但也不外乎七情之乐。圣贤另有真正的快乐，普通人同样也有，只是自己不明白，反而自寻烦恼，在迷茫中丢失了真正的快乐。但是，即便你在迷茫中丢失了快乐，那快乐依旧还是存在的，只要你一念而明，反躬自省，就能感受到这种快乐。我已与你多次讲过这个意思，而你还在问用什么办法可以找到快乐，这不是骑驴找驴吗？"

王老师向陆原静强调的是，每个人的心中都有自然之乐，只要按照自己内在的本心去寻找，快乐就存在了。

子所雅言，《诗》《书》，执礼，皆雅言也。

我很好奇，孔老师的课堂，到底讲什么话？宋国话？鲁国话？齐国话？原来他讲雅言。读《诗经》《书经》讲雅言，主持、执行各项礼仪时，必须讲雅言。他的课堂上，学生来自各个诸侯国，自然更要用通行的雅言。所谓雅言，就是雅正之言，当时中国大地通行的官话。

古人讲什么话？估计许多人都想知道。

就是这个雅言，一直在中国通行持续数千年，因历史与地理的原因，中间自然有各种融合与变化。

专家认为，先秦雅言不仅是夏商周三朝语言沿革与融汇的结果，也是春秋战国大变革时代普遍的交流工具。语言学家王力先生就说雅言就是夏言，古代的"雅"与"夏"因为音近而互为假借，二者相通。夏商周一脉相承，雅言也就是周言，周朝的王畿之言，它的标准音，应该是洛阳官话，或者西安官话。

两汉讲洛阳官话，魏晋南北朝中的东晋迁都建康，洛阳官话中加进了金陵话，遂有吴音。隋唐宋一直延续洛阳官话，元朝断裂，明朝还是以金陵官话为主，后期适当加进了北京话，一直到清朝雍正时期，金陵官话与北京话开始融合。雍正八年，清设正音馆，推广以北京方言为标准音的北京官话。

某次我与韩国朋友一起吃饭，他们酒量极好，频频举杯，我们“干杯”“干杯”，他们“空杯”“空杯”，这不就是汉语嘛，根本不用翻译。

我儿陆地自修日语，去年拿到了一级证书，单词量两万以上，听说写都可以了，他听我说了韩国人的“空杯”，告诉我：现代日语中的汉字发音，大致有吴音、汉音、唐音三类，比如干杯就叫“干杯”，一二三四，一记泥桑戏，除了一读一记外，发音几乎和我们百江土话一样。日本遣唐使及宋代时的不少访问僧人，他们来中国，一个重要任务就是学中国的官方语言。

商朝末期，商纣王的叔叔箕子，商朝三贤之一，看到商朝大势已去，便率领一部分商民迁居朝鲜；商亡后，周天子索性将朝鲜封给了箕子。朝鲜人用汉字讲汉话，很正常，他们的酒量和东北人一样大，甚至更强，“空杯”司空见惯。

箕子，在后面讲《微子第十八》中会出现，这个我们以后说。

某天，楚国大夫叶（shè）公（沈诸梁，字子高）向子路问孔老师的为人，子路没有回答。孔老师听说后对子路说：“你可以这样回答呀：他这个人，发愤忘食，乐以忘忧，不知老之将至云尔。”

子路不答，是因为他还不能准确地概括老师的品德。老师是一位伟大的人呀，他的优点太多了，您要问哪一个方面的？或者，由于子路稍微了解到一些别人对叶公的看法，觉得他是个俗人，不值得认真回答，这样的问题怎么好随便问呢？对此，孔老师显然非常自信："我没什么优点，只是发奋用功忘记了吃饭，内心快乐就忘记了烦恼，连自己快要衰老了都不知道，如此而已。"孔老师的语气中，一半安慰子路，一半嘲笑叶公。

忘食这一句，也有好玩儿的翻译，日本的和辻哲郎这样说："遇到了气愤的事，就忘记了吃饭。"哈哈，显然独此一家。不过，一气愤就忘吃饭，照此推理，孔老师应该活不到七十三岁。

忘食、忘忧、忘老，特别是第三条，一般人做不到。

不少退休者退休后干什么？人到桥头船到岸，放下手中的一切，然后不停地感叹感慨感喟：老了老了老了，等死而已。

我出生的那一年，美国农妇摩西奶奶刚逝世，她活了整整一百岁。这位风靡全球的风俗画画家，七十七岁开始作画，八十岁在纽约办画展引起轰动，此后一直受人关注。公众起先关注的，自然是她的年龄，不过，她早就忘记了自己多少岁。她也不认为自己是在作画，她只是将她丰富的日常涂到纸上，否则，一个等死的人，二十多年间怎么会创作出 1600 多幅画？

子不语怪、力、乱、神。

怪异的、暴力的、悖乱的、鬼神的，在课堂上，或者生活中，孔老师一律不说。从反面角度看，孔老师语常不语怪，语德不语力，语治不语乱，语人不语神。

稀奇古怪，玄而又玄，不谈怪异之事与鬼神，是谈也谈不明白；不遵礼制，打打杀杀，不谈暴力与战乱，是越谈越伤心。

是一点不谈吗？也不是，"祭神如神在"，祭祀活动多，免不了要说一些话，但孔老师想保持课堂的纯洁性，他要让学生行仁守礼，成为有理想、有文化、有修养的好学生、好官员。

杭州人袁枚的笔记大作《子不语》，我已经通读过两遍。十年前，我出 NEW 杂文系列《新子不语》，用的也是“怪力乱神”的结构，我想，我对他的用心，还是有一些了解的。

整部《子不语》中，以鬼怪精灵报应等荒诞故事为主，不少故事，现在读来觉得无聊，但大部分依然有趣，如警醒人的各类寓言。续卷二有则《子不语娘娘》，干脆用书名表达自己对现实尖锐批评的观点。

刘瑞的妻子是个好妖怪，她将要离去时，给刘瑞留下了一个一寸多高的小木偶：“这人姓子，名不语，是服侍我的婢女，她能知过去与未来。郎君打扫一个洁净的房间，将她供养着，凡经营生意等事情，可以请教着行事。”刘瑞很惊异：“子不语不是个怪物吗？怪物也可以供养？”女子笑道：“我也是怪呀，郎君怎么与我做了夫妻？郎君应该知道，世间万物不是相同相等的，有的虽然是人类，却不如怪物；有的即使是怪物，德才却超过人类，不可一概而论的！”

子不语。子欲语；语不尽。

孔老师为人真诚，教学活动也毫无保留，但有些学生尚存疑虑：老师这么有水平，我们的课，常上常新，他会不会还有秘诀保留呀？对此，孔老师这样打消学生们的疑虑：“各位同学，在你们面前，我没有任何隐藏！我的一举一动都是你们亲见的，这就是我呀！”

学生们的疑虑不是没道理，因为孔老师在《雍也第六》里这样说过：“中人以下，不可以语上也。”为什么中等以下才能的人，就不和他说高深的道理？这不是有意保留是什么？

这确实是个难题，老师很有水平，教出来的学生一般般，如何理解？自身的能力与教学表达不完全对等，就如有些人会说不会写，有些人会写不会说，世界总不是那么完美。

教学有没有保留，用金钱一衡量，就什么都明白了。某老师对他的学生说："这个问题讲到此为止，如果需要再深入，同学们可以报我的课外班，保证你们参加竞赛能拿到名次！"为了在竞赛中拿到名次，学生家长只好往老师课外班的账户上打钱。

类似办培训班的歪风愈演愈烈，家长们越来越恐惧，那些名气大的校外培训公司，融资一轮又一轮，没几年，好多家都上市了，不在中国上，就到美国上。

孔老师摇头又摇头，脖子都快摇折了，终于摇来了一个重量级的"双减"规定：全面压缩作业总量和时长，全面规范校外培训行为。那些相关的上市公司，市值瞬间腰斩。

孔老师依然有些担忧：勿死灰复燃矣。

孔老师也有休闲活动，前面已经说过他的燕居，追求舒适安详，这是就态度而言，他其实还有具体的活动，比如钓鱼，比如打猎。

子钓而不纲，弋不射宿。

钓和弋，古代男子极普通的休闲活动，但孔老师只钓鱼，不用网绳捕；孔老师射鸟，不射在巢中休息的鸟。满满的仁爱之心，洋溢在生活的细节中。

两千五百多年前的中国大地，南北生态均佳，鱼与鸟，应该都比人多，多得多，适当的围猎，有助于生态平衡，但密网不能用，巢中休息或哺育的鸟绝对不碰。有人统计，《诗经》中歌咏到的植物有一百五十多种，动物也有一百余种，比较著名的动物有关雎、黄鸟、鹿、燕、马，其中，鸟就有四十来种。这还只是有文字记录的，这些动物应该常陪伴先民，先民们也用它们赋比兴，就如他们的亲人一样。

现在的大江大河大海，一般都禁渔，鱼类产卵繁殖期，每年三个月，让它们休养生息。长江索性十年禁捕。即便捕捞期，对渔网的大小都有规定，太小了，一网打尽，断子绝孙，违法。

我写作时，麻雀们偶尔会飞来我窗前，略站一会儿就飞走了。看着它们小小的身影，我慨叹，全民打麻雀都过去几十年了，它们还这么胆小！

休闲活动，还有唱歌。

孔老师和别人一起唱歌，唱得开心时，一定要请对方再唱一遍，然后自己再和一遍。

孔老师讲习礼乐，唱歌是必修课。无论课堂讲学，还是小范围演讲，或者给君王上小课，孔老师皆一口纯正的雅言。他身材魁梧，吐字清晰，且声音富于磁性，唱起歌来，也是中气十足。

孔老师是懂音乐的，他给《诗经》谱曲，音乐会他也不放过。此歌唱得太尽兴了，孔老师开心万分，唱完，他停下，看着同唱的A，一脸真诚地向他请求："麻烦您再唱一遍吧，您唱得特别好，您的声音特别好听。"对于这样的赞美，他总是毫不吝惜。果真，A拿出十二万分的努力，唱得比刚才还要好听。A唱完，孔老师两手缓缓张开，喉咙里即刻发出"啊啊啊"的声音，快乐直上云霄。

孔老师的一次特别接见，引发了学生的热烈讨论。

事情的原委是：大家都认为，有一个叫互乡的地方的人很难沟通，但是，有一个少年，却得到了孔老师的接见，孔门学生都觉得特别不理解。孔老师这样解释："我赞成他上进，不希望他退步，你们的反应也太过激烈了吧。人家干干净净来见你，我是赞成他现在的干净，不是褒奖他过去的行为。"

这位少年来干什么？或许，他到孔老师这里来是要求读书的。互乡人不友善，不代表所有人，这个少年就是个特例。即便少年身上过去存在着互乡人的习气，但现在没有，至少，他今天来见孔老师，行为与你们没有两样。

有教无类，与人为善，圣人的胸怀。

某天，孔老师病了，病得很重，学生们一时都很焦急。

子路更急，他跑到院子中，点起三炷香，对着天就磕起了头："老天呀，老天呀，保佑我们孔老师，让他的病减轻吧，让他的病快点儿好起来吧！"

孔老师病愈后，他问子路："你帮我祈祷过了呀。"子路点头："嗯，我祈祷过了，以前《讄文》上说，为你向天地神明祷告。"孔老师似乎有点儿感慨："长期以来，我一直在祈祷呀！"

子路自然是好意，但孔老师以为，他自己平时一直在向天祈祷，子路是在给其他神明增加新的麻烦。他是个知趣的人，能不麻烦别人就不麻烦别人，包括天上的各路神仙。

孔老师虽信天，却还是生活在现实中的人，况且他懂医，有病自然要祈祷，但还是要用药。他长期在祈祷，要是有用，就不会生病了呀！

"君子坦荡荡，小人长戚戚。"

君子与小人，在不同的语境里，有不同的解读，在此，我只从理想或者志气角度展开。

这是一个对比，光明开朗的人，愁眉苦脸的人，结果分别会怎么样？前者无论贫穷还是富贵，都时刻充满着自信与喜悦；后者即便富贵与通达，也常常患得患失，要是来个困境，他只能日日抱怨，时时纠结。

简单说，为人处世，就是个心态问题。

什么样的情绪，决定什么样的人生。

明代顾起元的笔记《客座赘语》卷三，有《新知录》，两种心态有生动的比照：两人同船，到同一个目的地。一人性子急，白天晚上，都在掐时间，算路程，船稍微堵一下，或者有什么事情耽搁一下，他就急得不行，破口大骂，骂天骂地骂船，为此，他外形枯槁，面容憔悴。一人性子慢，随便船怎么开，开到哪里，为什么停下来，怎么停下来，统统不管，吃得香，睡得着，脸色一天比一天好看，活得很滋润。最后，两人同时到达目的地。

现实生活中，性子急的人还真是不少，说不定我们自己就是其中的一个。坦荡荡是一天，长戚戚也是一天，何苦来着！

泰伯

弃天下如敝屣

泰伯第八

孔老师这样赞美泰伯：这位周文王的大伯呀，其实他有至高的德行，他多次把天下让给别人，百姓却找不出具体的德行来称赞他。

泰伯就是太伯，周文王姬昌的大伯。

姬昌的娘，叫太任，也就是古公亶父的三儿子季历的媳妇。自怀了姬昌，她就不看不好的东西，不听不好的声音，不说不该说的话语，总之，她将胎教当作头等大事。而姬昌自诞生起，就显示了他的不一般，以至于古公亶父都改变了接班人的次序，想让孙子姬昌接班。太伯、仲雍（老大和老二），知道了老爹的政治意图后，高风亮节，自动让位：爹爹要先传位老三，老三的儿子才能当王，那么，我们就奔往别处去吧。

对此，《史记·吴太伯世家》有确凿的记载：

> 吴太伯，太伯弟仲雍，皆周太王之子，而王季历之兄也。季历贤，而有圣子昌，太王欲立季历以及昌，于是太伯、仲雍二人乃奔荆蛮，文身断发，示不可用，以避季历。季历果立，是为王季，而昌为文王。太伯之亡荆蛮，自号句吴。荆蛮义之，从而归之千余家，立为吴太伯。

无锡梅村，号称江南第一古镇，有太伯庙和太伯墓，都是全国重点文物保护单位，数年前我去无锡就瞻仰过。

柏树青青，人们对太伯的尊敬，三千两百多年来始终依然热烈。太伯井的亭子上有一副对联,甚为恰当:“井邑依然旧山水,荆蛮乃是新天地。”对太伯来说,这里有和西岐一样的天空、不一样的民众,这一片新天地,需要精心引领和教化,以使大周的文明广播天下。“至德殿”“至德高风”“至德名邦”牌坊,都将“至德”作为主题,太伯的德行让人高山仰止。

看着太伯的雕像,心中感慨良多,我努力想一个问题:太伯的品格是如何铸造成的?古公亶父伟大,周文王伟大,太伯更伟大,“让”不仅仅是一种简单的辞让行为,更是高尚的自觉品德,难怪孔子要赞叹太伯“至德”了。

当年,太伯他们从西岐出发,古公亶父一定没有为他举行过隆重的欢送仪式,弄不好他们就是悄悄地走的:走吧走吧,好让老三安心当王,让姬昌安心当王。这一伟大决定,使周的文明种子也同时播撒到了吴地。

曾参,曾子,又隆重出场了。他曾经在我们讲《学而第一》《里仁第四》中两次闪亮现身,接下来的五章,都写了他在不同场合显现出来的高尚言行。

两次都是生病的时刻,而且是病重时。

鲁国大夫孟敬子来探望病重的曾子,曾子感叹:“鸟之将死,其鸣也哀;人之将死,其言也善。有作为的君子,应该注意三件事:举止态度要威严,这样可以使自己避免粗暴与怠慢;脸色神情要庄重,这样可以使自己有足够的诚信;语气要沉稳,这样可以使自己避免鄙陋与狂妄。至于那些祭祀的细节,自有专人去负责。”

将死之人,还有什么可以装的瞒的言不由衷的?影视剧中常见的镜头是:某人咽气前,拉着人家的手,断断续续,说出了一个惊天秘密,或者一个祖传秘方,或者一处惊世宝藏所在地;某人涕泪横流，泣不成声向人道歉。总之，他挣扎着说出最后的话，都出自肺腑，不用丝毫过滤。

因此，曾子之言，对孟敬子确实有重要的参考价值。

曾子知道自己没几天了，还有话要对学生说，他将学生都召集到家中嘱咐："你们看看我的脚，你们再看看我的手！《诗经》上讲，战战兢兢，如临深渊，如履薄冰。直到现在，我才敢说，我基本做到了，我免于了毁伤，你们可要给我记住了啊！"

这几十年来，凡有我的学生任新职，特别是提拔的那种，他们给我发来喜讯，除了祝贺以外，我一般都用"战战兢兢、如履薄冰"回他们。我知道，话是重了一点儿，但真心为他们好。冰太薄，在薄冰上行走，真是一件难事，自古以来就难，弄不好就掉下水淹死了。

"世人皆醒时作浊事，安得睡时有清身？若欲睡时得清身，须于醒时有清意。"（明代陈继儒《小窗幽记》）清醒时做了糊涂事，睡时怎能求得清白？若要睡时求得清白，就必须在清醒时保持足够的清白念头。

接下来是曾子对孔师学堂美好的学习回忆：自己有本事，却去向没本事的人请教；自己知道的多，却去问知道得少的人；有学问当作没有学问，内心充实却当作空虚无物，被人冒犯也不计较。从前我的同学颜回就是这样的人！

颜回，一般人是比不了的。

不过，曾子这个回忆，如果反过来想一想，这样的人，我们身边到处都是。没本事的装成有本事的，没学问的装成有学问，太多太多，他们急于要用一种东西来证明自己。

曾子眼中的君子形象是：可托六尺孤，可寄百里命，临大节不可夺。

年少的孤儿(也有说是年幼的国君)可以托付给他,抵得上一百个小国的大国的命脉寄托于他;遇到重大变故,也不能使他改变或者放弃操守。这样的人,就是顶天立地的真君子。

奸臣屠岸贾与丞相赵盾发生冲突,他设计灭赵氏九族,赵盾的孙子刚生下来就险些惨遭屠杀,程婴接受托孤的重任,屠岸贾带兵挨家挨户满城搜孤,程婴只有将自己的孩子献出。此后,程婴强忍悲痛,独自抚孤。赵氏孤儿长大后成功复仇。这个故事,家喻户晓。程婴,就是曾子眼中的那类君子。

曾子眼中的读书人形象是:士要弘毅,任重道远,以仁为己任,死而后已。

读书人的性格必须刚毅,因为他要担负重任且行途遥远,他以行仁为己任,一直坚持到死才会停下脚步。

读书人在做什么?显然准备做大事,或正在做大事,真正的读书人并不好做,不是读过书就可以称作读书人的,不是有文化就可以称作文化人的,个中有较严厉的品格要求。对读书人来说,修身齐家治国平天下,各阶段目标明确,那就需要历练出更好的本领,才能担当重任。

其实,君子与读书人并没有多大的区别,那些成功之人往往是两者的综合,细观历史,只要具备其中的一点,就是了不得的君子与士。

曾子虽不如颜回、子贡那样聪明,但他能将孔老师的思想很好地理解并用于实践且发扬光大,也称得上是孔门学堂中的好传承人。钱穆这样评价他:“合此五章观之,心弥小而德弥恢,行弥谨而守弥固。以临深履薄为基,以行仁为己任为量。曾子之问,大体如是。后两章直似孟子气象。”

某天，学生问到如何对待百姓，孔老师发表了看法。

孔老师说：“民可使由之，不可使知之。”对待百姓，只要让他照着政令去做就可以了，不一定让他们都知道这么做的原因。

孔子其实是好心，学文化是件奢侈的事，许多礼制、条令，数千年的传承，太复杂，即便有文化的人也难以全面理解，那还不如简单些，让老百姓照此执行就可以了。

然而，孔老师的这句话，却常常被许多狡猾的统治者借用。在他们眼里，我让你们怎么做，就必须怎么做，收多少税，服几年役，任何事情都是我说了算。革你的职，抄你的家，斩你的头，你还要谢主龙恩。

有人这样断句：民可，使用之；不可，使知之。要是这么断，事情就有商量的余地了：百姓赞同，就去执行；不赞同，就要让他们明白。

这就是现代民主了，但孔老师那个时代有这么现代的民主吗？

才能，如奇峰突起，它有许多敌人，比如骄傲，比如吝啬。

孔老师指出：即便一个人有周公那样的卓越才华，如果他有上面两种缺点，其余部分也不值得去欣赏了。

周公，是孔老师的超级偶像，他常梦见偶像，因为他要继承偶像拟定的各种礼制。偶像周公有什么样的才华？

周公姬旦，文王姬昌之子，武王姬发的四弟，因他的封地在岐，故称周公。《尚书·大传》这样记载周公的功绩：

> 周公摄政，一年救乱，二年克殷，三年践奄，四年建侯卫，

五年营成周，六年制礼作乐，七年致政成王。

武王去世，年少的成王继位，给年轻的周王朝留下了一个巨大的隐忧。天下甫定，其实不安定的因素极多，幸好有成王的叔叔周公摄政。周公尽心尽力，政绩突出，大得民心，但同为武王兄弟的管叔、蔡叔，却很不服气，到处造谣生事，甚至联合武庚叛乱。

周公于是东征平叛，这一仗，一打就是三年啊，武庚、管叔被杀，蔡叔遭流放，周公取得了彻底的胜利。不过呢，成王还是年轻，他并没有完全觉悟，心里还打着小九九呢：这周公，是不是想自己掌权呢？令成王没有想到的是，在一场祭祀时，他发现了一份周公以前写的祷告书，内容大致是这样的：武王得大病，我周公诚恳地向历代先祖祷告，我愿意用自己的生命代替武王。这个时候，年轻的成王才幡然醒悟：快快迎接周公回朝，我要向他检讨，我要将周公的赤胆忠心告知天下，永远传扬他的美德。

识人、谦虚，周公的美名一传就是几千年，几乎所有的当政者都喜欢他。

骄傲的人自以为是，老子天下第一；吝啬的人不肯与人分享，“骄且吝”，都是极端的自私。周公之才如果用在自私上，则自然不值一提了。

不断充实自己，机遇自然会来，而不是读了三年书，就想去做官了。对此，孔老师有感叹式告诫：“三年学，还未动起做官的念头，这非常不容易。”

或许，孔老师是有感而发。

别的学堂，都在大搞“应试”教育，未读几天书，就急急忙忙推出去做官，甚至有点儿热火朝天，但孔老师不赞成，他的学生漆雕开就是好榜样，孔老师安排他去做官，他都说还没准备好。

上了三年学，或上了许多年学，就可以去做官了？那也不提倡，因为需要学习的东西太多了，“学如不及，犹恐失之”，学习总觉得气力不够，好不容易学到一点儿，又担心随时失去。只有等学识与德行完全具备，才可以为国为民效力。

自古至今，有多少人耐得住这种学和修的寂寞呢？

一辈子考学，只为做官的那种“特奏名”进士之类的要除外，只会纸上谈兵的呆子，百无一用。这其实就是利益问题，学习一旦与利益挂上钩，一切都会变味。

不在其位，不谋其政。

这是做官的基本规矩。不过，我想从另一角度说一说。

“位”指职位，或者分工，古人分工也细。比如祭祀，什么职位负责什么祭品，讲究得很，不得出错。三百六十行，行行出状元，行无贵贱，每一行都可以做成大工匠；现代行业细分，三千六百行，也远远不止。

二十世纪九十年代，我老家分水，全民都做圆珠笔，有不少厂家专业做弹簧，一个 0.7 分钱。我猜测，一架大型客机，零件估计在数千万个以上，那都需要不同的岗位才能生产。

我听我爸说，中华人民共和国刚成立时，彼时县里的部委办局，都叫科，每科两三人，后来发展到部、局，职位自然要增加，以后就是不断地增加，每次精简机构，也都要成立精简办，一个局，正副局长四五个是标配，大的局七八个，甚至十几个。数十年前，我写杂文时，曾这样武断地指出：解决的办法，唯有拆庙；庙没了，自然没有念经的和尚。事实上，有不少“位”完全没必要设，设了只是浪费国家的税收。没了“位”,自然没了“政”。

古代全科人才多,那是因为人口少,分类粗,学科分类不发达。现代恰好相反。不过,专业人才多,也带来弊病,有些所谓的专家,知识丰富,但智慧尚且不如一位老农,屡见不鲜。

接下来几章,孔老师重点谈论的是尧、舜、禹三人的功绩,在孔老师面前,他们三人是神、是圣,不过,他都是依据事实而做出评判。

尧是伟大的天子,他真是崇高呀。尧恩泽广布,只有他才能效法天。他的丰功伟绩、典章制度,令人敬仰,百姓都无法准确形容。

舜与禹,都是以德治理天下,他们拥有整个天下,自己却无所求,真的是崇高无比。

禹,他好得我都不能准确评价了。吃得简单,祭祀却丰盛;穿得粗劣,祭祀的衣冠却很华美;住得简朴,水利工程却尽力疏通。我没有一句话可以批评他。

我去上虞,几天时间里,看到虞舜的古迹和地名几遍全境,舜庙、舜井、百官桥、舜江(今曹娥江)、舜山、陶灶、渔浦湖(今白马湖)、百官街道、象田村、虹漾村等,我想,这绝对不是偶然。我住的上虞宾馆,大堂外五十米左右,古老的“舜井”藏在树林中,郦道元说,葛洪曾坐在此井边饮泉水。舜井石砌护栏,八角棱形,宽大,井深数米,井水清澈见底,井旁还有井水的最新检测报告。

中华美德自重华始。

男二十四孝,第一孝就是“孝感动天”:

虞舜,瞽瞍之子。性至孝。父顽,母嚚,弟象傲。舜耕于历山,有象为之耕,鸟为之耘。其孝感如此。帝尧闻之,事以九男,妻以二女，遂以天下让焉。

其实，舜有百官，靠的还是各类人才，更有五位贤臣，所以天下大治。

朱熹说，这五位贤臣分别是禹、稷、契(xiè)、皋陶(yáo)、伯益。

舜将天下都禅让给了禹，此前，禹担任“司空”职务，负责治理水土，并主持政务，统率百官，这个不细说。

稷，就是后稷，名弃，被帝封为农师，教导百姓种植庄稼。他别姓姬氏，是周人的祖先。《诗经·大雅·生民》里，以极具丰富的想象力，叙述了伟大母亲姜嫄的这场造神史诗，“厥初生民，时维姜嫄”(初生周人的祖先，就是那个姜嫄)，“履帝武敏歆”(踩着上天的足迹怀孕)。后稷生，百物长，民众兴，周原大地一片欣欣向荣。岐山人将后稷称为“麦王爷”，感谢他赐予精美的面食。

契，是“司徒”，其母简狄，传说吞玄鸟蛋而生下了他。他是商朝的始祖，负责教导百姓遵守道德伦常。

皋陶是大法官，掌管法律与刑法。李唐王朝统治者认为，李姓来自理官，皋陶为其远祖。

伯益，也称伯夷，和饿死在首阳山的那个伯夷同名，传说是春秋齐国的祖先，他负责祭祀。

就人才问题，孔老师还进一步深入展开论述。

舜有五臣，周武王说，他有乱臣十人。孔老师接着评价：“人才真是难得，从唐尧、虞舜，到周朝，皆人才鼎盛。周武王的十个人才中，其实还有一位是女性。真能算人才的，只有九人。周武王拥有三分之二的天下，还使商朝臣服，离不开这几个人才，他们的德行可以说是至高无上了。”

中国文字真是奇妙，“乱臣”，就是能臣。“乱”为什么有治理的意思？“乱”的本义是理丝，丝易乱，人以一手持丝，另一手以互收之；上下两只手整理架子上散乱的丝，则有条不紊，故字训“治理”。

武王的十位人才是谁？

一般人们认为是周公旦、召公奭、太公望、毕公、荣公、太颠、闳天、散宜生、南宫适、邑姜。

周公、召公、姜太公，人人皆知。周公、召公、毕公、荣公都属于长辈、同胞亲人之类；太颠、闳天、散宜生、南宫适（孔子的侄女婿也叫南宫适）皆为武王的四友，或营救，或助战，皆为军事方面的人才；邑姜是姜太公之女，武王之妻；九人管外，邑姜管内。

孔老师不将邑姜放入人才之列，缘于他的“唯女子与小人难养也”，其实，他娘颜征在也是挺能干的人才，十七岁嫁人，孔仲尼三岁死爹，基本上是他娘独自将他抚养成人的。

第五卷

子罕第九

乡党第十

子罕

我就是
一只丧家狗

子罕第九

子罕言利与命与仁。

孔老师不仅不语怪力乱神，也极少主动谈起利益、命运与行仁的问题。

极少谈，不是不谈。学生知道虽然孔门课堂重学重道，但在他们心目中，老师无所不知，而且，利、命、仁三者都是现实问题，偶然问，偶然答。

子夏去莒父那个地方担任县长。某天，他抽空出来向孔老师问政。孔老师非常明确地要求他：不要想很快就有收效，也不要只看小利益。欲速则不达，见小利则大事不成！

追求利益是人的基本欲望。我们谈利，一般都会将它与义相结合。义有多重要？孟子将它与生相比："生，亦我所欲也；义，亦我所欲也，二者不可得兼，舍身而取义者也！"生都不如义，那利更不能与义比。有什么东西比生命更重要呢？利肯定不是，只有义了。

我不觉得杨朱"不利天下，不取天下"的观点有什么大问题。我们只关注他损失身上一根毫毛来利益天下的事情不要做，就认为他是极端自私的，而对他的后半句人家将天下的利益都给你也不可以拿，那种对利益的淡漠却不去说。其实，这两者有紧密联系，人人不损一毫，人人不取天下，不损己为人，不损人为己，天下不就太平了吗？虽然不能实现，但愿望总是美好的。

贪利忘义，见利忘义，最卑鄙。

见利思义，居利思义，都要大力提倡。

利不亏义，做人做事的尺度。

利字带刀，贪利则会得祸。义利并举，义利两全，大约是最好的境界了。

此利，自然是私利、小利，不是国家民族之大利。

孔老师对命运为什么也少谈？其实，他早已说过，五十而知天命。这些年少的学生，人生经验不丰富，有的还躺在父母温暖的怀抱中，没有更多独立闯荡社会的经验，说了也白说。他只有在课堂上、生活中，利用一切良好的时机，教导学生们如何把握命运的一些具体注意事项、实用方法。

孔老师谈仁、谈道，都会根据不同的对象进行个性化教育，这个不细说。

达巷党人来了。他高调为孔老师捧场：孔子这个人真是伟大呀，他学问广博，我们都不知道他是哪一方面的专家。

有人捧，自是高兴的事，闻此，孔老师以调侃的口吻自嘲："我要以什么作为专长呢？驾车吗？射箭吗？哈，我还是当驾车专家好了！"

孔老师说这个话，底气很足："学问什么的咱就不提了，礼仪专家什么的也不提了，驾车、射箭，六艺中的基础课，随便哪一项，你们说吧！"

达巷应该是一个地方，四通八达的街口，党人，就是乡人。这个地方，或许与孔老师隔得有点儿远，要是近的话，他们应该早就知道孔老师的大名了。这个乡人，或许是有一定话语权的长者，否则，没有代表性，他的问题孔老师也不会正儿八经去回答，他平时要教学、指导礼仪，很忙的。

也有人认为达巷党人的口气中暗含一点儿嘲讽：孔老师无所不知，其实哪一项也不精，只是个万金油式的普通老师罢了。

不过，自学成才的普通孔子，终成众人敬仰的万人师表，这是达巷党人不可能预料到的。

太宰也赞扬孔老师。

太宰问子贡："你的老师孔先生，是一位圣人呀，他居然有这么多的才干！"

子贡答："这是上天要让我的老师成为圣人，并且让他具有多方面的才干。"

孔老师听到这些，似乎有点儿难为情："太宰是了解我的。我年轻时贫贱，所以很多粗事杂事都能干。对一个君子来说，这点儿才干算多吗？我认为不多的。"

后来，孔子有个叫牢的学生也曾转述："老师曾说过，我因为没被重用，所以学得了多种才艺。"

圣人就一定是多能的吗？能够多能自然最好，文武兼备的全才，于国于民皆有利，可是极少极少，圣人应该是品德为先。

本章的重点显然在孔老师说的"吾少也贱，故多能鄙事"上。

这基本上是因果关系，因为少时贫困卑微，所以学会了不少的琐碎技艺。生活是最好的老师，生活逼出了许多成功者。

苦难的童年为作家提供了宝贵的财富，许多童年苦难的作家成了大作家。

东京奥运会刚结束，中国队年龄最小的运动员，十四岁的全红婵，成了网红，以三跳全部满分拿到了中国队的第六块跳水金牌，让全世界都惊叹。她发表了这样的感言："我还没有去过游乐园、动物园，我想抓娃娃、吃辣条，我想赚钱给妈妈治病！"她的家乡在广东湛江一个贫困山村，家里是贫困户。

如果“少也贵，多能鄙事”，那一定是高明的家长，有意识地对孩子进行系统训练。虽然创业难守成更难，但无论皇室还是贵族抑或是平民，都不想富不过三代。他们知道，关键在下一代的综合素质。每当暑假，吃苦夏令营到处都在办，目的只有一个，培养孩子们的吃苦耐劳精神。

孔老师是自谦的典范，他永远都不满足于自己的才华，他还要与学生一起不断努力，虽可以随心所欲地学，但依然不停地奔波。

他如此谦虚：“我什么都懂吗？其实不是这样的。一个乡下人问我一个问题，我一点儿也不知道，只会就他问的与他详细研究推敲，从正反两个角度，然后找到答案。”

还是谦虚，不过，孔老师这种回答别人疑问的方法，值得人们学习，如此一来，就没有不知道的。或许，这方面，他终身受益。

孔老师身上，完全不见四种毛病：不凭空猜测，不坚持己见，不拘泥固执，不自以为是。

风与影，都是可以捉的，在某些人眼里，只要他想捉，就可以莫须有。然而，技术进步的今日，有图也不见得是真相，可以拼接。有多少种凭空猜测，就有多少种祸害人的恶果，而且，害人往往害己。科学幻想、写作及创造性思维除外。

我说的就是正确的！我从来没有错过！我说这样就这样！他就差宣读“钦此”两个字了。坚持己见，拘泥固执，自以为是，这样的缺点，我们大多数人，多多少少都存在一些，有时明显，有时不明显；有时感觉得到，有时根本没感觉。这皆是以小“我”为中心的狂妄自大引起的。

叹息不是孔老师的错，他常常叹息，没有明君，无法实现抱负，甚至长久没有梦见周公，都要叹息。

这回叹息有两个重点：凤鸟不至，河不出图。

凤鸟不再飞来，说明以前曾经飞来过；黄河不出现图形，是因为没有圣人出现。

凤凰古人见过，谁都喜欢；如果没见过，为什么有那么多的描述？

周文王讨伐商纣，凤凰栖息于岐山之上，高鸣不已，后来此处就叫"凤鸣岐山"，著名的地方。

不过，没人能准确描述出什么动物是凤凰。现代凤凰只存在于比喻中。倒是搞餐饮的店家很聪明，几乎家家都会备一道"凤爪"的冷盘。

我去岐山周公庙风景区的"凤鸣岐山"看凤凰，围着看了一圈儿，发现不就是金色的大鸟嘛！下山途中，有细雨滴滴在脸上，后山突然升起一团浓云，那云浓得非常特别，就如核弹引爆时的那种浓，我们都惊奇地用周公祥云来形容它。中途，我就坐在半山腰上的吐哺亭休息。在吐哺亭思周公吐哺，极好的情景配合。

黄河边的孟津境内，有类似这样的传说：伏羲氏时代，黄河中出现过一条龙马，背上有一张图，就是伏羲氏画八卦时所根据的"河图"。或者，此动物（龙或者马）河中现身，背献图给伏羲氏。

黄河里的图，往往和洛水里的书合起来说，河图洛书。依然是神话：洛水中出现了神龟，驮"洛书"献于禹，禹则根据洛书之内容，成功治理水患，又将天下国土分为九州，重新维护了秩序。

凤鸟与河洛图等祥瑞，均指将要出现的圣人，也代指孔老师美好的理想。

孔老师周游列国，准确地说，应该是去各国推行他的政治主张，有热情，遭冷遇，还常有危险情况出现。

这一次，他们在匡地，被百姓围攻了。这是发生在鲁定公十四年的事。这一年，孔老师已经五十六岁了，他离开卫国，将去陈国，匡地只是路过。

不过，孔老师向来沉着冷静，他知道，解释清楚，事情很快会过去的。他这样认为：我担负着发扬周朝文化传统的重任，上天如果要废弃这种文化，后代就不会有学习这种文化的机会了。上天如果不废弃这种文化，那么，这些匡人又能拿我们怎么样呢？

孔老师显然自信，他身上背负着天命。眼前的匡人，并不可怕，可怕的是自己内心深处怕他们。又没做什么坏事，他们是来宣传文化的，是来帮助匡人建设美好社会的。

果然，事情弄清楚了，一切皆因阳货那厮而起。

这件事，应该是司马迁调查出来的，他在《史记·孔子世家》中详细写着调查报告："将适陈，过匡，颜刻为仆，以其策指之曰：昔吾入此，由彼缺也。匡人闻之，以为鲁之阳虎，阳虎尝暴匡人，匡人于是遂止孔子，孔子状类阳虎，拘焉五日。"

阳货是鲁国大夫，是一个不守规矩的人，孔老师也吃过他的苦头，这个在后面的《阳货第十七》篇中要说，这里不展开。阳货长得人高马大，与孔老师极像。阳货曾经欺凌过匡地的百姓。而当孔老师的车队经过此地时，他们以为报复阳货的机会来了。

事情圆满解决后，颜回才气喘吁吁赶到。孔老师见了颜弟子，开玩笑说："我以为你遇害了呢。"颜弟子则很机智地回答老师："老师还活着，弟子怎么敢死了！"

这样的场景，充满了喜剧色彩，围在身边保护孔老师的学生们笑了，将孔老师围着准备动手的匡地百姓也笑了。他们想：哈，多么有趣的师生啊，我们差点儿做了错事。领头的那位转过身去，大声吩咐："散了，散了，都围了五天了，大家去家中拿点儿吃的喝的，慰问一下孔老师他们吧！"

不过，按司马迁的调查，孔老师被围事件没这么简单。他们在匡地被扣了五天，此间，孔老师及弟子一定会查找原因，百般声明，但匡人就是不听。直到后来，孔老师派出随行弟子到宁武子那里称臣，才得以离开匡地。这五天内，已经开始进入老年状态的孔老师是怎么熬过来的？一定如丧家犬一样。十四年周游列国途中，孔老师经常如丧家犬，他自己这样打趣。如果不是有执着的信念，他早就跑回孔门学堂安静地教学去了。

按彼时孝道，父母健在，儿女不能冒险，更不能说先死，颜回视孔如父，一则忠挚，一则担忧，看起来像玩笑，实则饱含浓厚的师生情。

孔老师教礼，他在生活中处处以礼示范。

穿着丧服的人走过来了，穿着官服的人走过来了，眼瞎的人走过来了，这些人都要与孔老师会面，这些人的年龄有大有小，孔老师一见他们，一定会从座位上站起来；假如从他们面前经过，也一定加快脚步走。

这些人其实是要经常见面的，有的平日里也熟悉，即便如此，孔老师也一定显示出关切的神态。那天，孔老师出门，坐在车上，正好碰见一贩夫穿着丧服过来，他立即手扶横木，向前倾身，以表示心意。

经典场景来了：

师冕见，及阶，子曰："阶也。"及席，子曰："席也。"皆坐，子告之曰："某在斯，某在斯。"师冕出。子张问曰："与师言之道与？"子曰："然，固相师之道也。"

盲人师冕来见孔老师，前面是台阶，孔老师提醒："有台阶。"走到席位旁，孔老师提醒："这是座席。"大家都坐下后，孔老师告诉师冕："我坐在这一边啊，我坐在这一边！"活动结束，师冕告辞走了，子张问老师："老师，这就是我们帮助盲乐师的方式吗？"孔老师答："对的，这确实是帮助盲人的方式啊！"

某次，我在一所著名的中学举办讲座，就这个场景，我对学生们说："我建议你们的剧社，抽时间去排练一个情景小品短剧。"学生们立刻交头接耳，有几个甚至有点儿欢呼雀跃地喊出"我来演乐师"。我接着和他们说："《论语》课堂中，好多都具有极生动的场景性，你们读《论语》，可以玩着读。"

经典场景，让人有点儿心潮澎湃起来，这里有两个关键点。

一，关怀者的施与方式。孔老师引着师冕（有没有搀扶我不能妄测）走到活动的地方，提醒的语言是发自内心深处的自然流露，是那种柔柔地为对方考虑的贴近。师冕舒服，旁边跟着听的人也舒服。尤其是第三句重复强调，意在告诉师冕，我们坐得很近，您讲话或演奏的声音如平常一样就可以了。

二，关怀者的情怀。就一次小小的接待或者音乐会，孔老师能做出后世学习的经典榜样，皆源于他内心满满的情怀。"己所不欲，勿施于人"，设身处地替对方着想。如果换成子路，同样的场景，则有可能变成这样："小心台阶，踩空了可不是闹着玩儿的！""小心席位，屁股坐歪倒地弄不好会骨折的！""我就坐在你对面，你不用大声和我讲话。"不懂讲话艺术是一方面，关键还在于，子路的提醒，是从自我的角度出发。如果师冕也是个暴脾气，说不定就会和子路吵起来。个中道理与"嗟来之食"一样，侮辱性的帮助，没有多少人会接受。

人文关怀，是对大地众生的悲悯与怜爱，关怀者也只是其中一员而已。

人文关怀自然是表达的艺术，但这显然是表面，重要的依然是关怀者的内心，自己都缺少情怀，哪能大方施与他者？如果是一次仪式性的假关怀，则恶劣得很，也终究会被人识破。

由此及彼，良好的写作，亦是如此。好文字极重要，有情怀才能走得更远。情怀来自文章感人的细节、言外与意韵的饱满与深广，更来自写作者内心深处的宽广与善良。小情怀容易，大情怀极难，它需要一辈子的涵养。

被孔老师感动，被生活感动，被大地上的一切感动，情怀即将从纸上跃出。

即便病重，要死了，也不能越礼。

孔老师病得很重，子路也没和别人商量，擅自组织了老师的治丧委员会。后来，老师的病情缓和了，孔老师就批评了子路："这次我病了好久呀，谢谢大家的照顾，但子路的做法不对，严重越礼了。不要说我没死，就是死了，专门的治丧委员会，也是诸侯以上才可以设置的。子路这样做，是让我欺瞒谁呢？难道是要我欺瞒上天吗？我与其死在治丧委员会的手里，还不如死在你们几个学生的手里。那种高规格的葬礼就算得到，我也不配，我难道会死在路上没人管吗？"

子路是好心，但做事常常考虑不周，难怪孔老师一通责怪。

设想孔老师死了，要垒一个坟，种一些树，那么要垒多大的坟，种多少树，种什么树？

坟上种什么树，是有规矩的。

《春秋纬含文嘉》说："天子坟高三仞，树以松；诸侯半之，树以柏；大夫八尺，树以栾；士四尺，树以槐；庶人无坟，树以杨柳。"

唐代规定，三品以上官员墓前可置石人、石羊、石虎各两件，成对排列；四五品官员只能置石人、石羊各两件；六品以下不得置。宋代三品以上可置石人、石羊、石虎、石望柱各两件，四五品可置石羊、石虎、石望柱各两件。

绍兴会稽山北麓，大禹陵。

迎面的大牌坊，两边大柱，柱端为鸠鸟，柱中是应龙，柱下是辟邪。枋是双凤朝阳，枋下是守门龙，直竖左右的大铜管叫拴马桩。文官在此下轿，武官在此下马，拴好马，步行完成祭拜程序。

在长长的陵道中，缓缓行进，先接受两旁的动物石雕迎接。

左辟邪、右辟邪。辟邪，神兽，居于聚窟洲，谐音避邪，逢凶化吉。

左天鹿、右天鹿。天鹿，神兽，也作天禄，居于聚窟洲，取拔除永绥之意。

左龙马、右龙马。龙马，神马，河水之精，据传，大禹治水至黄河，工程遇阻，有龙马自水中出，背负河图，大禹观而释之，所事乃成。

左巨象、右巨象。巨象，犁沟开山，伐木增石，禹治水时之大臣。

左獬豸、右獬豸。这种独角神羊，司法公正。

左神牛、右神牛。大禹治水到三峡，有巫山挡住，久凿不开，洪水不能下泄，巫山神女派神牛相助。神牛以角抵石，撞开巫山。

左石虎、右石虎。石虎，卫士，保护大禹顺利治水。

左黄熊、右黄熊。这是大禹祖先的图腾。

左三足鳖、右三足鳖。有说是禹父鲧，死后化为黄能（就是三足鳖）。

左九尾狐、右九尾狐。禹三十未娶，治水至涂山，有九尾白狐造访大禹，禹说："白色即是我的衣色，九尾乃是王者之证，你嫁给我做老婆吧。"于是给她取名女娇，女娇就成了禹的老婆。

左野猪、右野猪。禹治水开凿龙门，深数十里，黑灯瞎火的，有野猪嘴里含着颗夜明珠，在前面指引。

左应龙、右应龙。龙有翼，就叫应龙。大禹治水时，这应龙以尾画地，开沟导川，是功臣。

十二组动物，都是大禹的伙伴，左右对称，数十吨重的石雕，极其神似。

大禹陵这样的规模，不见得是记载，应该是后人根据描述大禹生平与功绩的神话想象出来的，我觉得，能做到这个程度，已经相当不容易了。

孔老师学问广博，是学生眼中的圣人，他经常会受到各种各样的赞誉。

颜渊长叹一声："越仰望，越高大；越深学，越难学。看起来它在前面，它又忽然到了后面。他善于循序渐进地引导学习，以广博的知识丰富我，以严肃的礼制规范我，我欲罢不能。我用尽了全力，好像能够高高站立起来了，但一抬头，想要继续前进，又不知道路如何走了。

颜渊这是打比方。就如孔老师自己曾形容老子具有神一样的思想让他捉摸不定一样，孔老师也是个神奇的人物，他教导有方，而自己的学问又是口无底且能一直冒清泉的深井，跟着这样的老师，脚步都停不下来。颜渊由衷感叹。

颜渊这一叹，王阳明几经研究分析，终于得出这样一个结论：全部领会圣人学说的只有颜渊一人。颜渊说的"虽欲从之，末由也已"（我想追求天理，却找不到路径）和周文王说的"望道未见"（对天理的渴求就像永远没有见到它一样)是一个意思。“望道未见”，乃是真见。颜渊死后，孔子学说的正宗就无法完全流传下来。

真是难得的人才。孔老师如何看待自己的才能？前面已经有叙述，他低调，他谦虚，但才不为所用，有时也干着急。

有相当商业头脑的子贡问老师：“假如我这里有一块美玉，我是将它藏在柜子里呢，还是找一个识货的商人将它卖掉呢？”

孔老师答：“卖了吧，卖了吧，我就是在等好的商人呀！”

孔老师一点儿也不否认自己的价值，他在等，卖个好价，以利天下百姓。

不少著名人才，都想将自己卖个好价钱，好价钱，就是理想的施展才华舞台。如果卖不出，不是人才自己的损失，而是买方的损失，卖家遂将自己的宝贝藏起来，找一个能将自己安放的好地方隐居。

刘秀一脸诚恳地对庄光（死后因避汉明帝刘庄讳被改名为严光)说：“兄弟，好同学，老哥哥，卖吗？”庄光笑笑说：“不卖。再高的价也不卖！”然后一头扎进富春江边的富春山山脚隐居起来。否则，东汉光武朝只会多一个什么大夫，而不会有今天的高士严子陵。

子在川上曰：“逝者如斯夫，不舍昼夜。”

孔老师站在什么河边？我推测是他家乡的泗河。

孔老师到过黄河边，经过不知名的渡口，在桥上看过飞溅的大瀑布，但家乡的泗水河边，是他去得最多的地方。

明代《孔子圣迹图》中，有一幅叫“步游洙泗”，其文说：“鲁城东北有洙泗二水，夫子立教，与弟子游其上，步一步，颜子亦步一步，趋一趋，颜子亦趋一趋。”

孔老师经常开展情景教学。春暖花开，春光无限，他带着学生到泗水岸边，一边散步，一边讲课。他慢慢走，学生也慢慢走；他快步走，学生也跟着快步走，边走边说，就如朋友间聊天，随意而不拘束，氛围极好：时光过得真快呀，它就如眼前这水流，白天黑夜都不休息。

就水先说水。

孔子观于东流之水。子贡问曰："君子所见水必观焉，何也？"孔子对曰："以其不息，且遍与诸生而不为也，夫水似乎德：其流也，则卑下，倨邑必修其理，此似义；浩浩乎无屈尽之期，此似道；流行赴百仞之溪而不惧，此似勇；至量必平之，此似法；盛而不求概，此似正；绰约微达，此似察；发源必东，此似志；以出以入，万物就以化洁，此似善化。水之德有若此，是故君子见必观焉。"（《孔子家语·三恕第九》）

"孔老师，您为什么经常看东流之水呢？不，应该是每见水必看。"子贡很好奇。孔老师给他讲了个中的道理：水养育万物而自己没有所求；水往低处流，曲曲弯弯，而且遵循一定的规律；它奔流不息，没有穷尽；它奔赴百丈深谷也不怕；它倒入量器、注满量器时都很平稳；它柔弱细小却无微不至；从东方发源一直向前流；各种东西进入水中都能被净化。德、义、道、勇、法、正、察、志、善，水有这么多的德行，所以，君子看见大水就一定要观赏它。

而且，老聃老师早就说过"上善若水"，人就应该像水一样，滋润万物，但从不与万物争高下。

再说如流水一样逝去的时光。

李太白在金陵酒肆喝足了酒，和送行的朋友这样告别:“请君试问东流水,别意与之谁短长？”

人不可能两次走进同一河流，这个哲学命题的言外之意就是告诉人们,此时非彼时,河流没变,水却不是刚才的水。所以,君子要自强不息。时光不仅如流水,也在孔老师发出感叹的同时流逝过去了。

李太白有诗云:“三万六千日,夜夜当秉烛。”彼时的一百岁,应该是神仙级久长了,即便活成那样,每个晚上也都要点灯读书才行。

王阳明的课堂上,学生问他:“《论语》中的‘逝者如斯’,这句话是说自己心性活泼的吗？”

王阳明答:“是这样的。我们必须时刻用致良知的功夫,才能活泼起来,方能像川流不息的江水一般。如果有片刻的间断,就和天地的生机活泼不相似了。这是做学问的关键。圣人也这样。”

子曰:“吾未见好德如好色者也。”

爱好美色是人的本能,而德是需要不断修炼的,两者根本不在一个层面上。一类比,孔老师的感叹就千古了:我不曾见过像爱好美色一样爱好德行的人。

好德如此之难,孔老师觉得肩上的教育担子重如泰山。

苏武被匈奴流放十九年,宁死不屈,坚决不降,冰天雪地,饮雪吞毡,什么苦都抗得住,却抗不住身边陪伴的匈奴女子,《汉书》上说,苏武的儿子苏通国,就是苏武在牧羊期间与那女子生下的。

这个本能就如一只笼中猛兽,需要时时关着才会被驯服,弄不好就会伤人,如果放纵,那更是后果不堪设想。

孔老师是自强不息的典范。

子曰："譬如为山，未成一篑，止，吾止也。譬如平地，虽覆一篑，进，吾往也。"

堆山的时候，只要再加一筐土就成功了，可是停了下来，这是我自己停下来的；要填平一块地，虽才堆了一筐土，如果继续堆，不断堆，总会将它堆满的，这是我自己要堆的呀！

功亏一篑，前功尽弃。或许，堆土者已经用尽了力气，他绝望，彻底地绝望，在别人看来，事后看来，只差了一筐土，但在堆土者眼里不是，他必须停下来，因为他就要死了。往坑里堆土，可能简单一些，但道理一样，自强不息，主动权都掌握在你自己手里。

行百里者半九十，这最后的十，好难好难，常常憋死人。

阳光灿烂，细水长流。行人熙熙攘攘，少年在奔跑，年长者踩着稳健的步伐，孔老师伫立街边，现场教学："后生可畏，焉知来者之不如今也？四十、五十而闻焉，斯亦不足畏也已。"

大多数学生表示赞同，因为他们自己也是后生，怎么知道他们将来会比不上别人呢？他们对未来充满信心。孔老师回头又转折道："不过，如果他们到了四十岁或者五十岁还没有闻道的话，那就不值得怕了！"

鄙乡有句土话："欺老不欺小。"因为小孩子是早晨八九点钟的太阳。"少年强则中国强"，道理简单。而老呢，虽有师旷，虽有摩西奶奶，但不足以对别人构成威胁，"夕阳无限好，只是近黄昏"了。

鄙乡还有一句老话："姜还是老的辣。"这至少是一种安慰、一种鼓励、一种鞭策，不过，老姜也不好做，而且仅指阅历与经验。说到底，姜子牙毕竟只有一个。

四五十岁的人千万不要灰心，孔老师不是指你们，或许，你们此时刚刚跳槽呢，这个时代，不跳几回槽，怎知自己的能力？

《笑林广记》中有与此相关的笑话一则，好玩得很。

某镇守太监到学校巡察，师生列队热烈欢迎。太监面对年轻而热情的脸，兴致颇高，当场出题考一下大家：请以“后生可畏焉”为题作文。众人皆掩口而笑，太监问为什么笑。教官报告：“同学们都以为题目太难了，最好能减掉一个字。”太监立即挥挥手：“既然这样，那就减掉‘后’字吧，只作‘生可畏焉’罢。”

太监也读《论语》，但不会断句，“焉”字是管后面那句的语气词，不应该与“后生可畏”为伍。如果去掉“焉”，就不是笑话了。后生也确实可畏，面对无知，他们敢如此大胆地嘲笑。

孔老师这样说志的坚硬：“三军可夺帅也，匹夫不可夺志也。”

朱熹注说，三军之勇在人，匹夫之志在己，帅可夺而志不可夺，如可夺，则亦不足谓之志矣。

被夺走的志，称不上好志，此观点今天看来也新鲜。

关羽连斩曹操六将，一路艰难回来找刘皇叔，那志，是他与刘备的义气锻造而成，曹操用多少诱惑都夺不走。

孟姜女哭长城，悲愤交加，哭天抢地，不饮不食，夜以继日，白云止步，百鸟止声，杜鹃啼血，八百里长城，突然间轰隆隆倒下，她以匹妇之志撑着，一定要找到丈夫的尸骨！

志是自己的，别人夺不走，只要你矢志不渝，至死不改。

如何考验志呢？

孔老师又打了个比方：“岁寒，然后知松柏之后凋也。”

寒冷的冬天，松树与柏树最后凋零。

岁寒，指的是现实对人的严酷考验，尤指坏时代。松柏就是具有高洁品格的君子。松柏为什么后凋？一定是君子坚守节操的结果。

除了松与柏，岁寒三友中的梅花与竹子也同样是极好的喻体。

一日，曾几老师问陆游：“梅花与牡丹，你认为哪一种更好呢？”当时，年轻的陆游顾左右而言他：“牡丹自古以来就是第一，而梅花却有不同的说法。”后来，人生的经历终于让他领悟到了，梅花更高洁。虽然，陆游在蜀地专门写了彭州的牡丹，对其大赞，但看了建安的梅花，陆游觉得它更能和人联系起来，撩他这个冷官的心魄。梅花树下饮酒题诗，歪歪斜斜的字体，正是断肠人心声的倾泻。陆游眼里，这里一丘一壑的梅花，都要超过彭州百姓姚氏家的千叶黄花牡丹，即便那是最好的牡丹。陆游借建安梅花赞他心中所有的梅花：蜀地梅花、临安梅花、山阴梅花，皆无意争春，任群芳嫉妒，尽管知道终要“零落成泥碾作尘”，依然香如故。那些苟且的主和派，你们这样做能安心，就这样做吧，我不会和你们同流合污的。

鄉黨

像一只小鳥

展開翅膀

乡党第十

做事说话皆有分寸，彬彬有礼，教育学生因材施教，尽心尽职，孔子已经活生生站在我们面前了。但在观察者眼里，生活工作中的孔子更是多棱立体、细节栩栩如生。

父兄乡族之中，孔子谦卑逊顺温和，好像是一个不太会说话的人。他与乡里人一起聚会喝酒，酒喝完，要等年长的人都离席了，他才离开。宗庙祭祀及在朝堂上，他说话字斟句酌，明白晓畅，极有分寸。

上朝时，与下大夫说话，温和而快乐；与上大夫说话，正直而坦诚。国君上朝时，孔子态度恭敬，威仪适中。

他进入公门的时候，一定敛身恭敬，侧着身子，像是无处容身一样。他不站在大门中间，也不把脚踏在门槛上。经过国君跟前，哪怕国君没坐在那儿，他也矜持庄重，快速小步走过，讲话声音小到别人几乎听不见。提起衣摆向堂上走去，屏住气几乎不呼吸。从公堂出来，走下一级台阶，他就轻松愉快起来。下了台阶，则快速前行，飘起的衣带好像一只鸟展开翅膀一样。等回到自己的座位上时，他又显出很严肃的样子。

这天，国君命令孔子去接待外宾。这接待任务本来由卿负责，因为来宾特别重要，孔子懂礼，故有此任。穿戴整齐的孔子，一脸庄重，甚至可以说有点儿严肃，他深知这次接待的重要性：两国将要签署一个重要盟约，他们代表的是整个鲁国的形象，想到此，他向同时负责接待的同朝官员拱了拱手，先左边，再向右边，然后迈开脚步向前走；走得快的时候，他的衣角都飘了起来，远远看去，如一只鸟一样舒展着翅膀。接待完毕，他一定会去向国君汇报：任务完成，客人已经走远了，我们可以放松下来了。

又一天，国君命令孔子，要他作代表出使别国。典礼举行，孔子敛着身子，捧着玉圭，好像很沉重的样子。向上捧，好像在和人作揖；向下捧，好像给人拿东西。脸色凝重，战战兢兢，两脚似乎迈不开步子，举步如走格子般拘谨。等到献礼物环节，孔子又显得雍容大方。正礼结束，在而后举行的私人宴会上，孔子与彼方国君私下会见，相当和悦自然。

孔子平时居家穿着如何呢？

衣服不穿浅红与紫色的，不用天青色与青赤色镶衣服的边。夏天，细葛布与粗葛布做单衣，外出加一件外套。天冷，黑外套里面必定配黑色的羔裘；如果穿素衣外套，内里一定配白色的鹿裘；如果穿黄外套，内里一定配黄色的狐裘。在家所穿的皮裘上衣比一般的上衣要长一些，但袖子要短一些。睡觉一定穿睡衣，长度是身长的一倍半。坐垫用狐皮的厚毛做成。丧礼结束，一切穿戴恢复正常。除了上朝祭祀时的礼服，衣服都会做得省布一些。不穿黑色的羔裘、不戴黑色的礼帽去吊丧。正月初一，一定要穿着朝服去朝贺。

孔子参加追悼会，为什么不穿黑衣戴黑帽？红与紫都是君王穿的贵重颜色，黑也是庄重的好颜色，而丧家着白色，中国人以白吊丧。

世界上大多数国家，参加丧礼的人普遍着黑色，黑衣黑纱，据说，这一传统源于古代欧洲的原始部落：死者亲戚参加葬礼，他们会在身上涂黑泥巴，表示不让死神认出并带走自己。

穿什么，怎么穿，向来是个大事。在李渔笔下，甚至将它提到这样一个高度：

> 风俗好尚之迁移，常有关于气数。此制不昉于今，而昉于崇祯末年。予见而诧之，尝谓人曰：衣衫无故易形，殆有若或使之者，六合以内，得无有土崩瓦解之事乎？未几而闯氛四起，割裂中原，人谓予言不幸而中。（李渔《闲情偶寄》）

李渔议论的起因，就是晚明妇女中间流行的服饰"水田衣"。各式零碎布料拼接，色彩互相交错，形如水田，故有此称。有人说，"水田衣"是裁缝偷布料的产物，今天东家偷一块，明天西家偷一块，积多了，就拼接成完整的一件衣服；还有人说，此装的设计灵感来自和尚的百衲袈裟。其实，此装唐朝就出现了，只是到了晚明，奢靡之风盛行，有钱人家为做一件"水田衣"，常常将数匹完整锦缎剪开。在李渔眼中，"水田衣"无故易形，那些零落的图案，似乎极不吉祥，预示着国家会四分五裂。李自成燃起的熊熊烈火，果然很快将大明王朝烧得一点儿都不剩。

啊，"水田衣"有什么过错？没有，这种款式今天依然存在，不过，国家的兴亡与风俗的变迁确实有联系，赵武灵王的"胡服骑射"就是最好的明证。

"趋进，翼如也。""趋"是一种礼节，地位卑下的人见尊长，要快步如小跑，于是，穿着宽大袖袍、张开两袖的孔子，就像鸟张着翅膀一样。这个比喻太生动了,这个大男人,少年儿童般地开心,任务完成后轻松愉悦。

公元前44年,恺撒打败了所有的对手,成了罗马帝国的首席执政官,凯旋。他在罗马大剧院举办了一次盛大的演出。众目睽睽之下,恺撒在左右的簇拥下隆重出场,一身精美绝伦的紫色宽袖长袍,质地轻柔,衣角不时飘扬起来,恺撒张开两袖,感觉好极了,他不断向民众挥手致意的样子也如大鸟一样张着翅膀,贵族们不知道,恺撒的这身轻盈羽衣,来自遥远的中国。此后,中国丝绸在罗马被追捧,价格最高时,一磅丝绸可卖十二两黄金。

他们走路的样子虽都像鸟展翼,但孔子是好心情,由内向外自然生发,恺撒只是好丝绸,完全是独裁者的姿势,本质不一样。

总体来说,无论穿着、言语、待人接物,居家自由而节俭(虽然孔子穿着挺讲究,但那是做大夫时的待遇),出门恭敬而讲礼,什么事都按规矩来,不能越礼。这就是孔子。

学生们为什么要如此详细地记叙孔老师的生活细节?就是因为当时已经出现混乱现象,特别是年轻人,不会穿衣,不会讲话,不会待人接物,不会吃饭,不会走路,不是不会,而是没有规矩,还有,不忠不孝的人也多,一切都有点儿乱。

事实上,现象挺严重。

某次,孟子想要休妻,孟母问为什么,孟子说,她不守妇道。怎么个不守妇道?孟子说:"我回家,她居然叉开双腿坐在炕上,像什么样子呢!"孟母追问:"你进屋敲门没?"孟子老实回答:"那倒没有敲。"孟母严厉地责备儿子说:"这就是你的不是了,你自己进屋不敲门,能怪你妻子吗?"

去河南参加一个文学活动,之后去了少林寺。参观完毕,恰逢僧人们午餐，我们受邀体验。三百人的大饭堂，僧人们已经端坐，我们悄悄鱼贯而入，坐在后排。长桌上碗筷已摆，僧人们都在等大和尚释永信。释主持一到，念了几句餐前经后，值周僧人立即开始依次分餐，饭、菜、馒头，吃多少拿多少，菜有点儿咸，馒头有点儿大。分餐完毕，只听得众僧嘴巴里发出的声响，没人交头接耳，气氛有点儿严肃。我习惯性地架起了二郎腿，顷刻间，一值周僧走到我跟前，指指我架起的脚，示意放下。迅速放下，难为情得很，我低着头，将眼前饭菜努力吃完。释永信就坐在高台上吃，他吃完，静坐一会儿，率先走出饭堂，僧人也随后鱼贯而出，我们也依次鱼贯而出。

恂恂（xún，信实之貌），便便（pián，辩也），侃侃（刚直也），訚訚（yín，和悦而诤），与与（感仪适中貌），怡怡（和悦貌），愉愉（和矣），一个谨守分寸的孔子形象栩栩如生。

学生们继续完善着孔老师的形象。

他在静静地斋戒。斋前，一定要先沐浴，穿粗布做的斋衣。斋戒要在专门的房间里进行。斋戒时的饮食也与平时不太一样，简单、洁净。

孔老师对这个仪式极重视，平时，即便粗茶淡饭，也一定要"齐"（zhāi）。他会从吃的食物中，专门取出一点儿，放在食器之内，用来祭祀，态度极其恭敬与虔诚。

清代褚人获的笔记《坚瓠集》卷之三有《淡饭》文。

我（作者）曾到一佛寺，看见寺里的僧人们吃饭，每顿饭先淡吃三口，第一口，尝饭之正味；第二口，思衣食从哪儿来；第三口，思农夫种粮之艰辛。教导子弟先吃淡饭而后吃菜，方法也极为简单，教育意义明显：一定要重视农业。我的好朋友周永洲先生，他做我子侄辈的老师，吃饭时，也是先淡吃三口，第一碗饭一定素食，添饭再吃荤菜。他在我家教了九年书，一直这样。

关于孔老师“八不吃”的忌讳，我们已在前面《述而》篇中讲疾病的时候说过，这里不再展开。

孔子在参加完国家祭祀后，带回来的肉一定不会留到第二天。彼时，大夫与士参加君王的祭祀，都要求自己带一份祭肉，两天后，典礼结束，君王的祭肉会分给参加祭祀的群臣，这是身份与待遇的象征。不要小看这一点食物，它胜过一切语言。儿子出生，国君送来鲤鱼，孔子那个高兴呀，孩子就叫孔鲤吧，字伯鱼。孔子参政，成绩卓越，可经不住对手的诋毁，某天，参加完国家祭祀，肉没有分到，孔子就知道，国君已经不再相信他了。

“食不语，寝不言。”

我在少林寺的大饭堂里已有深深的体验，不过，那种安静，很快会被觥筹交错的巨大喧闹声淹没，国人吃饭一般都喜欢热闹，花钱吃个饭，为的就是交流，不说话，怎么联络感情？怎么办事？

无论中学大学，住校的学生，熄灯后的第一件事就是卧谈会，不“八卦”一下，很难睡着。中学有人管着，我值周的一个重要工作，就是禁止学生们熄灯后讲话，一栋楼一栋楼走过去，不断扯着嗓子喊，效果很差，至少一个多小时后才会安静下来。大学没人管，基本靠自觉，但寝室里的卧谈总是很热烈，自己的班、别的班，自己的系、别的系，自己学校、别的学校，各种“八卦”，不聊一下，真睡不着。有时聊星球，越聊越空虚，最后感觉人活着都没什么意义。生命的短暂，无法抵抗深邃星球的古老与久长。

吃饭时不说话，是为了让你充分咀嚼，营养不失；睡觉时不说话，是为了让你的内心慢慢安静下来快速入睡。吃好喝好，再有个好睡眠，比什么都强。一个百岁老人谈他的长寿经验只有九个字：吃得下，睡得着，想得通。

中国人要求食不言，外国人也这样。意大利作家卡尔维诺的小说《树上的男爵》中有这样一个吃饭场景：

> 我们在神父陪伴下的进餐在长时间的祷告之后才开始，一勺勺规规矩矩，合乎礼仪，一声不响地进行。如果谁从盘子上抬起眼来，或者喝汤时发出了轻微的响声，那可不得了。

“席不正，不坐。”

这不是讲究，是礼制，既是礼制规定，就不存在讲究一说了。

古人席地而坐，下有坐垫，夏为席，冬为毡。一个会议，一场谈判，正式的场合，面对不正的座位，孔子会耐心地向工作人员解释，不应该如此如此，应该这般这般：古人座席，天子五重，诸侯三重，大夫两重；南北向，以西为上；东西向，以南为上。

工作人员大有收获：孔老师提醒得好，座位的朝向、秩序，学问挺深。

去山东等地做客，客人、主人、陪客、主陪、副陪、三陪、四陪，如何敬酒，如何回敬，说什么话，皆有讲究。我以为，这也是齐鲁待客遗风，孔子那个时代就已经开始这样招待客人了。席间的热情不用描绘，常常生动无限，如果你的酒量还可以，这一顿酒十有八九会让你扶墙而归。

还是与乡邻有关。

乡人傩(nuo)，朝服而立于阼阶。

夜幕降临，一场盛大的驱鬼仪式正在孔老师的家乡举行，孔老师并没有亲自参加，他穿着正式的朝服，站在东边的台阶上观看。

傩舞，戴着野兽面具跳舞，驱逐疫鬼。

中国许多地方都还保存有原始的傩舞。

我们的先人，其实一直在跳兽舞。甲骨文里的“萬”，就是蝎子。

周朝王宫举行盛大宴会时，有一种舞蹈叫“萬舞”，就是蝎子舞，舞者左手拿尾刺，右手举铁钳，踩着节拍，一脚，又一脚，围着圈子，左右上下摇摆，缓慢而滑稽地行进，当然，他们举着的，都是些道具。

我去九寨沟勿角乡英各白马古寨，那是一个藏在高山上的藏族村寨。白马，藏族的一个分支。那里流行“㑳舞”，“㑳”乃白马藏族的方言，意为吉祥面具。㑳舞是白马人的原始崇拜，一般用于祭祀和重大喜庆场合，白马人崇尚万物有灵。

寨子中间的广场上，中间燃起了一堆火，咣，咣，咣，重锣捶起；呜，呜，呜，鼓号声苍凉。一队面具人来了，狮啊，牛啊，虎啊，熊啊，他们左右分步，一步一顿，两脚间迈着最大的跨步，如练武术稳扎稳打的那种，不让人看出破绽。然后，他们的臂、他们的胸，随着节奏，或扬起或挺起，这些舞姿，很明显可以看出是模仿动物们的生活。

在罗依乡的九寨庄园，我还看到了另一种㑳舞“登嘎甘㑳”。“登嘎”，藏语里是“熊猫”的意思，因此，这种舞又叫“熊猫舞”。两只熊猫上场，步履蹒跚，憨态可掬，动作夸张，它们喝水、吃箭竹、爬树、打滚、嬉戏、睡觉，一切的动作，都给人笨笨的感觉，这种笨拙，给人们带来了欢乐。

人声鼎沸，鼓锣连响，乡亲们表演得笨拙，但神情放得开，舞蹈的动作幅度极度夸张，孔子也看得津津有味。夜色深沉，火光掩映，孔子伫立得如一幅剪影，忽然，影子动了起来，两脚慢慢张开，两臂在空中有力地旋转挥舞。哈，孔子不太相信鬼神，情不自禁一下总可以吧。

中年孔子,朝中为官,勤勉尽职,他与国君的关系也进入了蜜月期。

有时,节假日正休息着,国君突然一个命令传召,他等不及车马备好,立刻前往朝廷:君王的事,一刻也耽误不得。

国君对孔子的工作很满意,常有赐物。比如,国君估计正用着餐,忽然想到了应该给孔子也送一点儿去,赶紧打个包。孔子接到赏赐,一定端坐好,先吃一些;如果国君赏赐的是生肉,他一定让人将肉煮熟,先向祖宗敬奉;如果国君赏赐的是活物,他一定先养着。

没日没夜为国事操心,孔子病了,躺在床上休息,听说国君来探望,他就改卧面朝东的方向,还要将朝服加盖在身上,朝服上拖着大腰带等候着。

君君臣臣,规规矩矩。

有一天,孔子上朝去了,家里的马棚突然失火,孔子回家听说后急切地问:“有人受伤吗?”没有问到马。

什么人会在马棚里工作?车夫、马夫、仆役,这些人职业虽低贱,但生命和贵族一样重要,而马,只是财物,虽然比较贵重,但终究不能与人命相比。

两千五百多年前的人文关怀,对当今的人们,依然是一种警醒。

公务员或者领导干部招考,常常有这样的题目:某地突发某重大事件,你作为当事人,如何科学处置?

马棚是容易发生火灾的地方,哪些领域容易发生重大事故呢?

对此,国务院相关规定如下:

（一）特大火灾事故

（二）特大交通安全事故

（三）特大建筑质量安全事故

（四）民用爆炸物品和化学危险品特大安全事故

（五）煤矿和其他矿山特大安全事故

（六）锅炉、压力容器、压力管道和特种设备特大安全事故

（七）其他特大安全事故

国务院还规定了事故的等级：

（一）特别重大事故，是指造成30人以上死亡，或者100人以上重伤（包括急性工业中毒，下同），或者1亿元以上直接经济损失的事故。

（二）重大事故，是指造成10人以上30人以下死亡，或者50人以上100人以下重伤，或者5000万元以上1亿元以下直接经济损失的事故。

（三）较大事故，是指造成3人以上10人以下死亡，或者10人以上50人以下重伤，或者1000万元以上5000万元以下直接经济损失的事故。

（四）一般事故，是指造成3人以下死亡，或者10人以下重伤，或者1000万元以下直接经济损失的事故。

没有孔子制定相关规则的记录，没有记录不代表没有制定，或许，孔子第二日上朝，就会向国君提出这个问题，防患于未然，以民为重。

朋友死，无所归，曰：于我殡。

这个过世的朋友，无名字记录。没有人料理后事，或因贫穷，或因子孙不肖，都有可能的。孔子说："我来负责他的丧葬吧。"

丧葬费精力费时间费钱财，再简单，也总要有个仪式，还得要一口薄棺材。

孔子做这样的事，估计也不是第一次，即便偶尔一次，也不容易。

明朝万历十五年的十月中旬，南京已经进入寒冷的冬季了。右都御史海瑞（号刚峰）去世前一天，兵部给南京的高官送来取暖的柴火钱，海大人收到后发现，兵部多算了六钱银子，他随后吩咐老仆人：明天去兵部送还六钱银子。第二日，七十三岁的海瑞在贫病中去世。好朋友王用汲来送丧，检点其行囊，发现只有俸金八两、葛布一端、旧衣数件。这点儿钱怎么办丧事呢？悲痛不已的王用汲，再细看海瑞的家，床上葛布做的帷帐全是补丁，一些生活用品因使用多年破烂不堪，他禁不住放声大哭起来。

王用汲不是孔子，但海瑞却是清官中的圣人。海瑞的灵柩即将运往他老家海南琼山（今海口）时，南京市民罢市，送行的人站满了长江沿岸，绵延数百里。明神宗听闻海瑞的死讯，追赠他为太子太保，谥号忠介。

下面这幅山雉惊飞图，场景活灵活现。

色斯举矣，翔而后集。曰：山梁雌雉，时哉时哉！子路共之，三嗅而作。

林茂草盛，山路蜿蜒，孔子师生一路缓行，这是晚春的一个午后，虽春风骀荡，景色无限，春困仍不时袭上心头。突然，前方山梁上，叽叽喳喳，一群山鸡飞了起来，它们拖着淡黄褐色的羽尾，在空中盘旋，打量着下面这些人。师生们对着天空指指点点，一时都兴奋起来。几圈儿盘旋下来，山鸡们又一只接一只停在队伍前的一棵大树上。孔老师指着树上的山鸡感叹了："这些母山鸡呀(孔子小时候常在山里射山鸡)，它们懂得时宜，懂得时宜啊！"子路听老师这样赞美山鸡，虽不明白什么意思，但知道老师是不会随便赞美的，就向山鸡们拱拱手致意。也许是师生们纷纷的议论惊动了山鸡，树顶上响起了山鸡们振动翅膀的声音，噗噗噗，它们又向前方的山梁飞去了。

母山鸡们为什么懂得时宜?是因为它们看到情况不对，来了一队陌生的人，就赶紧飞走了。

重点不在山鸡，而在孔老师悟出的道理：人也如山鸡一样，要懂得时宜。

或许，这个场景，就出现在他没有分到祭肉的前几天或者后几天，或者，出现在他带着学生长途跋涉周游列国期间，他突然有所悟：这些国家都不欢迎咱，咱还是知趣点儿吧，不如回鲁国去。

是一只山鸡还是一群山鸡，不重要，子路向山鸡们拱手还是给山鸡们投食，也不重要，重要的是孔子的独特感悟。

向草木鸟兽虫鱼学习，向山川学习，向大自然的一切学习，孔老师不仅在教室里进行字句讲析，更有在大自然中对天地间广大事物的引导。

钱穆先生读此章后，赞此为千古妙文："孔子一生，车辙马迹环于中国，行止久速，无不得乎时中。其处乡党，言行卧起，饮食衣着，一切以礼自守，可谓谨慎之至，不苟且，不鲁莽之至。"

孔老师教人要懂得时宜，他自己的一生也在践行。

观雎雉惊飞图，于古于今，皆为极好的人生教育课。

识时务者为俊杰。时宜也是哲学中的适度，什么时，如何宜，个中的分寸，非一般人能较好地掌握，它甚至需要人一辈子的实践拿捏。

在高潮中谢幕，合时宜；藏器待有时，合时宜；真人不露相，合时宜；趁热打铁，合时宜；瓜熟蒂落，合时宜；韬光养晦，永远合时宜；以上的合时宜可以列举至N页。

幸灾乐祸，不合时宜；书生之见，不合时宜；锋芒毕露，不合时宜；老生常谈，不合时宜；强人所难，不合时宜；落井下石，永远不合时宜。以上的不合时宜可以列举至N页，转页再转页。

我去惠州，西湖畔六如亭，有一楹联为人熟知："不合时宜，唯有朝云能识我；独谈古调，每逢暮雨倍思卿。"这个故事，明人曹臣的《舌华录》、清人毛晋的《东坡笔记》里都写到了。苏轼某日饭后散步，拍着肚皮，问左右侍婢，此中所装何物？一婢女应声说，都是文章。苏轼不以为然。另一婢女答，满腹都是见识。苏亦未以为当。爱妾朝云回答："学士一肚皮不合时宜。" 苏轼捧腹大笑道："知我者唯有朝云！"苏轼尝够了不合时宜的苦头，但他自己清楚，性格使然，没有办法的，当官三十年，被贬十七次，乌台诗案还差点儿送命。

以下是布衣假想的一个普通场景，值得所有人警惕。

旁观者善意提醒："可以急流勇退，见好就收了，要不你就转型。"被提醒者一脸的不屑："开什么玩笑，现在势头正好，我的目标是大海，是大洋！"结果，前方不远处就有大暗礁，他没有预判，根本来不及处置，几分钟后就翻了船，船毁人亡，众人皆叹息："唉，要是当初……前车之鉴啊。"

第六卷

先进第十一

颜渊第十二

先進

浴乎沂风乎舞雩
咏而归

先进第十一

学习与做官，两者谁先谁后？对此，孔老师有独特的见解。子曰："先进于礼乐，野人也；后进于礼乐，君子也。如用之，则吾从先进。"

一般的郊外之民，先学礼乐再得到官位；士大夫的子弟，先得到官位再学习礼乐。我如果选用人才，主张选用先学习再做官的人。

无论前者还是后者，孔老师肯定知道，这都由不得自己。他的祖上是宋国贵族，到了他爹这一代，家道已经沦落。叔梁纥虽然做过低等级的武官，但在孔子三岁时就死了，孔子完全是娘拉扯大的。"吾少也贱，故多能鄙事。"孔子以自己的亲身经历，得出选用人才的看法，相当准确。像他一般出身的人，抗压能力、进取心，都强，容易体谅底层人民的苦痛，会在自己的岗位上尽最大努力。他自己、颜回、闵子骞、冉伯牛、冉仲弓、子路，都是这一类人，先学习后做官。

一个人对自己的出身无法选择，孔老师没有说士大夫不好，只指出，他们从小生活比较优越，爵位官位皆世袭，与平民的起跑线不一样，社会锻造他们的方式也不一样。而且，先起用"野人"，不仅是他们能力的表现，也先给了他们一个机会，有助于实现更大的社会公平。

说孔子这种选拔人才的思想是科举的源头也不为过。

历代科举产生的十万进士，大多数都是平民出身，而统治者，正是将读圣贤书走科举路，然后效忠君王为国家服务，设置成唯一的仕途通道：你们就安心读书吧，这一科考不上，下一科继续，下一科考不上，下下科再继续，十几科都考不上，人也进入老年状态了，那也还是有希望的，只要身体允许，第十五科，或者第十七科，你到场点个卯，试卷上写个名字，我们就会授予你“特奏名进士”，虽没有正宗进士风光，却也了了你们的心愿。

宋孝宗淳熙六年（公元 1179 年），有一天，洪迈发牢骚讽刺本朝死板的人事制度。他愤愤不平地向人投诉：“我因为大礼恩泽，要给一岁的儿子保官，材料送到中央组织部门后，他们把材料转给我所在饶州的有关部门，并要求我在保官的材料内说明被保人有没有刑事犯罪记录，是不是曾经补过官又被罢免了。我只好把这些材料补齐交给他们。不料想，中央组织部门又要求我说明被保人和保人是什么亲属关系。你们说好笑不好笑？组织部门的官僚化居然到这种地步。我们是亲父子，而他们却问我俩是什么关系，我的儿子是个一岁的幼婴，而他们却问他是否曾经做过官、犯过罪！”

原来，洪迈是对本朝“荫子”规定执行的程序有意见，哈，尚在他娘怀抱中的一岁婴儿，就要被授予官职。官员的孩子，真的很幸福，从小就有乌纱帽可以戴，虽是虚职，却永远比平民走在前面。人生与仕途一直曲折的陆游，因祖辈皆做官，十二岁就得到了登仕郎的官位，虽只有九品，好歹也是官，他十六、十九岁两次科考均落第，一直到二十九岁才以登仕郎的身份参加了锁厅试（一种特意为官员子弟安排的考试），成绩第一，恰好与秦桧的孙子秦埙同场，后面的故事，大家都熟，我只是说，尽管如此，陆游却依然能参加锁厅试考试，这比一般的平民子弟多了一次机会。

二十四孝中的前五名，首名就是感天动地的舜；第二名是汉文帝刘恒，为母亲尝汤药；第三、四、五名，皆是孔门学堂里的著名学子：曾参，百里负米的子路，再一个，就是被孔老师大为称赞的闵损（字子骞）。孔老师这样赞他："闵子骞真孝顺啊，他父母兄弟都说他孝，别人从来不曾有非议。"

二十四孝给闵子骞的"颁奖词"是："芦衣顺母"。闵损生母早死，父亲娶后妻，又生下两个儿子。继母经常虐待他，寒冷季节，弟弟们穿着用棉花做的冬衣，闵损却穿着用芦花做的"棉衣"。某天，父亲出门，闵损在前面牵车，因寒冷发抖，牵车绳掉到了地上，父亲见状就鞭打儿子，一鞭子下去，闵损的衣服被打破，芦花从衣缝里纷纷飞了出来，此时，父亲方知大儿受到了后母的虐待。愤怒的闵父立刻返家，要休了后妻，闵损却跪在父亲面前，请求父亲饶恕继母："留下母亲，我一个人受冻；休了母亲，三个孩子都要挨冻。"继母听说后，惭愧后悔，从此待闵损如亲儿。

再插一句：后母确实不好当，但她们根本就没有想好好当，皆因孩子非己亲出。舜的后母坏，闵子骞的后母也坏，后母的名声就是这样被搞坏的。

闵子骞的孝心惊动了许多人，两千五百年来一直被传诵。

他的老家，安徽萧县西南方向十公里处的一个村，目前中国村名最长：孝哉闵子骞鞭打芦花车牛返村。整整十三个字。闵父鞭打儿子，芦花现，车牛返，闵父欲责妻，子骞求情，孝心显，整个事件齐全，记住了故事，也就记住了村名。但一般人，实在记不住，就简称为"车牛返村"。

有人说，闵子骞那个春秋时代，还没有种植棉花呢？这又有什么关系呢！我们只说孝心。若有机会，今后我一定要去中国最长村名村拜访一下闵孝子。有人说，将子女养大是责任，而孝顺父母却是人品德的体现。这或许就是闵子骞最优秀的品质所在。

季康子问孔老师："您的弟子中，谁最爱好学习呀？"

孔老师答："有一个叫颜回的，他爱好学习，可是，他年纪不大却早死了。现在没有颜回这样的学生了！"

孔老师也不怕得罪其他学生，但颜回确实优秀，有时，孔老师自己也觉得不如他。颜回的死，给七十一岁的孔老师以沉重的打击："这是天要亡我呀！这是天要亡我呀！"他哭得越来越伤心，陪在边上的学生提醒说："老师有点儿伤心过度了！"孔老师抹着老泪对那提醒的学生说："我有伤心过度吗？不为这样的人伤心过度，又要为谁伤心过度呢？"

颜回的父亲颜路，也是孔子的学生，一把鼻涕一把泪地到孔老师这里借车："颜回死了，老师，您的车借我们用一下吧，做运棺的礼车。"孔老师也陪着颜路一把鼻涕一把泪，却拒绝了借车的要求："去年，我儿子孔鲤死了，不管他有没有才能，他总是我儿子啊，但他也是只有棺材而没有礼车送葬。颜回和孔鲤一样，都只是士，出殡都不能用礼车的。我虽然退了休，但身份还是士大夫，我出门是不能步行的，即便送葬，也要坐车去。"

颜回对孔老师有多重要？由两句责怪天的感叹就可以看出，这是一个对理想信念一辈子孜孜以求而现实又极不如意的老人发出的悲叹，是长长的苦痛："老天，我是尊重您的，也只有您才了解我，可是，您为什么让我失去这么好的学生呀！"

即便是感情如此深厚的学生，孔老师也坚持原则，这是礼制，他一生都要遵守并示范的，绝不能突破，不管是儿子还是最好的学生，都不能违反。

车就是身份的象征，做过大夫，就不能步行，现在听起来有点儿好笑。

颜回去世，同学们也悲痛，他们想要为颜回举行一个隆重的葬礼。孔老师知道后阻止说："这样是不可以的。"这一回，学生们并没有听老师的话，他们积极操办，为颜回办了一个隆重的葬礼。

孔老师无力阻止，只能告慰颜回的在天之灵："颜回呀，你把我当作父亲，我却不能将你看作儿子一样。这高规格的葬礼，并不是我的主意，是你的同学们安排的。"

规定真是多，就是因为家贫，也不能厚葬。

或曰，任何事都要像孔老师那样一板一眼，那生活真是太无趣了。是的，有趣与礼制相比，完全是小儿科。礼制有不少是违背人之常情的，同学之间情意深重，颜同学中年病亡，众同学无限悲伤，将其丧事办得像样一点儿，只是一种哀思的表达。

或许是颜回的死，或许是老师日渐蹒跚的步履，或许自己也上了年纪，这些都深深触动了子路同学。子路心中一直存留的疑问，终于向老师和盘托出，他向孔老师问了两个问题。

第一问：如何侍奉鬼神？

第二问：死是怎么回事？

孔老师回答第一问：未能事人，焉能事鬼？

孔老师回答第二问：未知生，焉知死？

论语课堂上，学生的问题简单明了，老师的回答也简单明了。这一次，孔老师是从反面来回答子路的："没有办法服侍活人，怎么能有办法服侍鬼神呢？"看似没有回答，其实就是回答，活人死人哪个重要？先将活人服侍好吧，比如你的父母，生前好好孝顺，死后简单治丧，合理合规合情。

孔老师对鬼神是尊重的，但也远离它们，"子不语怪力乱神"

“敬鬼神而远之”“祭如在”。他注重现实，当下的事情最重要，比如民生，比如各种失礼之乱象，比如各国之间连年的战争，都让他着急。和现实相比，另一个世界的事，就显得不那么重要了。

不懂得生，哪里懂得死呢？

答案同上，不过更为经典：生不容易，生要面对那么多的考验。

孔老师知道，生死不是简单的事，它是哲学上的大问题。

死与生，是完全不一样的两个世界，你好像知道，但你一定无法确切知道，这就是孔子面临的难题，这个难题，一直到今天，也没有完全解决。

肉体消失，我们都想极力否认，但又义无反顾地奔向健忘，愚蠢地陶醉于占有钱财带来的肤浅感受，我们不断赞美医学的进步，不断赞美各种形式的长寿。同时，我们还会努力寻找那些能拯救死亡的各种仙方。巫师道士们关于长生不老的许诺，总令历代皇帝们神往，并为之竭尽全力。

庄子的老婆死了，他敲盆庆祝。惠施认为有些不妥，庄子却大笑：“老婆平静地仰睡在天地之间，我反而在旁边哭哭啼啼，这样实在太不懂生命自然的道理了。太阳和大地都将是她的棺材，她只是由一种存在形式转向另一种存在形式而已，所以我应该欢庆她的死去。”

叔本华、弗洛伊德，整天都在琢磨死亡的事情。在悲观主义者叔本华看来，世界仅仅是一系列转瞬即逝的现象，人生是以受难的方式逐步走向死亡：生命是向死亡讨来的借贷，而睡眠，不过是缴付每日的利息。

孔老师敬畏并远离鬼神，他也懂死：“人一生下来，就开始走向死亡了，这是自然规律，只是人们不说而已。生与死相比，生是短暂的，死是永远的。子路呀，我们都好好对待眼前这个短暂吧！”

两年后，子路卷入卫国父子争位的乱局，尸体都被人剁成肉酱，这正应了孔老师事先的预判："这个刚强的子路，生性鲁莽，将来恐怕不得好死呀！"七十二岁的孔老师，又大悲一场。

孔老师身边，问题最多的几个学生中，子贡显然比较突出，经常有问题。他总是希望，老师的回答能激发出他思想的火花。

这一天，子贡问老师对两个同学的看法："师与商两个人都不错，但他们谁更杰出一些？"

孔老师答："师的言行过于激进，商则稍显不足。"

子贡追问："这么说，是不是师要好一些呢？"

孔老师明确回答："过犹不及！"

师是子张，商是子夏。子张才高意广，而好为苟难，所失常在于过之；子夏谨守笃信，规模狭隘，所失常在于不及。

过犹不及，由做人引申到做事，古今广泛使用得如同真理。

我们一般都这样理解：过与不及，都是一样的毛病。言外之意，做事过头了，或者做得不够，都是不合适的，适中最好。

也有人这样解释：过了头，等于没有达到；批评过了，但没有指责不及。是不是可以这样认为：不及了，还可以加料加量；而过头则无法补救。行百里者半九十，步伐从九十处的"不及"重新开始，很快就达到目标了。但事实上，重新开始，就是从零处起步，这时的"不及"却是零。

如果结合语义环境，我赞同后者，我们在说"过犹不及"的时候，语义重点常常指向"过"，而对"不及"有所忽略。比如"一刀切"的执行规定，就是"过"，看似公平，实则是怕担责任的推卸行为；比如某些老师的"一人生病，全班吃药"，也是"过"，看似负责，实则是无能的表现。

子贡对别的同学有看法，孔老师对子贡也经常有看法。

孔老师说："颜回的各项修养都已经很好了，可是常常穷得叮当响。"子贡不受条条框框的拘束，他做生意，很有经营头脑，总是能抓住机会赚取更多的利益。

颜回虽贫，却能安贫乐道，这个不再展开了，这里说子贡的能力。

齐鲁之间，骨头连着筋，却常常发生摩擦，强齐经常欺侮弱鲁。某一年（有说是孔子刚任司寇的那一年，据整个事件推断，我认为应该是在孔子辞官后周游列国期间），齐国又要侵犯鲁国了，孔子派出能言善辩的子贡救鲁。子贡差不多用了十年时间，凭一己之力，成功地改变了"国际"局势：存鲁，乱齐，灭吴，强晋，霸越。子贡卓越的"外交"才能，在《史记·仲尼弟子列传》中写得清清楚楚。

再说子贡做生意的能力。

司马迁在《史记·货殖列传》中也高度评价子贡，并提出了独特的观点，我深以为然：子贡善经营，在曹国和鲁国的生意相当成功，赚了很多钱，是孔子所有学生中最富的。子贡所经过的国家，没有哪个君主不对他行宾主之礼，孔子的名声能够传扬天下，与子贡在人前人后的帮助是分不开的。

下面是两个场景的讨论式教学，前一场是孔老师因材施教的典范，后一场是全世界闻名的志向课。

第一场。

子路问老师："听到可以做的事情就去做吗？"

孔老师答："父亲与哥哥还在，怎么能听到事情可以做就去做呢？"

冉有问老师："听到可以做的事情就去做吗？"

孔老师答："嗯，听到可以做的事情就去做。"

公西华不理解了:“老师,子路与冉有,问的是同一个问题,您的回答为什么不一样呢? 我很困惑呀。”

孔老师答:“冉有做事有些退缩,我鼓励他前进;子路做事有些冒进,我让他保守一些。”

孔门学生都有性格,子羔生性愚笨,曾参生性迟钝;子张前面说了,生性偏激,常常要过;而这子路,生性鲁莽。冉有呢? 他在《雍也》中曾这样说:“我不是不喜欢老师的人生观,只恨我的力量不够呀。”彼时,孔老师就这样教育过冉有的畏缩不前:“力量不够的人,走到半路才会放弃,而你却是画地自限!”

我相信,公西华在两位同学的性格比较中,也得到了极大的启发:哈,子路与冉有,不就是孔老师讲的子张与子夏吗? 一个过,一个不及。

第二场讨论。这场讨论的主角,多了一个曾皙。

我们在讲《学而第一》时提到过曾皙,他对儿子曾参下过狠手,我对他没什么好印象,不过,下面的志向他却谈得特别。

这一天,曾皙与子路、冉有、公西华一起,参加了孔老师主持的这场谈志向的讨论。《公冶长第五》里已出现过一场谈志向的讨论,那一次的重点其实是孔老师自己的志向。这场讨论,曾皙似乎不是主角,同学们与老师高谈阔论,他则在一边默默地配乐弹瑟。

暮春三月,舞雩台下,云高天蓝,沂水静流,草长莺飞,孔老师的课外讨论开场了。

琴声缓缓响起,春意朦胧,意境宽阔苍凉,曾皙坐在一边弹琴,老师与同学们开始谈志向。

好风景,好心情,孔老师和颜悦色地开场:“我虽比你们年纪大一点儿,但你们不要拘谨。你们常说,没有人了解你们。假如,有人了解你们了,你们又打算怎么做呢? 大家说说看。”

子路霍地站了起来，声音似乎比平时提高了一倍的音量："给我一个千乘之国，而且，这个国家还夹在两个更大的国家之间，国外有战争，国内有饥荒，即便这样的国家，派我去管理，只要三年，就会出成效，百姓有勇气保卫国家，还明白道理。"

孔老师听了笑笑，挥挥手让子路坐下，转身问冉求："你怎么样？"

冉求显然比较低调，声音也缓缓的："我只能做方圆六七十里或五六十里地方的长官，那样小的地方，如果派我去，也只要三年，就可以让百姓丰衣足食，不过，礼乐方面，我没有这个能力，要等更高明的君子来才行。"

孔老师听完，没有表露出什么，接着转头问公西华："你怎么样？"

公西华更低调，似乎有点儿难为情："我没有本事，只愿尝试一下。比如祭祀、诸侯会盟这样的活动，我可以在边上做个助理人员。"

孔老师还是没有发表意见，他又问旁边的曾皙："点呀，你也来谈谈志向吧。"

听到老师的吩咐，曾皙弹完最后一个音，将瑟在草地上轻轻放下，站起来回答："老师啊，我与他们三位同学的志向有点儿不同。"

老师问："有什么不同呢？只不过各人说说自己的志向罢了。"

曾皙用右手拍了拍左边的衣服袖子，他掸掉了一只正在爬的长脚黑蚁，然后清了一下喉咙说道："暮春者，春服既成，冠者五六人，童子六七人，浴乎沂，风乎舞雩，咏而归。"

曾皙说完，朝前方的沂河指了指，特地做了一个狗刨的游泳动作。

孔老师听后，赞叹了一声："我非常欣赏曾皙的志向呀！"

孔老师笑子路不谦让，治国首先要讲礼，他缺少这一点；冉求以为地方小了就好治理，也是误解；公西华过于谦虚，他那样的人才，只做个小司仪，那谁还能做大司仪呢？

不过，曾皙对这些还是不太理解，他是真没理想：暮春三月，春衣早就穿上了，我陪着五六个成年人、六七个孩童，去沂河里洗洗澡，澡洗完，再到舞雩台上吹吹春风，然后，一路唱着歌回家。在合适的季节，做合适的事情，随遇而安。

因为孔老师对曾皙的志向大加赞赏，因此，曾皙反而成了这一场讨论的主角了，讨论之前，他可是默默坐在边上弹琴的。

不过，对于三位同学的志向，孔子并没有批判与否定，只是指出他们略有不足而已，而曾皙同学逆向思维，不说大志向，只说潇洒自在的意趣，这种意趣，正好给严肃志向吹去了别样的春风。为人处世，虽然一切都要讲礼，行仁，但孔老师也是包容的，他也欣赏自由的思想。

浙江吴兴人陆澄，王阳明的得意弟子，他对孔老师的语录所记十分详细。

某天，陆澄就以上著名言志现场问王老师："孔子弟子谈志向，子路、冉求想从政，公西赤想从事礼乐，多少都还有点儿实际价值，曾皙所说像是玩儿，孔子却很赞赏他，老师，这是为什么呢？"

王阳明答："其他三人的志向都有些主观、绝对，有所倾向，就会偏执于某一个方面。而曾皙的志向却没有这种倾向，顺其自然行事。其他三人都是孔子所说的具有某种才能的人，而曾皙却是孔子所说的通才。不过，其他三人也各有突出的才能，不是只会空谈而无实际本领，所以孔子都称赞他们。"

某个炎热的暑天，王阳明《传习录》的课堂上，出现了这样一个插曲，由此细节，又引发了对孔子师生言志的一番议论。

王汝中、黄省曾侍坐。

先生握扇命曰："你们用扇。"

省曾起对曰："不敢。"

先生曰："圣人之学，不是这等捆缚苦楚的，不是装做道学的模样。"

汝中曰："观'仲尼与曾点言志'一章略见。"

先生曰："然。以此章观之，圣人何等宽宏包容气象。且为师者问志于群弟子，三子皆整顿以对。至于曾点飘飘然不看那三子在眼，自去鼓起瑟来，何等狂态？及至言志，又不对十问目，都是狂言。设在伊川，或斥骂起来了。圣人乃复称许他，何等气象？圣人教人，不是个束缚他通做一般。只如狂者便从狂处成就他，狷者便从狷处成就他，人之才气如何同得？"

黄省曾不敢接老师的扇子，王老师显然不满意这种假模假式："扇子不是用来扇凉的吗？要这么多规矩干吗？既然你们讲到了孔老师的言志，那我也说说自己的看法。那曾皙，是何等狂态，他都不屑于言志，即便说了，也是牛头不对马嘴。换作程颐，他一定将曾皙大骂一通。可孔老师却大加赞扬，这是何等气魄与胸怀。孔老师教育人，就是因材施教，从来不死守一个模式。"王汝中与黄省曾听到此，王老师的言外之意也听出来了：我们学习，只要保存内心的良知，行为如何表现并不重要，课程先慢慢来。

王老师讲这些话时，脑子里一直闪现着孔子因材施教的场面，他前些时日给陆澄说的和今天说的还是有些差别的。他说完，再次将扇子递给省曾："来，扇扇，不要热坏了！"

这扇子扇起的凉风，是两千年前，从曲阜舞雩台上吹来的吗？

以洪迈笔记《夷坚甲志》卷四之《胡克己梦》作本篇结尾，笑一笑：

胡克己是温州人，绍兴庚申(1140)年，他去参加乡试。有一天，他对妻子说："昨晚做了一个梦，我梦见皇宫的门早上开了，其他人还没进去，我一个人进去坐在堂上，我想，这次考试，必是第一名。"他妻子说："老公，不是这样的，你没有读过《论语》吗？先进者，第十一也。"等到揭榜，果然如他妻子所言。

顏淵

己所不欲
勿施于人

颜渊第十二

又回到以前的课堂上,孔门弟子要集中讨论“仁”的问题。

颜渊问孔老师:“什么是仁?”

孔老师答:“克己复礼为仁。一日克己复礼,天下归仁焉。为仁由己,而由人乎哉?”

颜渊继续问:“老师能不能说得再具体一点儿?”

孔老师继续答:“非礼勿视,非礼勿听,非礼勿言,非礼勿动。”

颜渊听了,若有所悟:“我虽不够聪明,但也要努力去做到老师刚刚说的这一些。”

孔老师的第一个答,关键句是“克己复礼”。不过,理解起来,有两种解释针锋相对。

一种常见的主流派,将这个成语分成两个动宾结构:克+己,复+礼。约束我自己来践行礼。什么需要约束?自己的私欲。什么需要践行?内心原有的道德秩序。仁有了,孔老师假设:假如每一天都克己复礼,那天下与我都会进入一种仁的状态。而要想很好地行仁,就必须从自我做起,难道还要别人先做吗?

另一种是傅佩荣先生的解释,他将“克己复礼”看成是一个完全的句子,他将“仁”看作人生的正途,且重点在前面两字:自觉自愿,自主而自动,去实践礼的要求。关于孔老师这个假设,傅先生认为,不论什么时候,只要你能够自己做主去实践礼的要求,天下人都会肯定你是在走人生正途。

不过，我看傅先生的解释，只是将主流派的观点更进了一步：既然约束了自己，也是一种自觉自愿，依然可以回归到主流。

孔老师的第二个回答，是四个关键的告诫。如果不合乎礼，那么，看、听、言、做这四个方面，都不要去做。

看还是不看，听还是不听，说还是不说，做还不是不做，主动权皆在自我，只是，如果没有足够的学习，不清楚礼的规定与范围，心中无礼的辨别储备，那就会被动接受"非礼"的东西，或者说蒙在鼓里也不知道。

颜渊是孔老师最好的学生，他自己理解了仁，表示会尽最大努力克服那些邪恶的思想、偏差的观念，践礼达仁，使社会回到老师所称赞的有秩序的美好时代。

仲弓问仁。

子曰："出门如见大宾，使民如承大祭。己所不欲，勿施于人。在邦无怨，在家无怨。"

仲弓听了老师的教诲后说："我虽然不聪明，也要努力去做到这一些。"

这里，仁出现了意思的变化。孔老师的仁，要分两个层面理解。

走出家门，像去接待贵宾那样；使唤百姓，像承办重要祭祀大典那样。真有贵宾吗？有，还不是一般的贵宾，是王侯一样的大贵宾。真有祭祀吗？还不是一般的祭祀，是如国家大祭一样的重要祭祀。其实没有重要贵宾，也没有重要祭祀，孔老师是在打比方，是强调与人交往要心存敬畏守礼节，保持谨慎。

"己所不欲，勿施于人"，这是强调恕道。工作与生活的两个"无怨"，则在劝人冷静与节制。

"己所不欲，勿施于人。"

虽然自己做不到，但我们常常这样劝别人，而且还苦口婆心地劝，理直气壮地劝，要求对方无条件执行。家长们将孩子送往各种各样的培训班，有不少可以归入此类。不少孩子都不具备某种艺术的天赋，被家长强逼着学，花了大量的学费，孩子在少年或者成年后完全放弃的太多太多了。财枯，生累，家长也疲，何苦来哉？

如果将其当作一条恕道，那么，完全可以推而广之。整个政策的出台，整个国家的治理，皆应该站在对方的立场思考问题。而事实上，从历史看，大部分的王朝，皆以儒道为主来治理国家。水可载舟，水亦可覆舟，那水就是民意，要顺应，要疏，而不能逆，更不能堵。

我甚至以为，“己所不欲，勿施于人”这八个字，还可以将其看作宽恕自己与他人的人生智慧。他人不愿意，何必强求呢？留一点儿遗憾与欠缺吧。这样一想，己不欲，就不会施于人了。清道光二十五年（公元 1845 年），曾国藩将他的书斋命名为“求阙斋”，编有《求阙斋读书录》四卷。曾的意思是：做人做事不能太圆满。魏徵早就告诫：“自满者，人损之；自谦者，人益之。”

仁是个大问题，它是孔老师教学一以贯之的核心思想，许多同学在问，司马牛也问了。

子曰：“仁者，其言也讱（rèn）。”孔老师认为，行仁的人，说话都非常谨慎。

司马牛再问：“其言也讱，就可以称得上是行仁了吗？”

孔老师再答：“这极难做到，一般人说话做不到非常谨慎的！”

虽是答仁，但一看就知道，孔老师又在因材施教了。

司马耕，字子牛，他有一个显著的毛病，那就是多言而躁。孔老师这里从言语入手，其实也符合他说过的“刚毅木讷近仁”的主张。

慎言，不是开玩笑的。

唐李肇的《唐国史补》卷上中，郗昂有三次口误，这还只是说错了话。

郗昂与韦陟（韦安石）是很要好的朋友。有一天，他们在议论当朝宰相的人品问题。

韦陟问："依你看，哪一个最没有德行呢？"

郗昂答："韦安石啊。"

话一说完，郗就知道说错了，不好意思，急忙跑掉。在大街上，郗昂碰到了好朋友吉温。

吉温问郗昂："您为什么走得如此急急忙忙啊？"

郗昂答："闹，刚刚在和韦尚书谈我朝宰相哪个最无德，我本想说吉顼的，却说成了韦安石。"

说完这一句，郗昂朝吉温仔细看了看：哎，不对，又说错了，吉顼是吉温的大伯呀。郗昂鞭打快马，落荒而逃，到了好朋友房琯的家里。

房宰相握着郗昂的手，热情地慰问："什么事把老兄搞得这么狼狈啊？"

郗昂又把事情讲了一遍，然后道："我本想说房融最无德的。"

结果又说错了：房融是房宰相的父亲呢。

郗昂一天之内得罪了三个人，满朝惊叹。但只有韦安石和郗昂绝交了。

司马牛问题多，因为关键处他总是不太明白，这一天，他又问孔老师什么是君子。

孔老师答："君子不忧不惧。"

司马牛想听听下文，但老师说完这一句，就停下来，不再回答。

司马牛眼里充满了疑惑："不忧愁，不害怕，这样就可以称得上君子了吗？”

孔老师笑笑：“你如果做到不断反省自己而问心无愧，那又忧愁什么，害怕什么？”

《子罕第九》中，孔老师对智者、仁者、勇者下过这样的定义：智者不惑，仁者不忧，勇者不惧。智者、勇者，都好理解，唯有仁者，极其复杂，孔老师在不同的场合都有不同的回答。但孔老师认定，只有仁，才能让人走向正途，才能不忧。

孔老师答司马牛，依然是有前提的，朱熹讲是“向魋(túi)作乱，牛常忧惧，故夫子告之以此”。

向魋即桓魋，宋国的司马，实权派，而且是司马牛的亲哥哥，孔子离曹过宋，向魋欲杀孔子，孔子只好微服离宋。向魋为什么要杀孔老师？因为宋景公喜欢孔子，如果孔子留在宋国，向魋怕失势，尽管是弟弟的老师，也要杀。司马牛是为了自己而忧，而孔子又因材施教鼓励他：“你内心清朗了，就会不忧不惧。”

尽管老师这样解释，司马牛还是忧，他接着问的第三个问题是：人皆有兄弟，我独亡(wú)。

子夏当时应该也在场，因为这里只出现了子夏的回答，或许，子夏就是转述老师的话：“商闻之矣，死生有命，富贵在天。君子敬而无失，与人恭而有礼。四海之内皆兄弟也，君子何患无兄弟也？”

司马牛的话让人深思。他明明有五兄弟，上有两个哥哥，下有两个弟弟，为什么还说没有兄弟呢？

《左传》记载，桓魋兄弟五人：向巢、桓魋、子牛(司马牛)、子颀、子车。宋桓公有个儿子叫肸(xī)，字向父，向父的后人有的就称向氏，桓魋的大哥向巢便是其一。桓魋原叫向魋，后改叫桓魋。司马牛兄弟五人，在宋国都相当不错。老大任宋国左师，军队统帅；老二为司马，握有兵马实权，国君极为宠信；老三身为贵族，是孔子的学生，有自己的封邑；老四、老五跟着老二做事，威名也显赫。

司马牛说自己没有兄弟，主要原因还是二哥的作乱不轨，其他兄弟死的死，散的散，平时来往也不多，故而有此伤感。

死生有命，富贵在天。每遇各种不测事件，现代人常常将这句话挂在嘴边，一般都是对事件中的主角表示同情与惋惜。命与天，皆为人各种遭遇的被动安排。

一家三口，气喘吁吁地赶到登机口，机舱门刚刚关闭。他们看着飞机滑出跑道，飞上了蓝天，瞬间，又掉了下来。一家人目瞪口呆。此刻，他们在想什么？如果是中国人，他们一定会想到子夏说的这一句。如果是外国人，则会双手合十连喊“我的上帝”。

二十世纪九十年代，敝乡第一批买 XH 牌 250 型摩托车的十九个人，先后都出了车祸，大部分重摔而亡，令人唏嘘不已。是车的质量有问题？是路况差（以前没有柏油或水泥路）？是速度快（含炫耀成分）？是突发碰撞？是车技差？都是，也都不是。反正车毁人亡是事实。

子夏拍拍司马牛的肩膀，安慰他：“四海之内皆兄弟也。”

大前提：你是态度认真而言谈举止都合适的君子，你是对人谦恭而往来都合乎礼节的君子。结论：四海之内，都可以称兄道弟的，何必担心没有兄弟呢？

《山海经·海外东经》中有君子国：

> 在其（奢比尸）北，衣冠带剑，食兽，使二大虎在旁，其人好让不争。有薰华草，朝生夕死。

奢比尸的北边是君子国。君子国的人个个衣冠楚楚，人人都佩宝剑。他们都饲养野兽，身旁总有两只大老虎陪伴。君子国的人性格谦和，为人忍让不好争斗。君子国有一种植物叫薰华草，寿命极短，早晨生长，晚上便会枯死。

《桃花源记》中的桃花源，陶渊明借别人的眼记录下了典型的君子村。场景太熟悉，你自己想一下，我就不展开了。

《镜花缘》第四十五回中，林之洋一行到了君子国，此国中：

> 耕者让田畔，行者让路。士庶人等，无论富贵贫贱，举止言谈，莫不慕而有礼。

行路有人让行，所有人都彬彬有礼。更让人惊奇的是，市场交易中，卖主力争要付上等货，要低价；买主力争拿次等货，付高价。而且，这个国家风清气正，没有拍马送礼跑官要官等丑陋现象，国主严谕："臣民如将珠宝进献，除将本物烧毁，并问典刑。"真是一个君子的国度啊，从上到下都是君子。

在君子国、君子村里，所见到的都是美好。而君子，最要具备的是胸襟，相同的追求、相同的审美，甚至相同的气场。

这种美好的君子国其实不存在，它只是一种乌托邦式的理想，只是现实反差映照产生的一种幻想。

大家都是君子，自然都可以称兄道弟了。

子夏再次宽慰眼前这位同学："司马牛啊，你还有什么好担心的呢？"

苏东坡对苏辙开玩笑说：

吾上可陪玉皇大帝，下可以陪卑田院乞儿，眼前见天下无一不好人。

苏东坡宽容豁达，他虽官场不顺，人生曲折，有多少人对他落井下石，但他没有自怨自艾，统统一笑了之，他明白，看天下都是好人，天下看他自然也是好人。

子贡问政。

著名的子贡问政来了。

子曰："足食，足兵，民信之矣。"子贡曰："必不得已而去，于斯三者何先？"曰："去兵。"子贡曰："必不得已而去，于斯二者何先？"曰："去食。自古皆有死，民无信不立。"

程颐评价："孔门弟子善问，直穷到底，如此章者，非子贡不能问，非圣人不能答。"

有充足的粮食、充足的军备，百姓信赖政府，这样的政府，谁也不能背叛它。

朱熹评：仓廪实而武备修，然后教化行，而民信于我，不离叛也。

治理国家，道理就这么简单。

精彩处是子贡的假设，三者中必须减掉一个，减什么？必须再减掉一个，再减什么？这是逻辑追问，将人逼到墙角的追问。或许子贡心里早就有判断，但他想听听老师是怎么说的；或许，子贡心里根本就没底，模糊得很，他问老师，就是想彻底弄清楚。

军备是率先减掉的选项，在孔子心中，天下大同，天下太平，人民安居乐业，没有你争我夺，而军备，是锋利的刀刃，既是国家安全的保证，也是战争频发的源头。但不打仗，总是可以活下去的。

粮食与信赖之间，为什么民信要重于足食？民无食则死，自古皆有死，而民无信不立，无信则必涣散斗乱，与败亡没什么区别，活着也是受苦。如果有信，虽一时困苦，终究会有食。这就是为什么人们会说，宁死也不失信于人。

孔老师强调信的言外之意还有什么？信还是文明社会的标志之一。有信的政府，在教化与道德上，都具备了充分的责任能力，百姓希望生活在这样的国家中，也愿意与国家共存亡。

百姓吃饭问题不是不重要，而是政府的信用更重要，一个失信于民的政府，同样是自绝于百姓。

子贡还向孔老师问士，这个问也很著名：真正的士，要具备什么样的条件？

子曰："行己有耻，使于四方，不辱使命，可谓士矣。"

自己有操守，还能出使外国，很好地完成君主交给的使命，这就可以称士了吗？子贡不相信这么简单就可以称士了，他继续问老师："还有其他人可以称士吗？"老师答："宗族称孝焉，乡党称弟焉。孝顺父母，尊敬长辈，这是基本的道德呀。""老师，还有其他人可以称士吗？"老师再答："言必信，行必果，像石头般坚毅的小人物，也可以称士。"

子贡若有所悟，转而再问老师："现在从政的那些人如何呢？"

孔老师叹了口气："唉，都是些斤斤计较的小人，还提他们干什么！"

不辱使命很难，前面已经说到过苏武。

按排法，言必信，行必果，这一类的士应该和不辱使命的士一样，都属于第一等，而孝顺与恭敬，则是士的必备条件。

其实，本章的精彩之处是孔老师的最后一答：用现实的政客与理想中的士对比，现实就清楚得很了，这些人就是目前国家贫穷落后、连年战乱的重要根源。

子贡还有问题:“老师,一个人,一乡的人都喜欢他,此人如何?”

孔老师答:“不怎么样。”

子贡再问:“那一乡的人都讨厌他,此人又如何?”

孔老师再答:“也不怎么样。子贡啊,我以为比较可取的人应该是,一乡的好人都喜欢他,一乡的坏人都讨厌他。”

人不可能讨好每一个人,让一乡的人都喜欢,没必要,也做不到,好人喜欢,坏人讨厌,这已经是极会做人了。

八面玲珑的人,一定会用假话来表达某种不喜欢。

子张问政。

子贡问完,子张接着来问。

子曰:“居之无倦,行之以忠。”

孔老师的两个观点很明确:你在自己的职位上不要倦怠,你履行职务时态度要忠诚。

孔老师的要求虽然简单,却是公务员必须具备的两个基本素质。

比如不倦怠。永远保持当初入职时抖擞的精神状态,极难。新鲜感逐渐减弱,麻烦事不断出现,应对能力捉襟见肘,差错越来越多,于是就常常心烦意乱了。身处官场,不倦怠地爱民,不是一般的要求。

子张知道,孔老师要他多爱民,做起来好难,努力吧。

子张接着再问:“读书人怎么才能达到通达的境界?”

孔老师追问:“你所谓的通达是指什么?”

子张答:“在诸侯之国有名声,在卿大夫家中也很有名声。”

孔老师答:“你那是成名,不是通达。通达的人,一定是正直而有信义,仔细观察别人的言行,总是考虑如何退让。如果这样做了,在国内、在卿大夫家中,都会受到敬重。好名利的人,表里并不如一,自以为很成功，那也只是在国内、在卿大夫家中有点儿名气而已。”

如何追求名？孔老师以“达”参照对之。这一记警钟，长鸣至今。

综观历史，追求名利者、淡泊名利者，这两类人都是比较明显的。“人为财死，鸟为食亡”，是前者抱定的宗旨。光宗耀祖，孜孜以求考取功名，甚至“唯有饮者留其名”，也都是前者的各种延伸。

其实，追求名利没什么不妥，它是让人前进的强大动力，就如同追求财富一样，只要追求方式得当，于己于国于天下，皆是好事。只是不择手段的人多了，人们才会那样反感。不过，人们肯定不是反感名利。孔老师也只是指出子张概念中的混淆之处，提出要务实，不要去追求什么虚名。

鲁哀公向孔子的学生有若请教：“今年收成欠佳，钱不够用，怎么办？”

有若答：“为什么不抽十分之一的税呢？”

哀公嘟哝着嘴：“十分之二还不够呢，怎么可能抽十分之一！”

有若一针见血地指出：“如果百姓够用，您怎么会不够用呢？如果百姓不够用，您怎么可能够用呢？”

有若的话，可以代表孔老师的观点，藏富于民。

但我们得查一下鲁哀公问计时的背景。《左传》记载，鲁哀公十二年，鲁国连续几年因蝗虫闹饥荒，又与周边国家关系不好，多年用兵，还要备战，国家确实面临比较大的考验，鲁哀公或许就是此时问的计。

有若从百姓的立场出发，他的推理简单而明白：小河有水，大河怎么会没有水？小河没有水，大河怎么可能有水呢？

从历史进程看，统治者常借口各种原因临时加税，嘴上虽挂着民，他们也懂唇亡齿寒的道理，但终究还是以他们自己为重，民不聊生乃常态。

元朝皇帝滥加赏赐，这是他们的传统，为的就是笼络权臣武将的心，使他们死心塌地地卖命。忽必烈在位期间，连年争战，耗去大量钱粮，他晚年时，国家财政近于崩溃边缘。至元二十九年（公元1292年），中书右丞相完泽上奏：本年朝廷财政赤字已经高达六十六万零二百三十八锭（元钞），占全年财政收入的百分之二十二以上。元武宗继位不到半年，赏赐和挥霍了四百二十万锭，而支持他上位的宗室求赏的一百万锭，竟然先打了欠条。元中期的三十九年时间里，居然有九个皇帝，平均四年多换一个，换了皇帝就要大肆赏赐。而且，元代盛行包税制，商人通过招投标对一个地区或一个税种进行承包，少收赔补，多收留成。这看似节约征管费用，实际上却让百姓吃尽了苦头，那些贪得无厌的承包商会怎么收税呢？想一想就清楚了。

百姓活不下去了，揭竿而起的事随时都可能发生，饿死是死，造反也是死。

“君君，臣臣，父父，子子。”

这是孔子对齐景公问政时的回答。君要像个君，臣要像个臣，父要像个父，子要像个子。四个并列词组中，每一个词中的前一个字为名词，后一个字为名词作动词，简单的主谓结构：一句话，君臣父子都要努力成为理想中的君臣父子。

此时，齐景公被大夫陈氏架空，身边又多奉承拍马之徒，他也不立太子，孔子的话显然是有所指。齐景公似乎有点儿听进去了：“您讲得太好了，如果君不君，臣不臣，父不父，子不子，就算粮食再多，我也没有办法吃到啊！”

的确如此，万物并行而不相害，道并行而不相悖，每个人各居其位，这个社会就有秩序了。

古人为此还特意造出一个“弑”字，臣杀君，子杀父母，都叫“弑”。

《论语》是个筐，什么东西都往里面装，且《论语》中的句子本来就有多重解释。董仲舒独尊儒术，将其演变成“三纲五常”，汉武帝开心坏了：君权、父权、夫权，皆应集于我皇权，皇帝为一国之本，君要臣死，臣不得不死！

孔老师似乎有点儿冤，摇头叹息：“我有讲过这样的意思吗？你们为什么总是曲解我的原意啊！”

如何治理国家？如何管理人民？孔子经常被人问到这些问题，问的人中有学生，有各国大夫。有一天，季康子来了，连问三个关于政治及具体办案的问题。

一问政，孔子答：“政者，正也。子帅以正，孰敢不正？”

“政的意思就是做人正直、行事正道。您带头这么做，还有谁不敢跟您这么做呢？”孔子答完，正脸看着季康子。季康子连连点头：确实，上行就会下效。

季康子若有所思，再问：“如杀无道，以就有道，何如？”

孔子对曰：“子为政，焉用杀？子欲善而民善矣。君子之德，风；小人之德，草。草上之风，必偃。”

季康子简单地认为，杀掉为非作歹的人，亲近修德行善的人，就是走正道。对此，孔老师并不赞同：为什么要杀人？还是上行下效的问题，您有心为善，百姓就会跟着为善了。打个比方，领导人的言行，性质有点儿像风；百姓的言行，性质有点儿像草。风吹在草上，草肯定跟着倒下。孔子的意思很明确，政治责任，在上不在下，下头出问题，根子在上头。

季康子总算有点儿听进去了，孔子是在劝说自己要起表率作用呢。此时,他又想到了鲁国国内近期盗贼猖獗的问题,立即又问孔子有什么对付的办法,孔子沉着地答道:“如果您自己不贪求财物,即便奖励他们去偷,他们也不会去。”季康子听了,说:“还是要我从自己做起呀,节制私欲,影响百姓。”

彼时鲁国,诸侯架空,三家大夫掌权,家臣也效尤背叛。《八佾第三》开头那场超标舞会,就是季康子的爷爷季平子搞的。他们季家位高权重,自己就不正,成堆的问题接踵而至。季康子来问孔子,孔子正好借机说事,针砭时弊与指摘朝政:“我是这么认为的,怎么做是你们自己的事。”

樊迟出场。迟,就是有点儿迟钝,他属于那种经常需要老师与同学点拨的学生。

其实,樊迟已经在《雍也第六》中出现过了,彼时,他知道自己的智商低,于是就向孔老师问知,老师答:“务民之义,敬鬼神而远之,可谓知矣。”专心服务好百姓,与鬼神保持适当的距离,这样就是明智了。显然,老师并没有认为樊迟愚笨。

也是在这个场合,樊迟第一次向孔老师问了仁,老师这样答他:“仁者先难而后获,可谓仁矣。”

先努力做事,就会有成果和收获,这样就是行仁。

孔老师知道,对于樊迟,他要有出息,需要付出比别的同学更多的努力才行。

樊迟第二次问知。子曰:“知人。”

了解别人就是明智吗?樊同学一时有点儿摸不着头脑:老师这一回的答案怎么与上次不一样呢?孔老师见樊迟不停挠头,只好再次开导:“举直错诸枉,能使枉者直。”问到这个份上,樊迟自己都觉得不好意思再问了。

樊迟退出老师的房间,正巧碰到子夏同学,他连忙请教子夏:

“刚刚我见了老师，向他请教如何明智。老师说，提拔正直的人，坚决撤换偏曲的人，老百姓就会顺服；如果提拔偏曲的人，放着正直的人不用，那么，那些人就会欺上瞒下，玩弄权术，百姓就不会顺服。这不是老师以前和鲁哀公说的吗，干吗和我说？我实在不懂。”

子夏答：“老师这句话的含义实在太丰富了，舜治理天下时，在众人中将皋陶选拔出来，那些偏曲之徒就没有市场了；汤治理天下时，在众人中将伊尹选拔出来，那些偏曲之徒就没有市场了。”

其实，樊迟这次问孔老师的前面一句是仁，孔老师只答他两个字：“爱人。”这和樊迟第一次问仁的意思“爱护别人”也不一样，孔老师的意思也不难懂：孔门弟子，大多会出去做官，虽然官职有大小，但对官员的要求应该是一样的。除了勉励樊同学要努力以外，还要他学会爱人，并正确选拔人才，知人善任。

樊同学第三次问仁，子曰：“居处恭，执事敬，与人忠。虽之夷狄，不可弃也。”

态度庄重，做事认真，待人真诚。即便派你去偏远落后地区做官，这三条也不能少！

偏远落后地区，人少地薄，事情要少得多，即便如此，也要努力将这三条做好。宋代胡寅，是《论语》研究专家，写有《论语详说》。他研究出樊迟三次问仁的次序是这样的：这第三条为最先，《雍也第六》中的是第二次，仁者爱人是第三次。胡寅按境界高下分的顺序，但事实上谁也弄不清樊迟每次问仁的时间。

樊迟同学，智商不能与子贡他们比，但真诚，孔老师还是喜欢的。某次，他趁陪同孔老师在舞雩台下游览，又问了孔老师三个问题，分别涉及崇德、修慝（tè）、辨惑。孔老师立即表扬：“问得好。”第一个问题是问如何增进德行的，孔老师答：“努力做事，然后再想报酬。”第二个问题是问如何消除积怨的，孔老师答：“反省自己的过失，不去攻击别人的过错。”第三个问题是问如何辨别迷惑的，孔老师答:“不要乱发脾气,时刻惦念自己与父母的安危。”

孔老师赞赏樊迟三问, 是基于他问了关键性的关于人的修养的问题。他这三答,不是指出所有人提高修养的路径,但至少对樊迟是有针对性的。

舞雩台,也叫舞雩坛,它在曲阜城南沂河之北,原为鲁国祭天求雨的祭坛。它应该是一座高大的土台,孔子师生在台边言过志,也是他们常游赏的地方。

我去过曲阜的舞雩台,那儿有一个大的广场,青石栏杆围着舞雩台的残基,看介绍,台基东西长 120 米,南北长 125 米,残高 7 米。台四周柏树细枝高耸,台上还有不少桃杏杨柳等树。土台之内有两块高高的石碑,一题“舞雩坛”,一题“圣贤乐趣”,有游人在碑旁嘻哈照相。看着那两块石碑,我的思绪一下子又回到了书声琅琅的《论语》课堂,又见曾皙言志,又见樊迟问仁。

子曰:“君子成人之美,不成人之恶。小人反是。”

这应该是孔老师在课堂上常挂在嘴边的话,但不是他的原话。这是句春秋格言,早就被人们所熟悉,《谷梁隐公元传》曰:“春秋成人之美,不成人之恶。”

许多花前月下的故事,最后圆满,都会有一个成人之美的人物出现;或者,几者利益发生冲突时,也会有一个成人之美的甘愿牺牲者出现。

如若不成人之美,弄不好就是小人行径。

第七卷

子路第十三
宪问第十四

子路

近者悦
远者来

子路第十三

子路已经出现过多次，这次，他总算紧跟着《颜渊》，以专题形式出场。

依然是问政。孔子答："先之劳之。"

子路再问："老师多说几句吧。"子答："无倦。"

孔子回答了那么多人的问政，到了子路这里，只有八个字：带头做事，努力做事。"就这么简单？""老师再给些指点吧？"孔老师答："不要倦怠。"

领导人身体力行做表率，做一件事，做一天事，都简单，难的是长期保持。这依然是孔老师向季康子提请注意的上行下效问题。

> 吕元直作相，治堂吏绝严，一日有忤意者，遂批其颊。吏官品已高，惭于同列，乃叩头曰："故事，堂吏有罪，当送大理寺准法行遣，今乃如苍头受辱。某不足言，望相公存朝廷事体。"吕大怒曰："今天子巡幸海道，大臣皆著草履行泥泞中，此何等时，汝乃要存事体？待朝廷归东京了，还汝事体未迟在。"吏相顾称善而退。
>
> （陆游《老学庵笔记》卷二）

吕宰相确实厉害。没有多少官员敢打下属巴掌，除非那些暴戾之徒。但吕宰相打得有理有据，也给别的官员一个相当响亮的教训。

这个挨巴掌的官员，平时一定官僚主义，做什么事都只动嘴不动手，不肯做表率，当太平官、糊涂官。你看，连皇帝都亲自下到一线了，那些官位高的官员都不管身份，还保持勤劳的本色，他们都知道，如果江河湖海不治理好，很容易出问题的。

反过来看，这个官员，还真是保持本色，平时怎么做现在还怎么做。皇帝来了，我这个品级官员，只能在后面打打酱油，瞎起哄干吗？

从政倦怠这个话题，孔老师前面对子张已经说过了，用现在的话说，就是懒政，话题太大，不再展开。

子路继续问老师："假如卫国国君请您去主政的话，您准备先做什么？"

孔老师答："如果一定要我做的话，那就先正名分吧！"

子路显然不赞同老师的话："老师您真是迂腐，名分有什么好正的？"

孔老师立即拉下脸教训道："子路，你真是粗野！君子对于自己不懂的事，先不要乱说。"然后，孔老师一字一句说出他的观点，"名不正，则言不顺；言不顺，则事不成；事不成，则礼乐不兴；礼乐不兴，则刑罚不中；刑罚不中，则民无所措手足。"

子路确实鲁莽，孔老师其实每句话都是有所指的，他先要卫国正名分，是因为国君卫辄在位多年，其父蒯聩原来就是世子，却久久不得继位。孔老师认为，他们父子的名分皆有待纠正。这个背景，我们在子路之死中已经说过。

孔老师的观点，从词句看，是修辞上的顶真，连环推理，一环扣一环：从名分不正的弊端开始，一直推理到刑罚无济于事，百姓就会惶惶然不知所措。这是大问题，因此，君子定名，一定要让它说得出口；不仅说得出口，还要做得到。孔老师还再三告诫，君子对自己的言论，一定要慎之又慎。

子路或许是急了，竟然跟老师顶了嘴，其直率的性格溢于言表。孔门学堂中，和老师顶过嘴的学生极少，除了子路，还有那个大白天睡觉的宰予。

就卫国君位难题，王阳明设想了一个完整的情节链条，让事情圆满解决。

孔子的高尚品德，感动了卫辄，卫辄明白，不孝顺父亲就不能做一个真正的君子。他痛哭失声，将父亲接回来，蒯聩也被儿子的行为感动。蒯聩回国后，卫辄将国家大权交给父亲，并请求杀头谢罪。蒯聩已被儿子彻底感化，中间又有孔子真诚调停，他决定让儿子继续执政。卫辄于是公布自己的罪行，打报告给天子，并通告诸侯，一定要将国政还给父亲。蒯聩和大臣、百姓都赞赏卫辄的悔改，他也打报告给天子，并通告诸侯，一定要卫辄继续做国君。卫辄万般无奈，率领众大臣和全国百姓尊父亲为太上皇，使其过好晚年生活，然后自己重新做了国君。如此，国君、大臣、父亲、儿子，各守自己的本分，名正言顺，卫国大治。

孔老师所说的名，其实是指为政的指导思想，是大方向问题。

后人常常对这个“名”不断引申。比如“名分”。

明正德十六年（公元 1521 年）四月，武宗皇帝朱厚照死了，他无子，遗诏以父皇孝宗帝的亲弟兴献王之子朱厚熜承袭皇位。十五岁的朱厚熜就成了明朝的第十一位皇帝——嘉靖帝。对朱厚熜来说，这是一次大逆袭，但他还没来得及高兴，朝臣们就告知他，今后，他称其父亲兴献王只能称皇叔考，称母亲只能称皇叔母，而要尊故去的孝宗皇帝为皇考，尊当今太后为母后。嘉靖帝偏不信这个邪：父亲怎么可能成为皇叔！在著名的“闯宫哭谏”事件中，两百余位大臣来到左顺门外痛哭流涕，试图迫使嘉靖帝让步。但嘉靖帝下定决心抗争。他的应对方式相当简单粗暴。除年老体弱的,剩下的一百多位大臣全都廷杖，其中十六人当场毙命，群臣只得集体让步。一直到嘉靖二十四年,重修的太庙中,正式加入了嘉靖父亲兴献王的牌位,这场大礼仪之争才得以告终。名分之争,前后长达二十四年。嘉靖只是为父亲正名吗?其实不完全是,突然当了皇帝,在朝中毫无根基,他就是想通过为父正名来巩固他的皇权。

再将此引申至“名片”之“名”。

明朝沈德符《万历野获编》卷二十六有《私印嗤鄙》,写了各式各样招摇的名片,一些人为了这个名,想尽一切办法,为的就是一个名正言顺。

沈德符介绍名片,我哈哈谐解。

英宗朝,桂廷珪,做某锦衣卫指挥老师,他印的名片是“锦衣西席”。这就好比说我是韩信的老师一样。洗马江朝宗的女婿甘崇印的名片是“翰林东床”。这就好比说我是秦桧的女婿一样。松江徐文贞长孙孙元春做太常卿,他印的名片是“京朝三世肩舆”。这是向人夸耀:我们家三代都有小轿车坐。吴江给事李周策的大儿子,他的名片上印着“礼科都谏长公子印”。这等于说我是宣传部处级干部李某的大儿子。我(作者沈德符)家乡一秀才,他祖父曾经做过太守,他给我的名片是“二千石孙”。呵呵,这等于告诉别人:我爷爷是享受过太守俸禄的。某太学生,则更干脆,印的名片是“天子门生”。难道我不是天子门生吗?你敢说我不是吗?吴中一少年的名片上这样印着:江南第一风流才子。这几个字难道就唐伯虎可以印?

秦淮河畔的妓女,也有名片,有一妓这样印她的名片:“同平章风月事”。同平章事,至少三品,正部级啊!“不是吹的,凭我的姿色,凭我接待各位达官显贵的经历，我怎么着也有这样的江湖地位吧！”

也许只有皇帝不用名片，他就是天下第一，用不着印名片；如果国际交流，那也不用印，国玺一盖，就是名片。

现代寺庙，和尚也有名片：某某寺方丈(享受副处级待遇)。

现代小学生，也这样印着名片：某小学某班学习委员(享受正班级待遇)。

我相信，今后相当长一段时间，各种名片还会一直“骗”下去。

孔老师虽毫不留情地教训了子路，但对子路还是相当认可的。有一回，别人问孔老师如何办案，孔老师就说：“要听讼断案，我与普通人差不多，但我认为，最重要的是，一定要让人不来告状才好。”然后，孔老师顺带表扬了子路，“靠只言片语就能断案的，大概只有子路能做到吧。他只要答应人做事，就从来不拖延。”

孔老师是谦虚，不过，事实上，他当官时间不长，断案的机会自然也少，他的理想是，来告状的人越来越少才好，而不是断案有多高明。

子路断案又快又准，水平如此之高，让人有点儿意外。这需要经验的累积以及对法律相关条文的熟悉，唯此，断案才能又快又准。

宋慈任广东提点刑狱官，八个月时间就处理了两百多个积案，时人称其雪冤禁暴、治政清平。他的《洗冤集录》，是中国古代第一部伟大的法医著作，比西方同类著作早三百五十多年。

我们看“苍蝇集聚”的典型案例：

有检验被杀尸在路旁，始疑盗者杀之，及点检沿身衣物俱在，遍身镰刀斫伤十余处。检官曰：“盗只欲人死取财，今物在伤多，非冤仇而何！”遂屏左右，呼其妻问曰：“汝夫自来与甚人有冤仇最深？”应曰：“夫自来与人无冤仇，只近日有某甲来做债，不得，曾有克期之言。然非冤仇深者。”检官默识其居，遂多差人分头告示侧近居民：各家所有镰刀尽底将来，只今呈验。如有隐藏，必是杀人贼，当行根勘！俄而，居民赍到镰刀七八十张，令布列地上。时方盛暑，内镰刀一张，蝇子飞集。检官指此镰刀问：为谁者？忽有一人承当，乃是做债克期之人。就擒讯问，犹不伏。检官指刀令自看：众人镰刀无蝇子，今汝杀人，血腥气犹在，蝇子集聚，岂可隐耶？左右环视者失声叹服，而杀人者叩首服罪。

（宋慈《洗冤集录》卷二《疑难杂说下》）

借债人到期限来取钱，只是一条线索而已。宋慈利用间接判断法成功破了案。在科学不发达的古代，这种生物识别法还是相当管用的。但它也有很大的局限性，其中的因果极简单，有一果一因，也有一果多因。镰刀上的血，不一定就是人血；即便是人血，也不一定是与本案有关。故采用这种方法，冤案一样也会产生，它需要断案官员结合具体案情明鉴。

子路还有疑惑，他想起自己的学生身份：“老师，怎样做才可以称得上是一个读书人呢？”

孔老师像唱歌一样回答：“切切偲偲（sī），怡怡如也。朋友切切偲偲，兄弟怡怡。”

切切，态度诚恳周到；偲偲，相勉也；怡怡，和悦之貌。互相勉励切磋，彼此和睦愉快，就可以称自己为读书人了。具体来说，朋友之间，互相勉励切磋；兄弟之间，彼此和睦愉快。

好的读书人也不好做。历代文学作品中常有陈世美一类的负面形象出现。

袁枚《随园诗话》记载，苏州某屠夫家中有一副对联，上联是“仗义半从屠狗辈”，下联是“负心都是读书人”。或许，该屠夫之千金，被某读书人坑害过，以此为警示，也算雪耻。

这一回，樊迟受到了孔老师的呵斥，起因是他问的问题不对。

某天，樊迟问孔老师农耕之事，他以为老师什么都会，不想孔老师有点儿不高兴了："你这个问题还是请教老农吧，我不如他们有经验。"樊同学接着再问如何种菜，孔老师耐着性子继续说，"你这个问题还是请教菜农吧，我不如他们有经验。"

樊同学问不出什么，就走了。孔老师随后当着其他学生的面批评，口气相当严厉："樊迟真是有点儿混沌，不明事理，领导人好礼，百姓就会尊敬他们；领导人好义，百姓就会服从他们；领导人好信，百姓就会真情相待。为政做到这些，四方的百姓都会背着孩子来归顺，哪里还用自己学习种庄稼呢？"

孔老师如此观点，可能是出于这样的前提：

他未必不清楚樊迟问稼问圃其实也是问政，他也不是看不清种粮种菜的重要性，只是社会分工已经相当细化，什么人干什么工作，才会在自己的领域内成为专业人才，而孔门学堂是为国家培养各类政治人才的，耕作之类不在士的课程之内，学礼行仁治理好国家，这是比学农耕更重要的事。

说孔子看不起农耕，将此章与孟子的"劳心者治人，劳力者治于人"相串连，还贬低妇女，其实是将问题置于阶级的立场上，把问题复杂化了。人无完人，孔老师只能算是他那个时代的智者而已，有点儿小倾向也极其正常。

子曰："诵《诗》三百，授之以政，不达；使于四方，不能专对；虽多，亦奚以为？”

孔老师强调学习与实践的结合，且要活用，熟读《诗》三百，派他去做官，结果竟然做不好；派他去出使外国，竟然不能独当一面。这样的人，读书再多又有什么用呢？只不过是百无一用的书呆子罢了。

在孔老师看来，学好诗，简直就是公务员入门的首要必需的前提。

学不能致用的事例太多，举不胜举。古代科举的十万进士，都是久经科场考出来的，个中有多少是发挥出色的呢？比例不会太大，大多只是平常混官而已。也就是说，拿到了孔门学堂的毕业证书，不一定就是人才了，不然，三千弟子中，为什么只有七十二人可称贤者呢？这贤者，大约就是被实践证明了的能学以致用的好学生。

这是一道选择题：“在 240 人的名单中，选出你熟悉的。”结果，一堆名字里，一般人只认得 5 位：蒲松龄、罗贯中、曹雪芹、关汉卿、吴承恩。题目的答案是：“除这 5 人，其余 235 位都是历朝历代的头名状元。”

状元实在是稀罕物，从隋炀帝开考至 1905 年结束科举，一千三百年以来，有 10 万进士，但状元只有 507 位。

那众人为何不识状元，反而都知道蒲、罗、曹、关、吴五位呢？答案很简单，就是告诫人们，状元也不一定就是人才，状元只是表明考试考得好，发挥得好，而能不能成才，青史留不留名，那和是不是状元没有必然的关系。

这里没有全盘否定状元的意思，只是说，学以致用实在太难。

孔老师去卫国，冉有为他驾车。一进入卫国地界，人群熙熙攘攘，道路就变得拥挤起来，孔老师感叹："卫国的人口真多啊。"

冉有随即向老师请教："人多以后，一个管理者，接下来要做什么呢？"

孔老师一字一顿地答："让他们富起来。"

冉有继续请教："富起来以后呢？还应该做什么？"

孔老师想也不想答道："教育他们。"

先富口袋，再富脑袋。

不过，人们对教育问题始终存在困惑。对古代统治者来说，全民教育不可能实现，它只是少数人享有的专利，读书向来是一种奢侈的行为，即便是平民晋身，也只是极少数。统治者也不希望全民都进入知识系列，文化一普及，想法就多，不好管理。孔老师此处所讲的教育，应该是指让百姓都知书达礼，以便于管理。

某天，孔子和学生谈为政时，随手举例，说到了卫国的公子荆。

孔子这样表扬他：他颇懂居家，有房子住，他就说够住了、够住了。房子稍微装修一下，他就说装修得很好了、很好了。房子里各样东西一应俱全，他就说真是很完美了、很完美了！

孔子为什么称赞卫国的公子荆呢？他对物质要求低，物质条件刚达到一般标准时，他就表示很完美了，为的是不让外物累其心。这是一种良好的道德与修养，孔门学堂也大量需要这样的学生。

卫国的公子荆与颜回，不在一个层面，从修行的角度看，颜回是苦修，而公子荆还有一定的生活要求，他只是内心容易满足。而当一个人不为外物所羁，那么，他的内心一定强大无比。

某天，冉有下班回家的时间比平常晚了不少，孔老师就问："今天怎么这么晚下班呢？"

冉有答："有政务。"

孔老师自言自语，语气却不容置疑："那只是事务吧，如果是政务，我虽然退休在家，怎么会不知道呢？"

孔子似乎是在为政务正名。

彼时，大夫也有朝，清晨与家臣一起议事，议完了，再去上诸侯的朝。此时的冉有，正担任季氏的家臣。孔老师要让冉有清楚，政务与事务性质完全不一样，季氏家的事务，只是执行朝廷的政务而已，季氏那是乱政。

有趣的是，冉有都正式入职了，还住在孔家学堂的集体宿舍吗？

鲁定公问孔子："有没有一言而可以兴邦的呢？有这样的事吗？"

孔子答："话不可以说得这样武断，一定要归纳的话，有一句相近的话是这样的'为君难，为臣不易'，如果因此而知道做君子很难，不就是一句话能使国家兴盛了吗？"

鲁定公似乎同意孔子的观点，他接着问："有没有一言而丧邦的呢？有这样的事吗？"

孔子也以同样的语气回答鲁定公，并且强调那句相近的话："予无乐乎为君，唯其言而莫予违也(我做君主没什么快乐，除了我的话没人违背)。"你说的话不管是对还是不对，都没有人违背，这不就是一句话能使国家衰亡吗？

一言以兴邦，一言能丧邦，国家的兴亡，似乎没那么简单，如果将其归纳为一百个因素的话，当九十九个因素都具备时，还不会有质的变化，只有最后那个因素引爆了所有的因素，才会出现兴亡状态。

如果一定要简单总结，兴亡只有两个关键点：做国君难，所有的人都顺着你讲话。说到底，还是国君的问题。李世民经常被魏徵这面镜子照出原形，他有时愤怒地跺着脚说："我总要杀了这匹夫！”长孙皇后总是不失时机地劝慰：“现在还有几个人能当面顶撞你呀！”海刚峰让人抬着棺材去谏嘉靖皇帝，其实就是为了一句话：“再不收敛，国家就要毁在您手里了！”

两千五百年来，历代统治者，每当读到孔子这两句话时，都应该认真检点自己，如果能吓出一身冷汗来，那就有效果了。

孔子师生一行经过楚国，楚大夫叶(shè)公问了孔老师两个问题。

第一个是关于如何行政的，子曰：“近者悦，远者来。”

让近处(境内)的人高兴，使远处(境外)的人来归。

孔老师的话，往往有前提，这六个字的前提是：楚国强力扩张，内乱已显，国人怨声载道，外人都不愿意去那里做生意。

清代钱泳的笔记《履园丛话》卷二十一，有《笑柄·者者居》这样戏说孔老师的第一个问题答案：

我(作者钱泳)游历过的地方，不过七八个省，每每见到好的古碑、石刻、匾额、楹联之类，我都要随手记下来。

如酒店匾额叫“二两居”，楹联是“刘伶问道谁家好，李白回言此处高”。

河南水城、睢州一带，有酒店联“入座三杯醉者也，出门一拱歪之乎”。

山东济南府省城，有酒店叫“者者居”，我不懂。一日，在孙渊如观察席上谈及此条，有一当地人在座，他说这出自《论语》。我问《论语》哪一章。他答：“近者悦，远者来。”大家一听，都认为这个店名妙绝。

某朋友要开一家酒店，我就说了清朝那家“者者居”的店名，建议朋友不妨用一用，如若近处远处的人都跑到你酒店消费，生意一定好。朋友最终还是没采纳："陆老师，太文气了，不解释人家就不懂，现在没几个人读《论语》了。"

或许，叶公已经听出孔老师话的弦外之音。他接着问孔老师的第二个问题，涉及一条社会新闻，他想扳回一局说："我们楚国，治理得还是很不错的。我们乡里，有个人很正直，我们都叫他直躬。某天，他父亲偷了别人的一只羊，直躬就直接跑到有关部门去举报父亲。"

孔老师听后，提出了自己的意见，他认为："我们乡里正直的人与直躬的做法不同，父为子隐，子为父隐。正直就在他们的行动中了。"

这一章的主题是"直"，如何才是"直"？孔老师为什么强调"隐"？

"直"与父子之情相比，"直"是建立在父子关系之后的，没有父，哪有子？显然父子之情更重要。世界上不可能有丧失父子之亲的道德存在，事可从经，又可从权，两者相较，失"直"取"亲"是万不得已的选择。从这个层面说，隐恶就是扬善，也是直道，何况父为子隐，子为父隐。

然而，父亲偷羊怎么处理？作为儿子，首先应该是劝说父亲把羊还给人家，即便父亲固执，也自有法律法规出面，只是不能由直躬出面。大义灭亲，在孔老师这里似乎说不通，亲都没有了，还有什么大义？

现代法律，没有明确规定儿子能不能举报父亲（或者父亲举报儿子），即便父与子皆是具有特别身份的各类执法人员，但指明，只要是犯罪，公民都有义务阻止，更不能包庇罪犯。不过，影视剧中，涉及包庇罪的案件屡见不鲜。

子夏担任了莒父的县长，他来向老师问政。

子曰："无欲速，无见小利。欲速则不达，见小利则大事不成。"

做官总要想出成绩，只是，有的官员太着急，下车伊始，一通前呼后拥的调研，自以为抓住了关键，然后烈火熊熊，不用多想，大多是表面文章，弄不好还劳民伤财。

现代政府，特别强调一张蓝图绘到底，其中暗含的告诫也很明确：打好基础，循序渐进，一任一任接着干，慢慢来就是快！

由子夏的任职地莒，我想起了一个成语，勿忘在莒。

这是一场普通的宴会，主角乃齐桓公、鲍叔牙、管仲、甯（níng）戚。酒酣兴浓，齐桓公对鲍叔牙说："为什么不说几句好听的话助助兴呀？"鲍叔牙随即上前："主公呀，您不要忘记当年逃到莒国寄人篱下的日子；管仲呀，您也不要忘记绑在囚车上等死的时候；甯戚呀，您更不要忘记赶车喂牛的时光，千万记着自己的出身！"

鲍叔牙像吃了一串子的枪药，但齐桓公却出了一身冷汗，头脑顿时清醒不少："是呀是呀，我们不能花天酒地，我们君臣都要记住鲍叔牙的话，齐国才能振兴强大。"接下来，著名的成语诞生了：勿忘在莒。我们不要忘了在莒国的日子。

莒国的日子是什么样的日子呢？公子小白的脑海中，各种难受的场景立即如影子一样闪来。鲁庄公八年（公元前 686 年），齐公子小白因内乱而跑到莒国避祸，自然，还有追随他的鲍叔牙等人。虽生活不至于贫困，但那种寄人篱下的日子也不好受，细节不堪回首。

莒县在今天山东的日照，原是个历史悠久的小国。当时的莒国，国小却不弱，鲁国要和它结盟。我在莒县城西的浮来山上，看到那棵著名的长寿(近4000年)银杏树下有块碑,就是公元前715年莒鲁会盟碑,《左传》上明确记载着这件事。莒国不强大,鲍叔牙也不会带着公子小白跑去避难。在公元前431年被楚灭国前,东夷小国莒一直繁荣。

“莒地如此著名,子夏呀,你要好好干,努力做个好的父母官。”孔老师谆谆教导着正年富力强的子夏同学。

孔老师给那么多的官员与学生开了为政的方子。其实,他不仅会开口头方子,如果给他平台,他也有相当的自信,能在一定时间内出成绩。

子曰:苟有用我者,期(jī)月而已也,三年有成。

这不是吹牛,一年就可以初见成效,三年大见成效。

子曰:“善人教民七年,亦可以即戎矣。”

一个行善的人,在位七年,百姓就可以拿起武器上战场了。

子曰:“善人为邦百年,亦可以胜残去杀矣。诚哉是言也。”

一个行善的人,一百年行善下来,国家就不再会有残暴与杀戮了!孔老师赞赏这话说得真好,不过,一个人在位百年,显然不太可能,这只是个比喻:几代君主都要接着行善,才有可能保持社会的安定。

子曰:“如有王者,必世而后仁。”

如果有王者兴起,治理三十年后,一定可使仁道普及。

如何全面合理地治理一个国家,孔老师心中有一盘大棋,而棋局的核心就是他念念不忘的仁与礼。孔子做官时间虽不长,但成效有目共睹。

晋代裴启的笔记《裴子语林》中,太守拜访平民的一节特别有意思。

魏郡太守陈异，曾去拜访一个有思想的平民百姓尹方，寻求为政的方法。尹方什么话也没有说，只做了三个动作：披散着头发，用水洗盘子，抱着小儿出门。陈太守想了好半天，才悟出其中的道理：披散着头发，他是想让我管理老百姓，像清理头发那样小心谨慎，仔细梳理，爱护头发；洗盘子，就是想让我遵纪守法，清廉如水；抱着小儿，是想让我爱护老百姓，像爱自己的孩子那样。

本篇中，孔老师还有对学生的不少教诲：

比如，君子和而不同，小人同而不和；

比如，君子泰而不骄，小人骄而不泰；

比如，不得中行而与之，必也狂狷乎！狂者进取，狷者有所不为也。

前两句依然是将君子与小人对比，《论语》课堂上，常有这样简洁的对比。第一组，是就差异协调与强求一致进行对比；第二组，是就宽容与高傲的神态进行对比。不比不知道，一比都明了。

第三句，中行、狂、狷，是三种不同品行的人。“中行”是执守中道不偏不倚的人，“狂”是志高而行不掩的人，“狷”则是清高自持的人。孔老师的观点是，交朋友，如果找不到中行的人交往，那一定要找到志向高远或者洁身自好的人交往。志向高远的人是进取的，洁身自好，则很多事情就不会去做了。

交友之道，也是极重要的，且不说孔门学堂中学生之间交友，学生走向社会后更要交友。孔老师倡导的三种朋友，都是能帮助自身提高的益友。我们在后面讲《季氏第十六》中，会就孔老师的交友之道“三益三损”展开讨论，这里不再叙述。

憲問

老而不死

是為賊

宪问第十四

宪叫原宪，也叫原思，就是年轻时在孔老师家做总管不肯接受九百斗小米年薪的那位学生。某一天，他问孔老师："什么是耻辱？"

孔老师答："邦有道，榖；邦无道，榖，耻也。"

榖，通"谷"，这里指俸禄：国家有道时，应该出来做官（领取俸禄）；国家无道而领取俸禄，就是耻辱。

其实，孔老师在《泰伯》中也说过这个耻："邦有道，贫且贱焉，耻也；邦无道，富且贵焉，耻也。"他说这话的前提是，国家有道，就要出来做事；没有道，就隐起来。国家有道，君子应该有作为，而此时的贫且贱就是耻辱；国家无道，小人当政，此时富且贵就是耻辱了。

原宪接着问仁："好胜、自矜、怨恨、贪婪，这四种毛病都没有的人，可以称得上仁吗？"

孔老师答："这好难呀，不过，这是否算行仁？我也不能确定。"

唐太和九年（公元835年），年轻的唐文宗不甘为宦官控制，与大臣密谋，铲除宦官夺回皇权，以观甘露之名，诛杀仇士良等宦官。不想事破，双方激烈战斗，最终宦官胜利，一千多名官员被杀，史称"甘露之变"。此起事件后，朝廷的军政大权，君主的废立、生杀，都掌握在宦官手中，天下事皆决于北司，宰相只是行文书而已。宦官胁迫天子，下视宰相，凌暴朝士如草芥。

彼时，中书省、门下省官员入朝都要与家人辞别，朝不保夕。唐文宗更受到宦官欺凌。一次，皇帝问当值学士周墀："朕可方前代何主？"周墀答："陛下尧、舜之主也。"文宗叹道："朕岂敢比尧舜，何如周赧、汉献耳！"周墀答："彼亡国之主，岂可比圣德？"文宗答："赧、献受制于强诸侯，今朕受制于家奴，以此言之，朕殆不如！"因泣下沾襟，墀伏地流涕，自是不复视朝。

唐文宗受制于宦官，他的耻辱，唐朝的创立者们无论如何也想不到，但邦无道，是一夜之间造成的吗？显然不是，"安史之乱"只是导火索而已。皇帝可怜吗？一点也不值得同情，谁让他将生死大权交给那些太监的。

子曰："士而怀居，不足以为士矣。"

还是蛮喜欢"怀居"这个词的，我将其理解成安逸的生活，但为什么过上安逸的生活，就不是读书人了呢？还有这样一种解释：担心居住条件的好坏。显然，这是过度留恋生活了，读书人的主要职责乃励志修行，为国家与人民做贡献，而居所，就只是一个居所罢了。

侄女婿南宫适来了，他也是孔老师的学生，他有不明白的地方，想请教一下：后羿擅长射箭，寒奡(ào)擅长水战，但他们最后都未能善终。大禹与后稷都亲自参加农耕，他们最后却得到了天下。孔老师听了后，没有回答，南宫适过了会儿就退出老师的房间。等南宫适走后，孔老师在其他学生面前赞扬道："南宫这个人，真是个君子啊！这个人，真是有高尚的德行啊！"

南宫适问的问题，其实答案不言自明。勇力型的人，能立奇功，射太阳，免万民于焦烤，这是多大的功劳啊，但不善终，就是没有久远。而后者恰恰相反，他们靠什么？德治。而南宫同学能提出这样的问题，他自己便是如此行事之人，故深得孔老师赏识。这样的人，将侄女嫁给他，放心！

子曰："爱之，能勿劳乎？忠焉，能勿诲乎？"

我觉得，孔老师这句话，完全可以用来当作今天我们教育孩子的格言：爱护一个人，能不教他勤劳吃苦吗？爱护一个人，能不教他走上正道吗？

朋友L君，原是某媒体老总，近年来忽然写起了小说，一发而不可收。他的《小别离》《小舍得》《小欢喜》《小痛爱》系列，聚焦低龄留学潮、教育生态、教育公平、爱的教育等话题，全是教育，他是在用另一种形式，苦口婆心地告诫家长与社会，如何认识目前的教育现状，如何走出深深的培养焦虑。是的，孩子的教育出了问题，则全家不得安宁，这个"全家"范围颇广，爷爷奶奶、外公外婆，甚至更多的人，都会挠头焦急。

孔老师的话，其实放之四海而皆准；孩子的教育问题，是世界性的大话题。

子曰："贫而无怨难，富而无骄易。"

又是至理名言。贫穷不抱怨，很难做到；而富裕不骄傲，则相对比较容易做到。

贫贱夫妇百事哀。哀什么？还是日常的油盐酱醋。

日子是拿来过的，任何新鲜感与激情，回归平常后，都要淡化于一粥一饭这样的细节中。锦绣衣裘、富丽大屋，虽不是人人羡慕，但总要好过粗布陋室。卓文君为了爱情而私奔，最后还是日子难过回到了家乡。父亲的宽大怀抱，能让他身体温暖，财富散发出熠熠金光，使平常的日子阳光灿烂。

富裕的生活条件让他警醒，省着点，坐吃山空，富不过三代，能听进去的人应该不少,迟花早花省着花,不都是你自己花吗? 不着急。

孔老师一般都是答人家的问题,很少问人,这一回,他向卫国的公明贾问了卫国大夫公叔拔的事情:“公叔先生平时不太爱说话,不苟言笑,也不拿取财物,这是真的吗?”

公孙贾答:“老师呀,这说得有点儿过分了,公叔拔也会说,也会笑,也会取,只是,他是时机到了才说,有该乐的事才笑,财物该拿时才拿。

孔老师继续问:“真的吗? 公叔拔他真有那么好吗?”

公明贾是什么人? 有人说他是公叔拔的门客,但他回答孔老师的话,还是将公叔拔的形象刻画了出来,用一个“慎”字就可以概括他的为人。公叔拔真的是一个道德君子。

本章还记载了一件事:公叔拔推荐他的家臣升任朝廷大夫,一起为国家服务。孔子得知此事后,大加赞誉:“他有这样宽广的胸怀,死后真可以谥为‘文’了。”

公叔拔,又叫公叔文子。

唐代张鷟的笔记《朝野佥载》卷三记载,一位清廉的母亲用“慎”帮儿子成就了名声。某天,皇家仓库派人将监察御史李畬的禄米送到他家,李母亲自计量,发现多了三石。她就问原因:“为什么会多出三石呢?”

送米小吏答:“送到其他御史家的米,也是这样的。”

李母又问:“送米来的车钱要多少?”

小吏又答:“送其他御史家的车,也不要钱的。”

李母一听,大怒,立即让小吏将剩米及车钱带回,并且责问儿子。李畬核查了此事,追究了仓库相关管理人员的责任。其他御史听说李母退回剩米并付了车钱,都很惭愧。

齐国的陈成子弑君，孔子先沐浴，然后奔往鲁国朝廷，向鲁哀公请求："齐国的陈恒弑君，我们赶紧发兵去讨伐吧！"

鲁哀公嫌孔子多管闲事，有点儿无可奈何地推辞道："你去向那三位大夫报告吧。"

孔子退下，自言自语：我因为做过大夫，所以有了大事才来向君主报告，可他却要我向三卿报告。孔子于是去向三位大夫一一报告，这三位都没有同意，孔子又自言自语：我因为做过大夫，所以不得不向你们报告呀！

这一年，是鲁哀公十四年，孔子已经七十一岁了。

孔子应该清楚鲁国当时的状况：国君无能，大权旁落，三家大夫又是只顾自己的私利，且齐强鲁弱。但他出于一种责任——曾经做过大夫，遇大事不能沉默，要站出来说话。而且，彼时尚为周的天下，周朝规定，一国有叛逆，各国均可以出兵声讨。

这一章，如果改成记叙，则年老孔子的形象栩栩如生，高一脚、低一脚，深一脚，浅一脚，拖着蹒跚的步履，到处碰壁，不断摇头叹息，最后从心底发出一声沉闷的长叹："弑君的事，就没人管了吗？"沧桑喑哑，天暗云低。

子曰："古之学者为己，今之学者为人。"

一答："古人为自己做学问，今人为别人做学问。"

二答：古代学者认真修养自己，当今学者一心想要炫耀。

三答：古代学者是为了改进自己，当今学者是为了教训别人。

无论哪一种解释，古代的学者都是从修养自身开始的，强调内功，不断增强自己的修为，从而更好地为国家与社会服务，当今学者恰恰相反。

有趣的是“当今”。此“今”，是孔老师那个时代的“今”。两千五百多年过去了，此“今”又成了今日之“今”，还是贴切，简直非常贴切。当然，“今”只是时间概念，并不指“今”之全体学者，它只是少数，少数中的少数。

卫国大夫蘧(qú)伯玉，孔子的好朋友，某天，他派使者来问候孔子。使者来了，孔子请使者坐下聊天，并致以日常问候：“伯玉先生还好吗？近来都做了些什么呢？”使者答：“伯玉先生想努力减少过错却没办法做到。”使者离开后，孔子对人称赞：“好使者，好使者。”

孔子在卫国时，常居住在蘧伯玉家，返回鲁国后，蘧伯玉又派使者来看望孔子，这种友谊是深厚的，但孔子为什么要赞美使者呢？

一定是因为使者见孔子的所有细节以及他答孔子的话。通过细节可以想象，这是一位有礼有节的使者，他的举止合孔子的规范。关键还在于使者的答话，细品此句，系从道德层面回答。使者其实可以向孔子汇报蘧伯玉先生其他许多事情的，为什么只说这一句，或者先说这一句呢？他知道，孔子重视道德，而蘧伯玉先生也非常注重道德自律，因此才有了孔子的赞赏。

蘧伯玉，未闻其声，如见其人。

想起了另一位唐朝的伯玉，有性格的陈子昂。

陈子昂，字伯玉，十七八岁还是个不知读书的豪侠子弟，后发愤苦读，博览群书，没几年便很有学问了。陈伯玉四十一岁就冤死狱中，留下的作品也只有一百来首，但好多作品都浸入人们的脑海。他第二次落第后，将价值百万的琴当众砸破；摔琴营销，大名一天之内传遍京城，这举动和他的《登幽州台歌》一样，都是“前不见古人，后不见来者”，万古长传。

子贡方人。子曰：“赐也贤乎哉？夫我则不暇。”

关键词“方”。

一解：谤。子贡经常评价别人的好与不好。

二解：比。子贡喜欢拿自己与别人比较。

孔老师什么态度呢？他的话很委婉，但有批评的意味：“你已经很杰出了吗？或者，你真的比他们好吗？要是我，就没这么空闲！”

朱熹这样评注：“比方人物而较其长短，虽亦穷理之事，然专务为此，则心驰于外，而所以自治者疏矣。故褒之而疑其辞，复自贬以深抑之。”总喜欢评价别人，不是一件好事。孔老师态度虽轻松，却也暗含批评。

“静坐常思己过，闲谈莫论人非。”

这只是佛门教人的理想，现实往往颠倒过来。

静下来就思己对，思己好，自己这么对、这么好，领导为什么看不见？

闲谈就论人非，张三小人，李四也小人，王五更小人，除了亲朋好友之外，他眼里就没什么好人，可以断定的是，哪个亲朋好友得罪他了，也会变成小人的。

喜欢“方”人的，一般都是吃得空，闲的；埋头做事，要“方”也只能“方”他所热爱或钟情的事业。

孔老师某天教了我们一种识人的诀窍：不去先想别人可能对我的欺诈，也不臆测别人可能对我的不信，但是，万一别人对我使诈或者不信，我也能事先察觉。这样的人，真是杰出人才啊。

如此，一般人做不到，杰出人才做到了，他有起码的前提：防人之心不可无。理论上，除了父母，所有的人都不是和你同一条心的，至亲好友反目成仇屡见不鲜，那么，你平时就得多留个心眼儿；一个心眼儿肯定不够，必须几个心眼儿以上才能保护自己，对方一有异常，就可以清晰察觉苗头。

只是，要做这样的杰出人才，实在是太累太累了，每时每刻都要防范暗箭，而你一个在明处的大活靶子，却又不知哪支暗箭何时朝你射出。

子曰："骥不称其力，称其德也。"

骥，良马，据说能日行千里，又称千里马。关于对千里马的认识，显然，这里加进了孔子的道德观：千里马之所以称千里马，不是赞美它跑得有多快、多远，而是赞美它的风格。

千里马应该具有什么样的风格？擅用长力，奔跑千里。

孔老师是在比喻，是在说人。人有才而无德，不是理想中的贤者，似乎贴切。

我说似乎贴切，是因为也是有异议的。这个比方用在人身上好，用在马身上不妥。马只要跑得快、跑得远、跑得久就是好马，但它未必有德，所谓德，是人强加的。总不能说一匹跑不快的马是好马，而跑得快的马因为脾气暴躁等原因就不是好马。

有人问孔老师："以德报怨，何如？"

子曰："何以报德？以直报怨，以德报德。"

以怨报怨，以德报德，孔老师肯定不赞成前一句。除以德报德外，孔老师提倡"直报"，真诚而正直。直者直道，公平无私，不因个人原因将怨无限扩大或肆意抹小，该怎样就怎样。

别人对我不好，我也要对他好。老子的"大小多少，报怨以德"，与《圣经》上说的"有人打你右脸，你把左脸送给他打"，是同一种处理方法，这需要高境界，因为他们不赞成怨者的行为本身。但怨者却不是坏人，是可以迁善改过的，他们这么做，就是期待怨者改过自新。

恩将仇报，是以怨报德，是对以德报德的颠覆，不过，报仇者往往有他们自己的歪理，在他们看来，他们只是以怨报怨而已。

以怨报怨，一报还一报，无穷无尽，甚至代代相传报世仇，这几乎是所有武侠小说的传统套路，中外皆然，不然，大仇不报，正义何以伸张？

弱肉强食，演化出无数残忍的故事，因为强弱之势会随着时间的流逝而改变，于是，杀戮永远不会停止。铁木真所在的尼伦部与塔塔尔部有世仇，铁木真的父亲也速该被塔塔尔人毒杀，家破人亡，强大后的铁木真自然要报仇。当铁木真彻底将塔塔尔部打败后，当时高过车轮的塔塔尔人全部被就地杀死，女人则全部沦为尼伦部的奴隶。

以德报怨，以直报怨，德与直，都需要一颗宽大而仁慈的心。

待人如此，看自然与社会也应该如此。万物生长，美好无双，狂风暴雨等等天灾，如同各类毒虫奸佞，皆是大地生长运行之必需，风雨过后总会晴阳如初，坏人总要得报，不是不报，只是时候未到。

孔老师一直践行自己的德报观点，不过，他还是时有感喟。有一天，他这样长长叹息一声："没有人了解我啊！"

子贡就问了："为什么没有人了解老师呢？"意思是他就很了解老师。

叹息完，孔老师瞬间释然："不怨天，不尤人，下学而上达，知我者其天乎？"

尽管没人了解我，但我不去怨恨天，不去责怪人，我广泛持久地学习,领悟深刻道理,天应该是了解我的。

孔老师这个矛盾式感叹,我将其看作圣人的不足之处。我不理解的是,没有人了解他,他为什么要这么在乎?他自己都多次说过,不要担心别人不了解你;别人不了解你,不是你的损失,而是别人的遗憾。

然而,他还是感叹了,有点儿怀才不遇的小伤感。

于是,我将其说话的场合,放在他周游列国回来之后,外面跑了十几年,不断为自己的政治主张游说,也没有几个人听他叨叨的。在某个自我评价的时机,他将自己的真实想法和盘托出。那么,这样的感叹,还是一种出于志向难达的牢骚。他有正常的七情六欲,偶尔发一下牢骚,这是身体机能的合理发泄。

怨天尤人,天不会理解你,别人也不会可怜你。很多人埋怨与责怪的对象错了,应该如孔老师那样下学上达,不怨天,不尤人,就没有人能打倒你。

某天晚上,子路在鲁国城外的石门住宿,清晨进城,守门人问:"从哪里来?"子路答:"从孔家来。"守门人讪笑着再问:"就是那个知道行不通还一定要去做的人吗?"

知其不可为而为之,连守门人都知道孔子是怎么样的一个人。儒家的政治主张,从守门人的嘴里说出来,似乎是家喻户晓了。

知其不可而不为,道家常这样教他们的信徒。

知其可为而不为,我不知道什么家,但一般的懒人就这样:"反正有明日,这个事明天再说吧。"到了明天,还这样说:"反正有明日。"懒人在公家岗位,就是懒政,必须要办的事,他会告诉你最后的时间,无法再拖下去的时间。你告状了也没用,一切都合乎程序,领导也拿他没办法。当一天和尚撞一天钟,其实是尽职的表现,懒人连钟都懒得撞。

孔子在卫国居住时，某天，他正在击磬，有个担着草筐的人从门前走过，站着听了一会儿说："有心思呢，这个磬声里有深意。"担筐人站着又听了一会儿说："真是浅陋呀，像石头一样顽固，没人知道你，就守着自己算了。水浅时，提起衣襟过河；水深时，就从桥上过嘛。"孔子听后答道："真要如此，天下就没有什么难事了。"

谁说没人了解孔子？还是有人了解他的嘛，这人从磬声里听出了孔子的志向，高手；但从他后面补充的话来看，可以说，他与孔子不是一路人，或许，担筐人与那个守门人一样，都以道家的思想统摄自己的行为方式。在他们眼中，孔子师徒都是不知变通的一根筋的傻子。而孔子的回答，表明他依然执着地守持他自己的理想，明知不可为而努力为之。

磬为中国古代最古老的乐器，也是重要礼器。孔子精通音律，琴与磬均擅长。他用琴与磬表达志向，每每弹琴敲磬时都不由自主。

磬一直被用来言志。

白居易《华原磬》诗，诗前有序这样写道：

> 天宝中，始废泗滨磬，用华原石代之。询诸磬人，则曰："故老云：'泗滨磬下调不能和，得华原石考之乃和，由是不改。'"

全诗借华原磬比喻说事，读来意思还是很通俗的：

> 华原磬，华原磬，古人不听今人听。泗滨石，泗滨石，今人不击古人击。今人古人何不同？用之舍之由乐工。乐工虽在耳如壁，不分清浊即为聋。梨园弟子调律吕，知有新声不如古。古

称浮磬出泗滨，立辨致死声感人。宫悬一听华原石，君心遂忘封疆臣。果然胡寇从燕起，武臣少肯封疆死。始知乐与时政通，岂听铿锵而已矣。磬襄入海去不归，长安市儿为乐师。华原磬与泗滨石。清浊两声谁得知？

磬这个重要礼器，至唐代时，太宗皇帝每日上朝都要"击磬问政"。天宝年间，因为乐工的无知，原来的泗滨磬被改成了华原磬，结果使得李隆基沉迷于杨贵妃的温柔乡中而不能自拔，安史之乱不可避免。显然，白诗全篇的基调都是讽刺。真的是华原石制造的磬造成的吗？肯定不是，只不过借此由头讽刺罢了。

不知道孔子敲击的磬是不是泗水之滨生产的，但泗滨浮磬古代就是帝王磬，历代如有泗滨浮磬出土都被视为吉兆。泗滨在哪里？有人认为就是"灵璧磬石"，所在地灵璧那里还有"磬石山"，苏东坡曾数次访灵璧。

我去孔庙，先要经过接连排着的六座牌坊，第一座就是"金声玉振坊"。这来自孟子对孔子的赞扬。孟子在《万章篇下》中这样写道："孔子，圣之时者也。孔子之谓集大成者。集大成者，金声而玉振之也。金声也者，始条理也；玉振之也者，终条理也。始条理者，智之事也；终条理者，圣之事也。"孔子称得上是圣人中的集大成者。所谓集大成，就好比金钟玉振之声悦耳宏阔。金钟，旋律的开始；玉磬，旋律的结束。金钟声是智慧的体现；玉磬声是圣明的体现。善始善终，以智开启，以圣总结，堪称完美。

奏黄钟，歌大吕，舞云门，以祀天神。乐人们敲出响亮的磬声，舞蹈队翩翩舞起云门舞，庄严的周天子祭祀就要开场了。

孔子的老朋友原壤出场。

原壤尊崇老子，他处处学老子：母亲去世，他不悲痛，反而唱歌。平时，他几乎不遵守孔子他们的礼仪，自由放任。此刻，原壤就坐在地上，但坐相显然不雅。他伸开两腿，在等孔子。他知道今天孔子要来看他。孔子远远就看见原壤叉着腿坐在地上，就有心要调侃他一下。走近后，孔子这么说原壤：“幼而不孙弟，长而无述焉；老而不死，是为贼。”孔子讲完后，见原壤坐在地上的两条腿伸得很长，就笑着用拐杖咚咚咚敲了敲他的小腿。

年少时做人不谦逊，和兄弟也不友爱，长大了，可以说你一点好的地方都没有；现今老了，还在人世间偷生，你这种人，真是社会的祸害。

“老而不死是为贼。”这前后是因果关系，因为年少时的不检点，违背了做人的道理，不客气地说，你老早就可以死了。

“道不同，不相为谋。”孔子如此奚落老朋友，却没有原壤的反应记录。或许，原壤听了立即跳起来反击；或许，原壤依旧嬉皮笑脸地自嘲。

“贼”字的确很“贼”，词性多样，词义复杂，名词、动词、副词、形容词，词性不同，意义不同。“老而不死是为贼”中的“贼”，应该是名词“祸害”比较妥帖：不是老人变坏了，而是原壤变老了。

阙党的一个少年来传递信息。

有人谈论起这个少年，就问孔老师：“彼少年是肯求上进的人吗？”

孔老师答：“我看他坐在大人的位置上，又见他跟大人并行，一点儿谦让的样子都没有，恐怕不是求上进，而是想速成吧。”

现在，可以稍微概括一下孔老师痛恨的事和人了：

1.如上，老而不死是为贼；

2.如上，想走捷径速成的少年；

3.乱评论的人；

4.讨厌郑国的音乐；

5.厌恶巧言令色者；

6.难养之小人与女子。

那位少年走捷径速成，急功近利，往往基础不牢，地动山摇。孔老师一针见血，少年一定是受社会上少数人的影响。这样的人其实聪明，他们目标明确，对少年来说，那些必经的过程太麻烦，完全可以直接跳过。

第八卷

卫灵公第十五

季氏第十六

衛靈公

過是狡黠而

凶惡的毒獸

卫灵公第十五

先“插播”一个好玩的段子。

南宋洪迈在《夷坚三志》己卷五《卫灵公本》中讲了一个妙趣横生的笑话。

某休息日，范元卿和他的一位太学同学去杭州孤山的竹阁游玩。有个小商贩在兜售各种首饰，范说想买一件，商贩说要三千钱。

范用《论语》中的篇次和那位同学作隐语说：“给他《颜渊》如何？”

那位同学答：“不行，只能给《乡党》。”

商贩嬉笑着不说话就走出去了。

范追上去问：“你怎么走了呀，我还没有跟你还价呢！”

商贩答：“听你们讲的价钱，我这东西没法卖。我要《卫灵公》才卖。”

这两个读书人听后，惭愧极了，不再与商贩说话。范回来后对别人说：“当时，要是那座竹阁的地板上有条缝可钻，我真想钻进去遮遮脸面！原来，那商贩乃市井无赖之徒，经常偷听读书人谈论的话题，所以范和他的太学同学反而遭到了他的讥笑。”

两个读书人以为，儒家的经典，他们从小就读，烂熟于心，用来做隐语，一般的商贩，都不怎么识字，肯定不知道，没想到如此卖弄反倒吃了哑巴亏。

卫灵公来了。

在后人眼中,卫灵公其实不值那么多钱,他的智商实在有点儿问题。

他居然来向孔子询问有关排兵布阵的方法。孔子两手一摊,摇摇头答:“礼仪方面的事,我是有些了解的。军队打仗的事,我没有学习过。”第二天,孔子带着学生就离开了卫国。

孔子面对那样的场景,有些哭笑不得:这个卫灵公,其实不差呀,以前对他评价挺高,而现在,他居然这样问,到底什么意思呢?卫灵公脾气暴躁,六岁继位,在位长达四十二年,这靠的是什么?原来,他看人还挺准,用人恰当,政事有人给他撑着。在前一篇《宪问第十四》中,季康子就问过孔子,这样一个浑蛋,为什么不败亡呢?孔子答:“他有仲叔圉负责外交,祝鮀掌管祭祀,王孙贾统领军队,这三个人各有专长。”卫灵公的形象,就这么轻易被季康子毁了,难怪后来人对卫灵公都没有好印象。

卫灵公自然知道孔子的价值,孔子初到卫国时,已接近花甲之年,卫灵公给了他极高的待遇——“奉粟六万”,但一直没有任用他。孔子与卫灵公的这次对话大约就发生在这个时候。卫灵公这么问,孔子第二天就决定离开,问法不对,话不投机,况且,孔子历来反对战争。

孔老师一行,一路在列国奔波。在陈国,他们一住就是三年,准备往蔡国前,被困,且断了粮,跟随孔子的人也病倒不少,连床也起不了。子路很不高兴地问老师:“君子也有走投无路的时候吗?”孔老师答:“君子固穷,小人穷斯滥矣。”

如何对待穷困,君子与小人的态度应该不一样。君子穷了,他还是会坚守原则;小人一穷,就会胡作非为。孔老师显然在安慰子路:眼前的困难是暂时的,克服一下就过去了,不要如此满腹牢骚嘛,你们千万不要有什么过激行为。

这确实需要操守。

打车时，我常有意识和司机聊天。这些司机，大部分来自外地，我会问他们对本城的感觉，问他们如何在这座城市打拼生存，问他们如何看本城的高房价，问他们对某个突发案件的看法，因为案件主角真有不少非本地籍。比较欣慰的是，大部分司机都这样回答我：这里还是有很多机会的，只要你努力，肯吃苦，困难都是暂时的，那些偷盗者，多为好吃懒做，想赚快钱。

我每天走运河，路旁公厕边有一小房间，住着一对环卫工夫妇，常见小桌子上几个菜、一瓶酒，两人对酌。问他们收入，两人说有六七千块钱，工资每月都有保障，还有不少废品可回收，累是累点儿，但比老家强多了。

孔老师如何自我评价？某天，他反问了子贡一个问题："赐呀，你以为老师我就是一个广泛学习并记住各种知识的人吗？"

子贡答："对呀，老师难道不是这样的人吗？"

孔子摇摇头："非也，予一以贯之。"

广泛学习的人，记住各种知识，那只能是一个博学者，这样的人，一般的教授都可以做到。在外人眼里，孔子的确是个博学者，但这只是孔子的表面，包括子贡这么聪明的学生在内，都没有完全了解孔子：我是用一个中心思想来贯穿所有的知识。这个串起中心思想的，就是孔子念念不忘的"仁"。

孔子还特别强调："志士仁人，无求生以害仁，有杀身以成仁。"

那些志士仁人，没有贪生怕死而背弃人生理想的，他们宁愿牺牲生命来成全人生理想。仁，值得用生命去捍卫。梳理一下几千年的历史，那些能够称得上志士仁人的，为了理想，基本都抛头颅洒热血，可歌可泣。文天祥《衣带赞》这样表达他的志气："孔曰成仁，孟曰取义,唯其义尽,所以仁至。读圣贤书,所为何事?而今而后,庶几无愧!”

子贡索性问仁。

子曰:“工欲善其事,必先利其器。居是邦也,事其大夫之贤者,友其士之仁者。”

孔老师其实答非所问,他并没有讲什么是仁,而是讲达到仁的方法。当你居住在这个国家的时候,一定要在此国贤能者手下做事,并且与贤能者交往做朋友。个中道理,都体现在“工欲善其事,必先利其器”中。

要砍倒一棵大树,一定要将斧头先磨锋利了,这是普通道理。

要成就一件大事,必须充分做好各项准备,这是普通道理的延伸。

要想管理好一个国家,必须任用好大量的各类人才,这还是普通道理的延伸。

工以利器为用,人以贤友为用。延伸与类比,清楚明白。

子贡继续问:“有一言而可以终身行之者乎?”

子曰:“其恕乎!己所不欲,勿施于人。”

学生总想找捷径,有没有可以让人奉行终身的一个字呢?孔老师很快答道:“有啊,这就是‘恕’字。”“恕”的一大特点,就是设身处地替别人着想,于是,《论语》中的第一格言诞生了:自己不想要,就不要加在别人身上。这个话题,我们在讲《里仁第四》《颜渊第十二》时已经两次涉及,不再细述。

颜渊来问如何管理国家了。

孔老师这样回答他:“用夏朝的历法,坐商朝的车子,戴周朝的礼帽，听舜时及周武王时的音乐。郑国的曲子要舍弃，只会讲好话的小人要远离。郑曲是靡靡之音，小人会给人带来危险。”

不去说孔老师的为政思想，捡有趣的芝麻说一下。

夏王历简称夏历，又称农历，主要为农业生产服务，它以月亮为起始循环，所以还称阴历，中国人今天仍在用。

商朝的车子，实用简朴，是比较合适的交通工具。车子从夏朝开始，到商代，技术已经相当成熟。两千六百多年前轮扁与齐桓公说斫轮的故事，至少从一个侧面表明，车轮作为一辆车的重要部件，那时它的制作已经极为考究。

轮扁向齐桓公叹息，他年纪大了，他的儿子们做不出高水平的轮子。轮扁的叹息和担忧，也许来自轮扁的父亲，或者父亲的父亲，他们知道，即便用精准的度量衡，也难以斫出一个心目中的好轮子。只有经历一次次失败，一点点积累，才有可能达到比较完美的境地。好精致的轮子呀，光看看轮子就喜欢。孔老师自然不知道庄子说的轮扁，但他爱坐商朝的车子。

周朝的冠服制度对后世的影响最大。上衣下裳已经明确，男子束发盘顶的发型已固定，冠帽类型也多种多样：鹊尾冠、尚冠、长冠、筒冠、通天冠，还有头巾，五花八门。吴道子的孔子像，头上扎着布巾。明人也画有孔子做司寇的像，那是两层非常考究的官帽，红色冠带，帽檐双层。日本阿部正伦 1800 年秋画的《孔子画像》，头巾像极了一朵盘云。

子曰：“人无远虑，必有近忧。”

远虑与近忧，有远虑、无近忧，无远忧、有近忧，相反相成，互为因果，而且是很快会兑现的那种。

比如经济与环境，经济上去了，环境破坏了，一条淮河花数百亿整治，一个滇池需几十年恢复。思考的方式不对，青山绿水那时被看作穷山恶水。

比如人口政策，没有充分远虑，只生一个好，人口绝对数字下来了，但一代以后，人口活力没有了，这就是近忧，赶紧补救，提倡生两个，奖励生三个。

我断定，孔子的感叹，彼时灵验，现在灵验，将来还会灵验，只是程度与表现的方式不一样而已。

接下来，就仁德、治国、修身等等方面，孔老师发出了一系列的呼唤。

子曰："已矣乎！吾未见好德如好色者也。"

子曰："责备自己多而责备别人少，就可以远离怨恨了。"

子曰："君子求诸己，小人求诸人。"

子曰："君子矜而不争，群而不党。"

子曰："君子不以言举人，不以人废言。"

子曰："吾尝终日不食，终夜不寝，以思，无益，不如学也。"

子曰："有教无类。"

子曰："君子贞而不谅。"

子曰："道不同，不相为谋。"

子曰："辞达而已矣。"

孔老师对一些现象也讨厌得很："群居终日，言不及义，好行小慧，难矣哉！"

唉，叫我说你们什么好呢？你们这些人，为什么要整天待在一起，说些无关道义的话，还卖弄一些小聪明呢？

宋人朱彧的笔记《萍洲可谈》卷三中王安石弟弟王安礼过生日

当场拆画的难堪场景，惹人发噱：

> 近世长吏生日，寮佐画寿星为献，例只受文字，其画却回，但为礼数而已。王安礼自执政出知舒州，生日属吏为寿，或无寿星画者，但用他画轴，红绣囊缄之，必谓退回。王忽令尽启封，挂画于厅事，标所献人名衔于其下。良久，引客爇香，共相瞻礼。其间无寿星者，或用佛像，或用神鬼，唯一兵官所献，乃崔白画二猫，既至前，惭惧失措。或云时有囊缄墓铭者，吏不敢展。

长官过生日，下属都要送点儿东西祝贺一下，贺词收下，赠画退回，这是惯例了。可这个舒州知州王安礼，却不按套路出牌，他不仅全部收下，还让人将所赠字画，一一挂出，展览参观，谁赠什么，一清二楚，画挂出来了，居然没有一幅寿星图，王知州不是做寿吗，怎么可以没有寿星图？佛像、神鬼像，只有一人送了崔白画的两只猫，总算有点儿搭边。王安礼一边看，一边阴沉着脸，他见一小吏手上还有一个漂亮的包包没有打开，问为什么不打开挂起来，小吏怯生生小声地答道："大人，这个包包里是一幅墓志铭。"

孔老师再次叹息了："唉，叫我说你们什么好呢？你们这些人，为什么要整天待在一起，说些无关道义的话，还卖弄一些小聪明呢？"

子曰："君子疾没世而名不称焉。"

君子死不瞑目啊，就要死了，马上要死了，却没有好名声让人称道。

这也算一种临终反省，只是迟了些。

想来，孔老师发出此憾，应该是对君子的勉励，越早认识到好名声的重要性越好，年轻时还来得及，可以做很多有益的事，留下好名声。

王阳明说，孔子这句话的意思是，声名超过了事实，君子担心的是名实不符。即便如此解释，也依然内含反省：名声超过实际，君子感到羞耻，他担心，活着还可以补救，死后就没办法了。

尽管君子自我遗憾，但后人还是会千方百计弥补他的遗憾。

神道碑、墓志铭，这些碑文里，几乎全是溢美之词。人都死了，还与他计较什么呢？不过就是些文字。

韩愈起先的职位不高，生活紧得很，儿子长身体，没钱做裤子，小腿都露在外面。但他诗文好，是写重要碑文的不二人选。他的成名作就是皇帝交代下的任务，写一块《平淮西碑》，表彰裴度、李愬雪夜入蔡州平了吴元济的叛乱。韩才子用了七十天时间写成碑文，稿费五百匹绢，什么概念？相当于十万斤大米。此后，请他写碑文的人排成了队。他自然不是什么人都写，关系好的才写，而写了，报酬也不低："马一匹并鞍衔，白玉腰带一条。"虽然，韩才子写的墓志铭常常催人泪下，有三分之一被收入《旧唐书》《新唐书》，但依然是溢美与夸张居多。不过，死者家人高兴，死者也开心（尽管他开心不起来）。

子曰："巧言乱德。小不忍，则乱大谋。"

话分两层。

花言巧语，扰乱道德。也就是说，一个人讲的话虽好听，却会混淆人们的道德判断。这与"巧言令色鲜矣仁"是一个道理。

小事情不忍耐，便会破坏大计划。这是真理，已经被古今中外的诸多事实充分证明。这其实也是权术与策略。哪些是小不忍呢？朱熹认为，妇人之仁、匹夫之勇，都是。中国是一个极其能忍耐的国家，中华民族也是一个极其能忍耐的民族，下面这些成语，每一个都可以演绎成因忍耐而成就大事的场景：卧薪尝胆，胯下之辱，唾面自干，君子报仇十年不晚。真是百忍成金。

单说人的故事太平常，那就说我听到的人与大象的故事。

云南一男子，因野象群跑进自家农田，就拿猎枪驱赶，但庄稼苗新鲜，大象吃得很欢，不愿离开。男子无法忍受，遂开枪打死了一只小象，象群这才退回森林。结果是，男子因伤害被保护动物而被捕，妻子在家遭到象群的报复而遇害。更让人瞠目的是，男子为亡妻堆的坟墓，也被象群踏平。

子曰："众恶之，必察焉；众好之，必察焉。"

对大家都讨厌的人，对大家都喜欢的人，孔老师为什么皆要提醒仔细考察然后才做判断？

这个问题，其实在《子路第十三》篇中，子贡问好人与坏人时，孔老师已经回答过。彼时，他强调比较可取的办法是，全乡的好人都喜欢他，坏人都讨厌他，这才算是一个真正的好人或者坏人。

如果从众，好恶未必分明，因为你看到的极有可能是表面，不是这个人的全部，于是也就不客观了。说人的好坏，其实是在讲哲学之表里关系，只是，从众心态，往往会掩人耳目，随众附和，被人裹挟或者操纵。

自媒体发达，手机就如长在我们身上的重要器官，人们每天花在这个器官上的时间，少则五六个小时，多则十几个小时，不过，我对那些爆炸性新闻或者耸人听闻的观点，总是很警惕，第一反应是有问题。标题党是一方面，更多的是满天飞的假消息，这常常被我的经验所证明，有的是若干年前的旧闻，有的是国外不辨真相的新闻，有的则是各种不同信息的嫁接，反正，自媒体要的就是流量，只要短时间不被删,它就达到了夺人耳目的目的。

子曰:“过而不改,是谓过矣。”

人不可能无过错,关键是犯过错误后的态度以及解决的方法。

现实生活中,人们常常过而不改,或是根本没有认识到过错,或是有过错也自认为是小过,无伤大雅;不仅不改,还要用过错掩盖过错。结果往往是,先前只是小过错,掩着掩着,掩出了大过错,因为事情完全不是朝着他所希望的方向前进,越掩越错,以至于最后不可收拾,酿成大过错。

再打个比方,将过错比喻成人身体的疾病。疾病似乎比过错更容易让人认识到它的厉害。身体是自己的,自己都不关心,谁来关心你?小洞不补,大洞吃苦;小病不医,大病送命。

如此说来,过,就是一只狡黠而凶恶的猛兽。

让你改过,这是对你的宽容。悔过,于是自新。

擦亮眼,将过从身体里连根拔出,有点儿疼,忍忍就好了。

子曰:“当仁不让于师。”

在什么面前当仁不让?该做的事。任何时候都有该做的事情,你碰到了,就应该不退让或者不谦让,即便是在老师面前。

亚里士多德这样说:“我爱我师,我更爱真理。”亚里士多德在柏拉图的学院一待就是二十年,从学生变成老师。柏拉图死后,亚里士多德将其学说总结梳理,其间否定了老师不少的观点,终于创立了自己独特的哲学体系。在哲学面前,真理比老师更重要。

对于师与道,韩愈则更干脆,他这样教导他的年轻学生李蟠:

> 生乎吾前,其闻道也固先乎吾,吾从而师之;生乎吾后,其闻道也亦先乎吾,吾从而师之。吾师道也,夫庸知其年之先后

生于吾乎？是故无贵无贱，无长无少，道之所存，师之所存也。

为了求仁，求道，求真理，不谦让老师，并不违背尊师道义，相反，对师道还是一种弘扬。

子曰："辞达而已矣。"

撇除外交辞令中的辞达不说，外交无小事，必须达。

先说课堂上的辞达。

孔子的学生中，没有谁有讲话结巴的记载，只是司马牛问仁时，孔老师说他"其言也讱"，这个"讱"，就是讲话结结巴巴、吞吞吐吐的意思，但孔老师那是因人施教，司马牛其实是个喜欢说话的人，只是脾气暴躁，故孔老师要他讲话悠着点。

再说书面表达。

孔老师对着一群学生做写文章方面的指导："写出来的文字，能够达意，这就可以了。"达意，并没有那么简单，先要将意弄清楚，然后才能准确表达。意是人脑中的主观反映，达是人笔下的客观表达。

康熙皇帝认为，做人的首要任务就是读书和修养自身。他有很多切身的阅读体会，他认为书籍中的文字乃是天下的宝贝："朕自幼读书，间有一字未明，必加寻绎，放是得读书真味。"汉语博大精深，一个字、一个词组，可以有多种用法，而每一种用法都会产生不同的效果，事寓字词中，普通人掌握的也就三五千字，那些所谓博学者的识字量，不会比你多几倍，他们之所以理解力强，只是掌握了良好的辞达方法而已。打个比方，这些字就如同你的士兵，而你这个握有几千人部队的总司令，一定要熟悉自己每一个兵的习性，否则，你就会乱指挥。

我说写散文从做学问开始,显然不包括所有学问,此学问和彼学问,亦有些区别。我重点所指,乃是要多一些专业细致的态度和方法,在某一行业,有精深独到的钻研和累积,那么你的文章、你的书就会呈现出别样的扎实和气象。学问也是问学,就是为了辞达。一个领域,一种现象,一个人物,一种动物,一个地名,一棵树,一朵花,一件事,甚至一个字,唯穷追不舍,深挖猛挖,什么边角料也不放过,才能从草蛇灰线中,寻出粗壮的印迹,从而演绎成一段段的完美甚至各种痛。

庞德也这样告诉写作者:准确的陈述是写作的第一要素。

那些花里胡哨的形容与文饰,更多绕来绕去的所谓新名词,其实大多是初级的劳什子,故弄玄虚的卖弄,都是“而已”。

季氏

以戒为师

季氏第十六

这一回,孔老师真的有点儿生气,他在责备冉有与子路,是语气比较严厉的那种责备。

起因是这样的:年轻气盛的季康子执掌大权不久,准备对鲁国的附属地颛臾用兵。季康子不是鲁国的大夫吗?为什么要打附属地?原因有两个,一是颛臾仍然效忠鲁国国君,而季康子家与鲁君的矛盾已经公开化;二是城墙牢固的颛臾,与季氏的采邑很近,如果不打下颛臾,将来会有麻烦。

孔老师这样责备两位学生:“我知道你们不同意打的,但你们两个都是季氏的家臣,为什么不极力阻止?古人不是说过吗?有能力贡献力量,再去做官,做不到就别去。你们看到盲者遇到危险不去保护,将要摔倒而不去扶持,那还要你们这样的助手干什么!”

见老师这么责怪,似乎还有点儿急火攻心,冉有与子路急着解释,孔老师越听越生气:“你们就不要找借口了,我听说有国有家者,不患寡而患不均,不患贫而患不安。财富平均,就无所谓贫富;人民和谐相处,社会就会安定。如果远方的人还是不顺服,则用礼乐去教化他们,使他们自动来归。既来之,则安之。而今天,你们两位扶助季氏,远方的人不顺服,也没有办法来归,国家分崩离析,也没有办法保住。反而,季氏还想在国内发动战争,我实在是担心,那季氏攻打颛臾只是表面文章,他是别有所图,目标针对的是国君。”

孔子判断事情，十有八九依据仁与礼两条基本原则，季氏的行为，在前面的篇章中已经出现多次，他与仲孙、叔孙都是鲁桓公之后，后来的鲁君早已失权，这“三桓”已经掌权好几代了，而眼前这件事，真的是越来越过分。

从本篇开始，《论语》的风格大变，有人说这是学生的学生的学生的学生，不断修改而成。本章中，讲话总是抢先的子路，反而沉默寡言，而比子路小二十岁的冉有，却活跃得很，这似乎与前面的性格不合。不过，这些都不重要，重要的，还是孔老师传达的思想：不要越位，要警惕越位者的狼子野心。

“既来之，则安之。”归顺的人来了，就要安顿好他们。

清乾隆三十六年(公元1771年)，土尔扈特部首领渥巴锡，为摆脱沙俄压迫，率领部众，一路浴血奋战，冲破沙俄、哥萨克、哈萨克等军队不断的围追堵截，历时近半年，行程上万里，终于东归。土尔扈特人归顺，感动了清朝政府，政府拨银三百万两，同时调集大量物资接济他们，计有马牛羊二十万头，米麦四十一万石，茶两万余封，羊裘五十一万余件，棉布六十多万匹，棉花五十九万余斤，以及大量的毡庐等。既来之，则安之，有土则安。同时，政府还勘查水草丰美之地，将巴音布鲁克、乌苏等多地划给土尔扈特人作牧场，使他们安居乐业。

而现在，词义已经完全改变，用来宽慰人心：看看，风雨雷电，出行不便，人不留客天留客，既然来了，就安心住下吧。“既然”的语气中似乎还有无奈。国家政策演变成了待人接物的方法，也算词语得到了新生。

接下来，孔老师要连续发表著名的“三”字系列，一个一个来。

子曰："益者三友，损者三友。友直，友谅，友多闻，益矣。友便(pián)辟，友善柔，友佞(nìng)，损矣。"

三种有益的朋友，我们从身边逐一寻找。

一，正直之友。其身正，不令而行。他不会为一己私利做出伤害国家与朋友的事，刚正不阿，襟怀坦荡，光明磊落。正直的朋友，应该排在所应交往朋友的第一位。

二，诚信的朋友。与朋友交，言而有信，此信，也是仁义礼智信之信，一诺千金，一言九鼎，金口玉言，每一个字都掷地有声。

三，见多识广的朋友。这也很重要，他能为你提供不同的建议，甚至决定人生方向。人非生而知之者，与见识广博者交往能迅速充实自己，从而更好地完善自己。

乔布斯说：我愿意用所有的成果与财富换取与苏格拉底相处一个下午的时间。某鸟如果要想如雄鹰一样在天空翱翔，那就要和雄鹰一起飞翔。乔布斯想找与苏格拉底一样的朋友，苏格拉底是杰出哲人的代名词，只要有足够的智慧，什么财富都可以创造；某鸟也要寻找如雄鹰一样的友鸟，绝不与麻雀为伍。

三种有害的朋友，我们从身边也逐一寻找。

一，装腔作势者。虚张声势，装模作样，不懂装懂，是这一类人共同的特点。《笑林广记》中有一则《借牛》笑话，其中的富翁就是这一类人："有走柬(送信)借牛于富翁者，翁方对客，讳不识字，伪启缄视之。对来使曰：'知道了，少刻我自来也。'"

二，刻意讨好者。这样的人，一味曲意逢迎，投你所好，阿谀奉承，甚至吮痈舐痔。虽然大多数人不喜欢，但被逢迎者讨好时却很舒服，自然、刻意、讨好，皆有明确目的。明代陆容的笔记《菽园杂记》卷五，有靠帮高官洗阴部而得御史之职的事，让人大跌眼镜并深思。这位进士，平时经常出入万阁老家里，得以改任翰林庶吉士。万阁老正害着一种病，阴痿，通俗点儿说，就是阳痿。庶吉士呢，自称学过中医，是位好医生，他弄来中药，仔细煎熬，然后，每天替万阁老洗阴部，后来，万阁老推荐庶吉士做了御史。“洗鸟(diǎo)御史”，人们就这样叫开了。

巧言善辩者。这样的朋友其实没什么不好，只是巧舌如簧，舌灿莲花，就会变成花言巧语，小的巧成大的，死的巧成活的，没有什么不敢巧的；或者强词夺理，我的就是我的，你的也是我的，他永远正确。

有益的朋友只有这三种？显然不止。有害的朋友只有这三种？更显然不止。世界上没有两片相同的树叶，那么世界上也不可能有两个相同的人，好在，物以类聚，人以群分，这些益友损友，都只是一类人的代表。不过，即便是一类，一类也可以概括许多人，那某一类也远不止三，可以随便列上几百个甚至上千个。

交友难，交好友更难，交知心过命朋友，难上加难。

有权、有钱、有名、有势，呼啦啦，无数人会将你团团围住，处在深山，门槛也被踏破，只是，你若稍有风吹草动，人还没走，茶就会凉。

孔子曰：“益者三乐，损者三乐。乐节礼乐，乐道人之善，乐多贤友，益矣。乐骄乐，乐佚游，乐宴乐，损矣。”

三种有益的快乐。我们一一寻找。

礼乐的快乐。

通过施行礼与乐得到的快乐，会让人身心愉悦。繁文缛节让人受不了,但适当的礼节,却是增进人与人之间良好关系的润滑剂。

若干年前,我去东京,早餐用毕上楼,电梯口一日本男子正好拖着行李箱候着,显然,他刚入住。电梯门开了,我做了个他请先的手势,他先进,我后进,进去后,他就朝我鞠了一躬,我摆摆手,行至中间,他看了看我的长相,想了想,又朝我鞠了一躬,我又摆手,说不用不用,电梯终于停了,我们在一个楼层,我又让他先出,他拖出行李箱,再次朝我鞠躬。我只好向他弯身欠腰回了个礼。突然想起,日本人在高中时就学《论语》,孔老师的这一套他们应该印象很深。虽有点儿诚惶诚恐,但还是挺开心的。

说别人优点的快乐。

背后常说别人的优点,那是你情商高的表现。

《红楼梦》第三十二回,史湘云、薛宝钗劝贾宝玉学做官学交际,贾宝玉大为反感,对着史湘云和袭人赞美林黛玉说:“林姑娘从来不说这些混账话！要是她说这些混账话,我早和她生分了。”此时,黛玉正巧来到窗外,无意中听见贾宝玉说自己的好话,“不觉又惊又喜,又悲又叹”。

结交良友得到的快乐。这个不去展开,上面提到的三种益友就是良友。与良友言,常会如沐春风。听君一席话,胜读十年书,都是良友。

三种有害的快乐,我们也一一寻找。

乐骄乐。乐谁都喜欢享,但“骄”了即为害。“骄”的本义是六尺高的大马,常指马的高大雄壮,喻义强烈、茂盛,随心所欲,不受拘束,这样去享乐,过分了。我一表兄,好牌局,三十多岁时,三天三夜连续打牌,肝病突发,不治而亡。

乐佚游。“佚”就是放荡、放纵,纵情游荡。仅有时间还不行,那是穷游,还得以钱财打底,这是另一种作乐,或者也可以说是作死。

虽然花的是自己的钱，却并不完全是自己的事。清代王应奎的《柳南随笔》卷二中，有一则糟蹋钱的笔记，看了让人忍不住要骂人。

徐汝让，某大司空的从孙，富甲一方，挥金如土。某个春日，他登临塔顶，从顶上撒下数斛金片。金片随风飞扬，满城尽作金色，好事者咏“春城无处不飞金”。又曾经从洞庭山买杨梅数十筐，雨后浸到桃源的山涧里，派人不断地踩踏，杨梅殷红如血，游人争着喝山涧水。又曾经到街上买碗，因他挑三拣四得厉害，主人话说得不太好听，他一怒之下就将碗全部买下，然后悉数打碎，碎碗片将整条街道都堵塞。

乐宴乐。宴乐，安逸或者酒食争逐之乐。常见劝酒场景，民间自有劝酒高手在，不喝吧，伤感情；喝吧，伤身体。许多人只好伤身体。喝残的、喝死的，屡见不鲜。

快乐由心境决定，快乐也是一种情绪，情绪决定人生。快乐千万条，但所有好的快乐，皆以适度为标准，此所谓小酌怡情，大醉伤身。

与君子相处，应该怎样说话？

下面三条，是孔老师告诫大家的：言未及之而言谓之躁。

躁的毛病，就是性急，不冷静，不该说的时候说了。还没轮上你说呢，急什么？或者，这话根本就不是你该说的。躁可不是什么小毛病，弄不好，就会像蟹一样，虽横行霸道，实力雄厚，到头来却没有置下一点房产，靠租（其实是霸占）别人的房屋过日子：“蟹六跪而二螯，非蛇鳝之穴，无可寄托者。”

言及之而不言谓之隐。

隐就是隐瞒，到你该说的时候，你却不说，那就是隐瞒。隐瞒什么？或是胆怯，怕惹麻烦，或是与他人私，为他人隐。本来只要一句就可以得到答案的事，极有可能这个隐，会导致永远没有真相。

未见颜色而言谓之瞽。

瞽是盲人。与君子讲话，不但要看时机，还要看君子的脸色，如果不看脸色就轻易说，那就是盲目。说话的时机也对，说话也没有隐瞒，此时的君子是什么反应呢？如果盲目，则会适得其反。

说话真的好难呀。

我外公的书箱上写有九字铭言：人难做，做人难，难做人。我也仿成九字：话难说，说话难，难说话。细细想来，说话与做人，有时就是一回事。

一秀才问一僧人："秃字如何写？"僧曰："秀才的尾巴弯过来就是了。"秀才真不会做人，向和尚问秃，什么居心？好在，这是个聪明的和尚：有尾巴，就不是人，你这样奚落人，根本不算文化人，禽兽而已。

孔老师这样强调君子的三戒："年少时，血气未定，戒之在色；及其壮也，血气方刚，戒之在斗；及其老也，血气既衰，戒之在得。"

一戒一戒说。

年轻时戒好色。

古代男女的成婚年龄，男子在十五至二十岁之间，女子在十三至十七岁之间，各个朝代的规定不尽相同。古人大多命短，不知道有人研究过没有，这与青年好色有无关联？但有一点可以肯定，那些短命的皇帝，一定与此有很大的关系。他们成婚早，许多又迷丹药，再加上后宫无数，五百多个皇帝中，活到六十岁以上的仅有三十来个。汉成帝就死在赵合德的床上。

色难戒。在祝融峰修行十年的至聪法师，自认为已经修成金刚身，没有什么东西可以引诱得了他。某日下山途中，他恰好撞见一个叫红莲的女孩儿，一瞬而动，遂与合欢，欢乐至死。有人统计，明清至少有十五部作品，都写到了红莲的故事。红莲已经成为一个比较通俗的隐喻，是色的代名词，喻义简单而明确，那就是，面对强大的外在引诱力，需要一百零十分的“免疫力”才有可能抵抗得住。重复一下，只是有可能而已，并不能保证。

壮年时戒好斗。

加拿大研究人员在实验中发现，男性面部的宽高比与行为的进攻性紧密相关。所谓面部“宽高比”，是指一个人脸颊的“宽度”与上唇到眉心的“高度”之比。研究发现，与瘦长脸颊的男性相比，脸颊越宽的男性往往进攻性越强。这种脸形的人，大多都是好斗者。

鄙乡江南片人，血气多旺盛。

某盛夏，甲来到乙摊前买冰汽水，递过钱，汽水开盖，甲说：“一点都不冰嘛。”

乙答：“刚刚从冰柜里拿出来的，怎么不冰？”

甲：“不冰。”

乙：“冰嘛。”

甲：“不冰就是不冰。”

乙：“冰就是冰！”

甲拿起没喝完的汽水瓶子，朝乙猛地砸了过去。乙也毫不示弱，躲过汽水瓶后，随手拿起另一只啤酒瓶，朝甲猛地砸过来。然后是亲密式搂抱扭打，直到派出所的警察赶到为止。一言不合，白刀子进红刀子出。

老年时戒在得。

在得就是贪多。人已进入暮年，需要舍弃一些东西，金钱、权力、名誉都要舍，生不带来，死也不可能让你带去。

佛陀临终，弟子问："佛在世，吾等以佛为师，佛灭度，大众以何为师？"

佛曰："以戒为师。"

躁、隐、瞽，以及损友、害乐、好色、好斗、在得，都是戒，都是师。

接下来，孔老师以为，君子还有三畏：畏天命，畏大人，畏圣人之言。畏就是敬畏，天命必须敬畏，非人所能控制；大人是政治领袖，也要敬畏，他们负责管理天下；圣人的言论，自然是经典，有启发意义，也得敬畏。

敬畏不是屈从，两者之间有质的不同，敬畏是有思想的尊重、选择、共存。

"三"说完了，孔老师接下来说"四"。

他首次从学习的角度，将人分成四等：生而知之者上也；学而知之者次也；困而学之，又其次也；困而不学，民斯为下矣。

有生而知之者吗？恐怕没有，孔老师也不是这样的人，他自己在《述而第七》里说过："我非生而知之者，好古，敏以求之者也。"他强调的是学而时习之，不过，不妨碍列出。苏格拉底也说，他最大的智慧，就是知道自己的无知。

学而知之者，大多数好学者都是这一类。

困而学之为第三等学习者。遇到困难才去学习的，这是被迫型的，不过，还算不错，工作生活中，一些知识要用到了，知不足，后学习，现学现卖，虽然局促，但总比不学的好。

第四等就是困也不学的。为什么困而不学？无非是不学也可以混日子。不少困而不学者，还会讽刺那些二三等学习者："瞧你，傻模傻样，读书读傻了吧。”

学习可以分成四等，人要是分成四等了，那么，这样的王朝注定不会太长久。

元朝将国民分成四种等级：

第一等，蒙古人，国族，自家骨肉；

第二等，色目人、西域（中亚）人（部分契丹人也划入）；

第三等，汉人，淮河以北原金朝境内的汉人与契丹人、女真人，还有较早被征服的云南人，以及最晚征服的四川汉人等；

第四等，南人，最后被征服的原南宋境内的江浙、江西、湖广三行省及河南行省南部的百姓。

统治者这样划分不是无聊，而是便于统治，三等四等人，不许收藏兵器，不准练习武术；一等二等人，可以殴打三等四等人，三等四等人不准还手；一等人因争斗与醉酒杀死四等人，无须偿命，只以出征作为惩罚。

元延祐二年（公元1315年），元朝恢复科考的第一次考试共录取一百人，一二三四等人各二十五人，而一二等人，总人口在一百四十万左右；三四等人，总人口多达七千多万。

“四”说完，孔老师接下来说“九”，著名的“君子九思”出场：

> 视思明，听思聪，色思温，貌思恭，言思忠，事思敬，疑思问，忿思难，见得思义。

九思，就是九次反省，前面说过三省吾身，“三”其实代表多，这里的九是最大的阳数。君子真不好做，《论语》课堂从第一节课开始就不断指出君子的修炼与忌讳，君子与小人连续对比，这里又指出

“九思”。

试解第八思、第九思。

第八思，忿即发怒，发怒的时候，要考虑灾难。这么严重？嗯，愤怒的后果极严重。看《史记》中记载的卑梁争桑：

> 九年，公子光伐楚，拔居巢、钟离。初，楚边邑卑梁氏之处女与吴边邑之女争桑，二女家怒相灭，两国边邑长闻之，怒而相攻，灭吴之边邑。吴王怒，故遂伐楚，取两都而去。
>
> （《史记·吴太伯世家》）

吴楚边城两采桑女争桑，引发双方家长斗殴，继而两国边境派出所所长率众介入群体性械斗。楚先胜一筹，这就为吴伐楚制造了一个完美的借口。战争皆因愤怒，小怒引发大怒，大怒再炸开暴怒。

第九思，见得思义：见到想要据为己有的东西，考虑该不该得。

俗语谓“君子爱财，取之有道”，此道即合义。

有人求文于桑思元，托以亲昵，无润笔，桑曰：“吾平生未尝白作文字，可暂将白银一锭置吾案间，鼓吾兴致，待文作完，并银送还可也。”有人求文于祝枝山，枝山问：“是见精神否？”（俗以银钱为精神也）。应曰：“然。”则欣然捉笔。看在亲朋好友的面子上，我不收你钱了，但你必须弄一锭银子放我桌上，鼓鼓我的兴致，否则我没有文思。这是我的习惯。明代文人桑思元、祝枝山等，对自己的文字皆极度自信，他们的字都有相当不错的行情。文字写完了，银子怎么好意思拿回呢？

明思宗，崇祯皇帝，他写的“九思”二字，现被台北故宫博物院收藏。

大明灭亡的责任不能全部让朱由检担，祸根，朱元璋早就开始埋下了。

这个放牛娃，还是和尚还俗，雄性激素不是一般的强。他有二十六个儿子：懿文太子、秦愍王、晋恭王、成祖、周定王、楚昭王、齐庶人、潭王、赵王、鲁荒王、蜀献王、湘献王、代简王、肃庄王、辽简王、庆靖王、宁献王、岷庄王、谷庶人、韩宪王、潘简王、安惠王、唐定王、郢靖王、伊厉王、皇子楠。还有十六个女儿：临安公主、宁国公主、崇宁公主、安庆公主、汝宁公主、怀庆公主、大名公主、福清公主、寿春公主、十公主、南康公主、永嘉公主、十三公主、含山公主、汝阳公主、宝庆公主（其中十公主和十三公主早薨，没有封号）。

大明是我家的，自然我的子孙要享福。洪武八年初，亲王，每年给俸禄五万石，锦绮盐茶万计。到洪武二十年，停止供应锦绮盐茶。洪武二十八年，亲王的岁俸改为万石。即便这样减，到了嘉靖八年夏五月，有一个数据还是吓倒人：宗室载属籍者 8203 人，亲王 30 位，郡王 203 位，世子 5 位，长子 41 位，镇国将军 438 位，辅国将军 1070 位，奉国将军 1127 位，镇国中尉 327 位，辅国中尉 108 位，奉国中尉 280 位，未名封 4300 位，庶人 275 名。

朱由检曾六下罪己诏，历史上罕见，尽管他已经很努力了，当李自成的大军攻破北京城时，三十三岁的他还是绝望地在景山的一棵歪脖树上自缢身亡，光着左脚，右脚穿着一只红鞋。

史上没有记载朱由检写“九思”的具体时间，我将其确定为登基不久，彼时，那个十六岁少年，正意气风发，以“九思”对标自己的言行，还想励精图治。无奈，明王朝已经行将就木，李自成和多尔衮都是给大明造棺材之大工匠。

真是有点儿可惜了“九思”，不过，崇祯的“九思”书法，用墨洒丽，行笔遒劲，颇有颜真卿气度，还是一幅好字。

孔老师说，在他的视野中，下面两种人的言行，一种人可见，一种人不常见:“见善如不及,见不善如探汤;隐居以求其志,行义以达其道。”

前一种人,看到善的行为,好像追不上似的追求;看到不善的行为,如伸手碰到滚烫开水般避开。后一种人,隐居起来时保持自己的志向,为官出仕时施行正义。

孔老师一般都是有感而发,每每讲话时,都有特定的对象。后一种人其实就是有志向的隐士,有点儿像孔子的侄女婿南宫适。不知道为什么他说不常见,或许,与他提倡入世的观点不同,他不赞成隐世。

前一种人,时刻都在修养自己,唯恐自己进步不快。“见不善如探汤”,这个比喻太好了。儿子陆地三四岁时,用手去摸正烧着水的电水壶,炮烙似的缩回手,从此再也不敢乱摸。孙女瑞瑞一岁半的时候,早餐桌上摆着刚出锅的鸡蛋,她伸手去摸,也是炮烙似的缩手,从此再也不摸鸡蛋。

探汤,探汤,汤乃张牙舞爪之恶魔。

下面这两句《诗经·小雅》中的句子,应该是孔老师引用的:“诚不以富,亦只以异。”并不是因为他富,而是因为他的品格卓越。

孔老师说这两句,是为了下面两个事实的比较:

齐景公有四千匹马,死的时候,百姓没有什么可以称颂他的;伯夷叔齐饿死于首阳山,人们至今还在称赞他们的德行。

马是财富的代名词,财富有什么用?财富自然有很多用处,但与人死后的名声相比,人们只会记住他的品格。伯夷叔齐不食周粟,首阳山采薇,最后饿死,人们称赞的是他们的气节。齐景公虽然不是什么坏君主,但也没有什么可以值得百姓纪念他的。

财富与人的品格，没有关系，也有关系。

1920 年 5 月 1 日，小约翰·洛克菲勒和儿子就零花钱事宜达成的备忘录共十三条，这里摘录几条：零用钱额度每周 1 美元 50 分；周末盘点，如账目清晰，符合爸爸要求，次周增加 10 美分，总额 2 美元为上限；不符合要求，次周减 10 美分；增减零用钱，爸爸有唯一裁决权；双方确认，零用钱中，至少 20%应用于慈善，20%用于储蓄；未经批准，约翰不能以爸爸妈妈的名义购买任何东西；不可向家庭教师、家人或其他人索要金钱支付自己的费用。

亿万富翁为什么还这么抠？不就是为了锻造孩子的品格吗？除了会赚钱，还要具备节约金钱、捐助他人的意愿与能力。

孔老师教了那么多学生，他只有一个儿子伯鱼，人们有理由怀疑，他对儿子的教育是不是和别的学生不一样呢？更多的私授？学生们怀疑，我也怀疑。

某一天，陈子禽同学就悄悄地问伯鱼了：“你父亲教你，一定很特别吧？”

伯鱼答：“没有特别教我。某次，父亲一个人站在堂上，我‘趋而过庭’，父亲还是将我叫住了问：‘学《诗经》了吗？’我答没学。父亲于是很严厉地责问：‘不学《诗》，无以言。’我马上就开始读《诗经》了。”伯鱼接着说，“还有一次，父亲又一个人站在堂上，我还是‘趋而过庭’，父亲又将我叫住了问：‘学礼了吗？’我答没学。父亲再次严厉地责问我：‘不学礼，无以立。’我马上开始学礼。我从父亲那里，就听到了这样两件事。”

陈同学回到课堂后，高兴地和同学们说：“问一得三，闻《诗》，闻礼，又闻君子之远其子也。”

陈同学是有大收获的，虽然老师对伯鱼没有特别的教导，但其实已经表达了学习的两个关键:学诗、学礼。问一得三,第三条是陈同学自己体验出来的:君子与儿子的关系,并不是天天待在一起,那样会溺宠,而是要抓住关键进行教育。或许,陈同学以后就这样教育他的儿子。

伯鱼“趋而过庭”,挺有现场细节。快速地小跑,大气不敢喘,父亲站在堂上,儿子经过,必须“趋”才行。

趋礼,古代常行的基本礼节。地位低的人,在地位高的人面前经过,一定要低头弯腰,小步快走,表示礼敬。前面《乡党》中,孔子担任使节,也要行趋礼,他宽袍大袖,两袖张开,碎步快行,看起来像要飞起来的鸟一样。

《史记·萧相国世家》中,因为萧何功劳太大,刘邦特批功劳排名第一的萧何“赐带剑履上殿,入朝不趋”。佩剑,不脱鞋,直接上朝,见到皇帝也不用小跑——位极人臣的大荣耀。

心脑血管、心脏、气管等方面若有疾病,显然不能当大官,宽阔的朝堂上,见到皇帝总得小跑几步,弄不好,当场病发,那时可是没有速效救心丸救命的。

第九卷

阳货第十七

微子第十八

陽貨

夫子莞尔而笑

阳货第十七

阳货的计谋是这样的:这个孔丘,我来拜见你,你不见,那我就送一头小猪给你,礼尚往来,你来还礼,我总会见着你的。

不想见的人,总有办法不见,孔子瞅准一个机会,趁阳货不在家,赶紧去还礼。不料,这厮又突然折回家来,两人在路上正好碰到,孔子尴尬,阳货惊喜,场景一时戏剧化起来了。

阳货有点儿盛气凌人,他对孔子招招手:“过来!孔丘,我和你说!”

孔子不会“趋”,他慢腾腾地朝阳货走过去,内心七上八下:这个阳货,不知又要耍什么名堂。

孔子走近,阳货当头就提问,这个问题,他早就想好了,想了好久:一个具备卓越才华的人,却让国家陷入困境,这可以称作仁吗?

孔子的才为世人所公认,听到这里,他似乎有点儿小得意,不过,他脸上没有任何表情,略微点点头答道:“不可以。”

阳货紧接着追问,这一问,是针对孔子多年来有从政理想的现实:“喜欢从政,却屡次错过时机,这样可以称作明智吗?”

孔子有点儿无奈,他知道阳货心里清楚他不仕的原因,两手一摊,答道:“不明智。”

阳货两问,劝说目的已达到,他感觉孔子被他问倒了,于是装模作样地感叹:“光阴似箭啊,时间是不等你的!”

孔子朝阳货看看,对方依然盛气凌人,只好微微一笑搪塞道:“好吧,好吧,我会出来做官的。”

四十九岁的孔子，一直在寻找从政施仁的机会，机会来了，他会推托吗？问题是请他去做官的阳货不是什么好鸟。阳货是季孙氏的家臣，季孙氏几代把持朝政，此时的阳货，又把持着季孙氏家族的权柄。阳货后来还企图谋害季桓子，败后逃亡晋国。这样严重越礼者，孔子怎么可能与他们同伍呢，那不是助纣为虐吗？

两年后，孔子终于开始做官，他被鲁定公任命为中都宰，此时，阳货已事发出逃，鲁国政局也相对稳定下来。

阳货虽承认孔子的才能，但仅送一头小猪（有人说是一只火腿，也有人说是一盅烤猪肉），说话语气还有点儿盛气凌人，显然还是小看了孔子。

姬昌到渭水边请姜尚出山。

姜尚问："您想让我怎么走呀？"

姬昌答："骑马、坐车都行。"

姜尚摇摇头："我都不要，我要坐您的辇车。"

姬昌连声答应："可以可以。"

姜尚于是再进了一步："我坐车，只有大王您帮我拉着车子，我才走。"

姬昌咬咬牙："可以可以。"

都在试探对方的诚意，心照不宣。只是，姬昌一步一步拉着车，车子沉得很，拉了一会儿就走不动了，只好气喘吁吁停下。姜尚对姬昌说："大王拉着我走了八百七十三步，我保你八百七十三年江山。"姜尚说完，看着有点儿后悔的姬昌，一脸神秘的笑。

传说毕竟是传说，不过也挺好玩儿。周文王如果没有这样的胸怀，姜太公就不会出山。按现代说法，周朝自公元前1046年开始，至公元前256年结束，东周和西周共计790年。东周还分为春秋与战国两个时期。孔子去世后不久，即进入战国时代。

子曰："性相近也，习相远也。"

"性"相近，只是相近而已，因为人之初，性本善，大家都在同一条起跑线上，但"习"却是人生发展的关键，"习"是后天习得，孟母择邻处断机杼，窦燕山教五子，孔融四岁让梨，苏洵二十七岁发愤，仁义礼智信，兄友弟恭，所有的一切，都是为了"习"，如果不从幼时教，不以身作则地教，不教历史文化，不教人文地理，不教人生立志，那就不会有很好的品格。教与不教，相远也。

孙女瑞瑞一岁半时，《三字经》听多了，从"人之初，性本善，性相近，习相远"开始，背到"论语者，二十篇。群弟子，记善言"。小和尚念经，每念一遍，于我，却仿佛不时有重锤敲击一下。比如她背到"香九龄，能温席"，我就会给老母亲打个电话：至少有一周没联系了，不知老父老母可安好。

意大利著名作家伊塔洛·卡尔维诺的中篇小说《分成两半的子爵》，荒诞奇特。

十七世纪末期，梅达尔多子爵刚参军就参加了一场同土耳其人的战斗，身子被炮弹炸成两半，半身人幸存下来，但性格变得很恶，在他的庄园里无恶不作。人们恨透了恶子爵，却拿他没有办法。故事的下半截，性格迥异的另一个半身子爵出现了，他那半个身子，也被人救活，他到处做好事，人人赞颂这个善子爵。恶子爵知道后，千方百计寻找善子爵，想要结果了他，而且，双方同时爱上了牧羊少女帕梅拉。某天，善恶子爵终于碰上，他们为爱情开始决斗，双方原来缝好的血管都受了伤，正巧有大夫在场，他将善恶双方的所有内脏器官与血管接好，然后用一条一公里长的绷带将他们紧紧地像木乃伊一样捆绑在一起。几天后，善恶子爵终于复归为原来完整的梅达尔多，不好也不坏，善与恶俱存，他还结了婚，儿孙满堂。

小说的大背景是一个分裂的时代，卡尔维诺的原意，是向人的一切分裂开战，追求完整，但事实上，一般的读者都从中读出了人性：恶子爵实在不幸，令人同情；善子爵满怀愧疚，也迂腐可笑。善恶双方时时处于痛苦的尖锐冲突之中。而这，正是许多现代人身上并存的复杂性格，不过，人性却因复杂而完整。性相近，习却相远，显然，战争才是罪魁祸首。

孔老师的学生子游，在武城做县长，他邀请老师去视察。

车子一进武城县境，孔老师就听到了弹琴唱诗的声音。知道是子游故意安排的，夫子莞尔一笑，曰："杀鸡焉用牛刀？"

子游谦虚地回答老师："以前我听老师说过的，君子学礼乐就会知道爱护百姓，小人学礼乐就容易指挥。"

孔老师听了子游的回答，转身向其他同学说："各位同学，子游说的是对的。刚才我说的，只是开个玩笑罢了。"

年轻的子游，当官不久，却也像模像样，他想给老师展示一下自己管理的功绩，歌舞升平，安居乐业，因为孔老师说过，即便是小地方，也要教百姓礼乐。孔子开玩笑说，杀只鸡嘛，为什么要用牛刀？不是说小地方不用教化，而是意指可惜了子游这样的人才，他应该被委任到更大的地方去做领导。

莞尔一笑，是什么样子的笑？就是微笑。钱穆说，"莞"字本作苋，山羊细角，人笑时两眉角微垂似之。《楚辞·渔父》有这样的描述："渔父莞尔而笑，鼓枻（yì，划桨）而去。"

莞尔之后，还有这样的动词出现：莞纳、莞收。一直到鲁迅那个时代，莞尔还没有专门指向女性的微笑:“在朋友之间，说几句幽默,彼此莞尔而笑,我看是无关大体的。”(鲁迅《花边文学·一思而行》)

夫子莞尔,好画面。

一个现代大胡子男人也莞尔一下,挺喜剧的。

李世民的镜子魏徵所提的建议向来不顺李世民的意，李世民有好几次气得跺脚大骂,还想杀了魏徵,但《旧唐书》《新唐书》都说到李世民生气后大笑的一个细节:“人言徵举动疏慢，我但见其妩媚耳。”

李逵甫一出场，便对宋江撒谎要借钱，金圣叹批曰:“写他说谎,偏极妩媚。”李逵赌博输了钱,又赖账:“我这银子是别人的。”金圣叹又批曰:“铁牛作此软语,越可怜,越无理,越妩媚。”吃鱼的时候,李逵嫌用筷子麻烦,便用手捞,吃相极其难看,金圣叹再批曰:“何等妩媚,其疾如风。”

李世民眼中的魏镜子“妩媚”,是说他率性好玩儿,在君王面前敢说真话,独一份真诚。金圣叹说李逵这个黑大汉“妩媚”,是说他不藏不装,每个细胞中都含着农民式的狡黠,样子实在滑稽可爱,忍不住边读边拍案。

大男人、粗男人的“妩媚”,与夫子的“莞尔”,似乎一脉相承,场景感呼之欲出。不过,这样的别出心裁,一般人不敢用。

子路这是第二次公开不高兴了。第一次是孔子见南子。这一次,老师要到公山弗扰那里去,此人正占据着费邑,起兵反叛季氏,他请孔子去帮忙。

子路极力劝阻:“就算没地方可去，为什么一定要去公山弗扰那厮那里呢？”

孔老师答："他来叫我，难道是随便叫的吗？他是有意图的，如果有人任用我，我是可以为东周的复兴出把力的。"

对于反叛，孔子一向反对，不过，公山弗扰反季氏，孔子显然赞成：季氏本来就是篡权者，现在有人来纠正纲纪，不是好事吗？

不知道是不是因为子路强烈反对，或者是公山弗扰没有正式起兵，反正，孔子只是有意前往，最后没有去成。完全相同的事情，紧接着又出现了一次，这次是佛肸（bì xī），晋国大夫范氏、中行氏的家臣，中牟县的县长，他来请孔子帮忙，因为赵简子来攻打，佛肸率兵抵抗。孔子也想前往，又被子路劝阻。不少研究者认为，此两章，完全不像孔老师的作为，公山弗扰请他勉强可以成立，佛肸之请，简直有点儿莫名其妙：中牟与鲁国相距甚远，去佛肸这样的小人物那里能干什么？

不过，这两章中，子路的性格和孔子急于出仕，都跃然纸上。或许，编辑者就是这点儿意思？唉，孔老师的形象降低了不少。

孔老师似乎答应了阳货要出山的请求，于是不再零敲碎打，而是比较全面地阐述了诗的"兴、观、群、怨"。

同学们为什么不学《诗》呢？《诗》，可以抒发真诚的心意，也可以观察他人或自己的志节，还可以沟通人与人之间的情感，更可以批评讽刺社会上各种不平之事。学好了《诗》，从近处说，懂得如何侍奉父母；从远处讲，懂得如何侍奉君主。此外，还能广泛认识草木鸟兽虫鱼。有人仔细统计了《诗经》中的草木鸟兽虫鱼数量，计有113种草、75种木、39种鸟、67种兽、29种虫、20种鱼。

我读过诸多关于《诗经》草木虫鱼的书，这里就不一一列举了。一个简单的事实是，这些鸟兽草木虫鱼，只是赋比兴的喻体而已，我们的先人，想象力极其发达，他们用这些喻体，隐晦曲折地表达自己丰沛的情感。

因此，对这样一部博大无比的百科全书，孔老师自然钟爱有加。

孔鲤又从对面怯怯地走过来，孔老师叫住了儿子："伯鱼呀，你仔细读过《周南》和《召南》了没有？"

孔鲤就怕父亲问，答："爸爸，我刚读《诗经》不久，还没有读到这两篇呢？"

孔老师感叹："唉！一个人如果不曾仔细读过《周南》与《召南》，就会像面朝墙壁站着的人一样啊！"

面壁而立，不是面壁思过，而是说什么也看不到，哪里都去不了。

《周南》《召南》是《诗经》国风的头两篇，内容侧重夫妇相处之道，教育人修身齐家。孔鲤一定听懂了，他已长大成人，父亲这是要他系统学习《诗经》呢，否则，怎么能适应这个社会呢？

某天，夜已深，孔老师依然在豆灯下苦读，偶尔，他会抬起头，望着窗外黑漆漆的夜空，久久沉思。他在想次日的课程，能不能再深入一点儿，再生动一点儿。看着那些典籍，他忽然有所悟：礼云礼云，玉帛云乎哉？乐云乐云，钟鼓云乎哉？

我们所说的礼，不仅仅是玉帛这些礼品；我们所说的乐，也不仅仅是指钟鼓这些乐器。它们都只是借代，形式而已，重要的是行礼的真情实感。

形式虽然很重要，杀不杀一只羊，对于祭祀来说就是大问题，但形式也只是形式，形式如果不与内容有机结合，只会徒有其表。

十几年前，一项新业务——"代人扫墓"开始出现，对此，无论网络还是现实，都有截然不同的两种意见。

赞同者认为，形式不重要，要对代扫者宽容，不必大惊小怪，扫墓本来就是一种形式，心中有佛，万物皆佛。

反对者认为，忙碌、路远，皆不是理由，出钱请人代扫，徒有祭扫形式，没有缅怀情思，无任何意义。雇人扫墓，实乃不孝之举。

按照孔老师的意思，简或繁都不是扫墓的重点，重点在于传达人对死者的哀思，尽哀才是核心，还是亲自到场祭扫为好，形式、感情都有了。十几年来的实际情况也证明，代人扫墓火不起来。代扫者在坟前号啕大哭的视频，谁见了谁都要大笑。

有一个成语，“色厉内荏”，就是孔老师发明的。他在谈这种外表凶狠、内心怯懦者的时候，还有一个小比喻：这种人，就好比越墙闯入别人门户的小偷。

荏是一种草，现在叫白苏，亦称紫苏。它是一年生草本植物，茂密，长柔毛，茎方形，叶对生，卵圆形或近圆形。秋季开白色小花，小坚果近球形，种子可榨油，嫩叶可食。老茎和种子均可入药。

紫苏倒是好东西，性温，味辛，降气平喘，理气宽中，处处是宝。小时候的春夏两季，烧螺蛳，烧鱼，母亲总会放几片紫苏叶子，软滑鲜美。

西北地区陕甘宁一带，还有苏子榨油，此油略呈墨绿色，清香可口。《甘肃农民报》2017 年 11 月 16 日消息：宁县种植荏面积达 8.15 万亩，产量达 1.24 万吨。每斤荏可以卖到六块钱以上。

我查《辞海》以前，只知道“荏”表示软弱，完全不知道它就是紫苏。唉，为什么要用这么好的植物形容怯懦的小人呢？

时光荏苒，寒暑流易，荏草柔弱摇曳的样子，着实惹人怜爱。

子曰：“乡原，德之贼也。”

这个原，应该读去声，乡原，一乡人都称好的人，乡里的好好先生，但他们是败坏道德风气的小人。

在《子路第十三》篇中，子贡曾就此问过孔老师。孔老师认为，全乡的人都喜欢他，这样的人并不可取。这里干脆称之为“德之贼”。

为什么？朱熹认为：“盖其同流合污以媚于世，似德非德，而反乱乎德。”

冯梦龙《古今谭概》中有位好好先生：

> 后汉司马徽不谈人短。与人语，美恶皆言好。有人问徽：“安否？”答曰：“好。”有人自陈子死，答曰：“大好。”妻责之曰：“人以君有德，故此相告，何闻人子死，反亦言好？”徽曰：“如卿之言，亦大好！”今人称“好好先生”，本此。

其实，这位号称“水镜先生”的司马徽，一向慧眼识才。他曾向刘备推荐诸葛亮与庞统，但因当时局势复杂，司马徽就常装糊涂，且从不说别人的坏话。

我看过美国华纳兄弟公司的电影《好好先生》。三十岁的卡尔失恋了，生活过得一团糟，好朋友邀请他参加一档真人秀节目，这节目的难度在于，卡尔在一年内不能对任何人说“不”，不允许对任何事说“不”，只能说“好”。节目主持人认为，说“不”，就意味着对他人的拒绝，拒绝他人就是拒绝自己，拒绝自己就是拒绝生命，拒绝生命就等于自杀。卡尔参加了节目，因为无法拒绝任何要求，他的生活于是陷入了巨大的麻烦之中。

这自然是一个喜剧，节目结束后，卡尔不仅获得了一大笔奖金，还收获了爱情，对人生也有了新的认识，并愉快地接纳他人。

东郭先生是一种中国版“乡原者”的教训；《农夫与蛇》是另一种外国版“乡原者”的教训。一切皆说好，只是“乡原者”的表现之一,这样的人极累,因为天天要装。不过,在孔老师的道德标尺下,任何伪装者都将现出原形。

还有一类人,孔老师也摈弃:“道听途说,德之弃也。”

只要行于道,就会有道听。听到的就去传说,而不经过内心审察。听之易,说之易,朱熹说,虽闻善言,亦不为己有,这是自弃其德也。

宋国丁家打井得一人,是说省下了一个人的劳动力,因为他家打井前,常要一个人外出挑水,有了井,在家门口就可以提水,而不是真从井里挖出了一个人。

道听途说者的可笑可恶之处在于,本来就是捕风捉影的事,经由他的添油加醋,加上听的人不明就里,又再一次地道听途说,N次的道听途说,就会无风起浪,燃起一场大火,虽终会被真相浇灭,但会害人,甚至害死人。

如果无意,似可原谅;若有意为之,便是十足的可恶。

曾向孔老师学习过丧礼的孺悲来了,他想见孔老师,孔老师托病不见。进来传话的人一走出房间,孔老师就拿出瑟弹了起来,让孺悲可以听到。

孔老师有意这么做,一定是孺悲有什么过错,说了不该说的话,或者做了不该做的事让孔老师生气了,所以孔老师警告他一下。有人说孔子此举不大方,气量小,有伤正直。而我以为,这种不屑教,其实是深教。

不想见面,有各种原因,下面这个也是典型的不见面教导,颇有深义。

释迦牟尼出家前曾婚娶，成为佛陀后，妻子耶输陀罗依然对他心存爱恋。某天，耶输陀罗怂恿儿子罗睺罗去找他爹："你去跟你父亲要'遗产'，他那里有我们都没有见过的宝贝。"佛陀听说此事后，他对弟子舍利弗说："你做小罗的师傅吧，让他成为我们僧团中最小的沙弥！"后来，罗睺罗成了佛陀的十大弟子之一。

子曰："饱食终日，无所用心，难矣哉！不有博弈乎？为之，犹贤乎已。"饱食终日的人，对什么事都不用心思，这样的人很难有成就（更高目标是达到仁的境界）。你做点儿什么不好呢？不是有掷骰子、下棋之类的游戏吗？去玩玩那些，也比这般无所事事要好。

上面这章，应该与下面这章合起来说。

子曰："年四十而见恶(wù)，其终也已。"四十岁，还被人讨厌，那他这辈子就算到头了。

饱食终日，完全有可能成为四十岁还被人讨厌的重要原因。对古人来说，弱冠、而立、不惑，人生的黄金时期已过，有没有成就，基本已经定型，虽有姜尚八十岁出山、师旷秉烛而学，但都是特例。孔子强调四十岁，依然是发自内心的感受，他三十五岁时在齐国白白待了两年，就因为晏婴的反对，齐景公遂以老了没有办法任用为由弃孔子不用，孔子只能离开齐国。而现在，即将进入四十不惑的年纪，他困惑得很。一般人都不能断定孔子此言的真正原因，苏轼、朱熹也都这么认为：此亦有为而言，不知其为谁也。

饱食终日的前提，是有食可饱，祖上留下丰裕的财产，怎么折腾，也够一辈子吃喝的，他不会记得祖上创业的艰辛，他也不会去设想坐吃山空后的悲惨。

无所事事，是因为对什么事都提不起兴趣，看透了：人生不过就是这么一回事,赤条条来,赤条条去,得过且过吧。过着过着,这一下就到了四十岁。

林肯说:“四十岁以前的相貌上帝负责,四十岁以后的相貌自己负责。”这话并不难理解,四十岁以前,还有父母的肩膀可以靠一靠;四十岁以后,那就得靠你自己,德行的修养、心灵的塑造,全是自己的事。

说了这么多话,孔老师累了,有一天,他情绪相当低落,当着子贡的面,终于发出了感慨:“我不想再说话了。”

子贡感到惊异,是什么让老师这么无奈呢:“老师您如果不说话,那么我们学生学什么呢?”孔老师答:“天说了什么啊?四季还不是照样在运行,万物还不是照样在生长,天说了什么啊!”

隐士的隐,大多是为了不说话:不是真不说,而是懒得说。这个社会已经让他无话可说,找个地方躲起来,与天说,与地说,就是不与人说。

沉默是金,安静思考能启人智慧,不说话其实也是有相当大的好处的。比如隐士,徜徉在山水间,寿命一般都长。比如有人因某种原因终生不说话,妥妥地躲过灾难而终老一生。

徽子

清醒者持與

微子第十八

孔老师说，商朝有三位仁义的人，微子、箕子、比干。

这三人，事关商朝的存亡，司马迁在《史记·殷本纪》中的记述已经相当细节化：

> 纣愈淫乱不止。微子数谏不听，乃与大师、少师谋，遂去。比干曰："为人臣者，不得不以死争。"乃强谏纣。纣怒曰："吾闻圣人心有七窍。"剖比干，观其心。箕子惧，乃佯狂为奴，纣又囚之。殷之大师、少师乃持其祭乐器奔周。周武王于是遂率诸侯伐纣。

微子名启，他是第一个躲起来的，他深知这个弟弟的品性。要不是母亲生他时还是父亲帝乙的妾，王位也轮不到受(商纣王，帝辛，名受，帝乙少子，以母为正后继位)。帝辛已经听不进他的意见，逃为上。

比干仗着是帝辛的长辈，比微子胆大，性子又直，他舍不得先祖传下的王朝就这么毁在侄子手中，他要以死相争。不过，群臣相遇，早已不是叔侄了，于是针锋相对："重刑厚敛，拒谏饰非，沉湎酒色，你再这么胡闹下去，就会身死国灭。周边那些国家的刀剑正对着我们呢。少喝几壶酒，少弄几个女人，你会死吗？"话实在不好听，换谁谁都要生气，纣王这一回再也忍不住了："就你是圣人，我听说圣人心眼儿特别多，那就剖开看看到底如何。"

箕子与比干一样，也是帝辛的叔叔，他早知道会有这么一天的。起先，帝辛刚继位，他就弄了双象牙筷子吃饭，箕子心里算计着：今天用象牙筷，明天接下来就会用美玉杯，用了美玉杯，后天各种各样的珍玩会越用越多，还有车呀马呀宫殿呀美女呀，反正，他会越来越奢侈的。果不其然。箕子想，这样强争也不是个办法，他大哥都跑了，比干被挖了心，我跑也跑不掉了，那就装傻吧。帝辛索性顺水推舟："叔啊，你不是傻了吗？你就给我待在屋子里，不要乱跑！"箕子就这样被软禁了。

《箕子操》，又叫《箕子吟》，箕子亲作，魏晋流行的著名古琴曲。也有词，词曰：

嗟呼纣为无道杀比干。
嗟重复嗟。独奈何。
漆身为厉。被发以佯狂。
今奈宗庙何。天乎天哉。
欲负石自投河。
嗟复嗟奈社稷何。

愤懑与叹息，日日弹奏，帝辛的脑袋越来越胀痛，心越来越慌。看看这疯子叔叔，也掀不起什么大浪，帝辛厉声喝道："带上你的人，滚吧，滚得远远的！"

箕子带着五千人开始滚，这一滚，如蛟龙出海，滚远了，滚过了鸭绿江，滚到了黄海北部一个半岛的北部，此地山清水秀，鲜花盛开，就在此安居吧，我们将它叫作朝鲜。反正，箕子朝鲜就这么来了，这个王朝历四十一代君主，一直生存到汉惠帝二年（公元前193年）。

孔老师在感叹这三位商朝的先贤时，箕子王朝正接受着周王朝的分封呢。

微子"去"之；比干死了，也是去了另一个世界；箕子"去"得更远。整部《论语》中，无论教学还是游历，孔老师修仁达道为政的思想处处闪现，他向学生讲的每一句话，叙述的每一件事，评论的每一个人，都有特定的指向。他借商朝的三贤要表达什么？似乎比较隐晦，但故事里依然有一种锋芒，如果现实世界自己不被容纳，那就用自己的品格来对抗这个世界，远离是非，或杀身成仁，高士的必然选择。

柳下惠出场。柳下惠就是在那个寒冷的冬夜抱着美女相互取暖坐怀不乱的君子。

柳下惠担任司法官，三次被罢官。有人对他说："你为什么还不离开鲁国呢？"柳答："我正直做事，在哪里都有可能被免职；如果我不正直做事，那又何必离开自己的国家呢？"

诸侯纷争，天下已经大乱，往何处去，确实是个问题。孔子周游列国的经历，恰恰是一个证明，那就是，周王朝摇摇欲坠，哪里都没有净土，哪里都不是从政的好地方，礼坏乐崩，弱肉强食，尔虞我诈，互相倾轧，利益至上。三次被免，太正常了，就是因为太坚持原则而得罪了人。生我养我的土地，终究是有感情的，柳下惠叹了口气："我的故乡，我至死也不愿离开。"

相似的时局又出现了，但孔子与柳下惠不一样，他选择出走，离开鲁国。

鲁定公十三年，五十五岁的孔子春风得意，因为他正在司寇的岗位上大有作为，不想，齐国此时送来了一群漂亮的歌舞伎，执政的季桓子乐呵呵地照单全收。之后，鲁国朝廷三天都没有举行朝会。孔子于是就离开了鲁国。

孔子离开,他带着学生开始了长达十四年的周游列国。司马迁这样说孔子离鲁的原因:这其实源于齐国的一个计谋。

孔子执政后,鲁国大治,齐人害怕了。齐鲁两国,齐大鲁小,齐强鲁弱,要是鲁国强大,成为霸主了,那齐国怎么办?两国打断骨头连着筋,国家挨着国家呢。齐国的对策是,先送美女麻痹一下;如果不行,再送几块地示好一下。齐国选了八十位美女,一色的水灵,皆能歌善舞,还送了一百二十匹漂亮的骏马。齐国突然送来这么个大礼包,鲁国吃了一大惊,春风骀荡,阳光和煦,姑娘与骏马都陈列在鲁国城南的高门外。季桓子三次微服观看,心里如同六月天喝了冰水般舒服。他劝国君收下齐国的大礼,君臣一时都深深痴迷,朝也懒得上了。

这真是一个不思进取的政府,在这样的政府里工作,危险得很。不是我孔子不帮他们,这是我的母国,实在是他们不像话,几个姑娘、几匹马,就被迷成这样,太没见识!

附带插一段。

这齐国呢,不愧是大国,实力雄厚,出手也大方。当初,重耳在列国间避祸,不断地奔走,吃不好睡不好,生活辛苦得很,可一到齐国,立即不一样了,齐桓公不仅给他配了一位美丽的老婆齐姜,还给了大房子、马车二十乘、许多钱财。重耳一住下来,就感到前所未有的舒服。正当他的斗志一点点消磨掉的时候,幸亏齐姜有远见,她知道重耳肩上的使命,不能就这么在温柔乡里堕落下去,于是和重耳的侍臣一起设计将重耳灌醉弄出国去。

著名的楚狂接舆来了。

青山苍苍，江水泱泱，官道上来往的人还真不少。接舆昂着头，迈着大步，一路高歌，手上拿着一根打狗棍，不时朝地面戳一戳。行人偶尔朝他看看，接舆并不理会，只顾自己唱歌。接舆走近一辆马车，车上坐着一位不是太老的身材高大者，车边跟着一群人，走走停停。

这是孔子的车，孔子以及他的学生都听清了接舆唱的歌：

凤兮凤兮！何德之衰？
往者不可谏，来者犹可追。
已而已而，今之从政者殆而！

孔子立即下车，他很想和这位狂人说说话。这歌词太有意思了，他想采访一下这个人。接舆见孔子要同他说话的样子，立即一路小跑着避开了。

接舆的歌是什么意思呢？

凤凰啊凤凰，你为什么变得如此落魄？

过去已经无法挽回，未来还来得及把握。

算了吧，算了吧，今天从政的人，哪一个不是充满着危险啊！

朱熹这样理解接舆的歌词："凤有道则见，无道则隐。接舆以比孔子而讥其不能隐，为德衰也。来者可追，言及今尚可隐去。"

接舆的歌，孔子自然是听出意思来了，他也想隐，可他做不到如眼前这位歌者那样潇洒。

陆游有一首题为《草堂》的诗，最后两句，说到了他的家谱世系：

幸有湖边旧草堂，敢烦地主筑林塘。

尘残酩瓮葛巾湿，插遍野梅纱帽香。
风紧春寒那可敌，身闲昼漏不胜长。
浩歌陌上君无怪，世谱推原自楚狂。

（《剑南诗稿》卷六十一）

诗人陆游在诗中自注："陆氏旧谱云：本出接舆后。"陆游家族，出自历史上著名的芈姓吴郡陆氏，吴郡陆氏奉陆通为始祖。《论语》中，接舆出现过一次，到了《庄子》中，接舆又出现了一次，他的歌词也增加了不少内容。到了晋代，皇甫谧作《高士传》，接舆再次出现了，但他变成了陆通，字接舆，陆通因对当时的社会不满，索性剪去头发，不入仕途，假装疯疯癫癫，难怪陆游将其当作自己的祖先。其实，有人解释"接舆"就是迎接着孔子所坐车的意思，并不是一个人的名字，彼乃楚国一狂人无疑，但不一定名字就叫接舆。

我倒希望陆姓有这么一位祖先，至少，咱的先祖是个超脱隐逸之士，给咱长脸。不过，接舆是不是陆通，对一般人来说并不重要，重要的是他的歌深深触动了孔子。他比孔子活得明白，知道什么叫顺势而为。从细节看，接舆知道孔子的底细，而孔子不知道接舆是什么人，这对孔子来说是个损失。看着接舆迅速小跑着躲开他，孔子心里顿时有一种前所未有的空洞洞的感觉。

接舆是旁观者，接舆也是清醒者，接舆还是个善意的提醒者。

孔子与接舆没有说上话，也是好事，两个人要是真开始谈，恐怕三言两语就得结束，道不同，不相为谋。你走你的阳关道，我过我的独木桥。

行行复行行，车轮滚又滚。

前方应该快到渡口了，但不知道确切位置，边上恰好有一片田，长沮与桀溺正在田里耕作。孔子停下车对子路吩咐道："由啊，你去问问看，渡口在哪里呢？"

子路一溜小跑到了长沮跟前，长沮一手捏着锄头，一手在擦汗，他显然看见了这一群行者，反问子路："车上那个手拉着缰绳的人是谁？"

子路答："是孔丘先生。"

长沮再问："是鲁国的孔丘吗？"

子路再答："是的。"

长沮于是不再搭理子路，低下头边铲地边说："那他应该知道渡口在哪里的。"

子路只好转头问桀溺。不想，桀溺也是反问："您是谁呀？"

子路答："我是仲由。"

桀溺再问："是鲁国孔丘的学生吗？"

子路再答："是的。"

桀溺于是几个连珠炮一并发出："你看，天下大水滔滔，乱成一团，谁能改变得了呢？你与其追随避坏人的人到处跑，还不如跟着避世的人安全一些呢！"桀溺说完，也不再搭理子路，自顾自耙土了。

子路渡口没问成，却连碰两个钉子，垂头丧气地回来向老师报告情况，孔老师听完汇报，有点儿惆怅："鸟兽是无法与它们同群的，我不跟人相处，难道跟鸟兽共处吗？假如天下政治步入正常轨道，我才不会带你们到处乱跑呢！"

民间自有高手在。默默无闻的田耕者，也极有可能就是避世者。他们虽躬耕其亩，自食其力，两耳似乎不闻世间事，却胸有大棋局，对时势一清二楚。

长沮与桀溺，皆话中有话，子路不知道有没有听懂。

长沮的意思是，既然是孔丘，那就应该知道渡口在哪儿。渡口只是一种借代，它是对孔子儒道之肯定，知人论世，教学相长，救世的人，应该知道方向与方法。

桀溺的意思，其实比长沮更进一步：孔子既然已经知道方向，为什么还要逆潮流而动呢？应该像我们一样，急流勇退才是。

孔子虽有些惆怅，不过，他表达的思想却很重要：人与鸟兽不同，无法离开自己的群体，既然如此，就要积极面对现实的人生。再找找吧，渡口一定就在附近。河都看到了，渡口还会远吗？

长沮没有骂孔子，桀溺也没有骂孔子，孔子更没有骂长沮与桀溺，他们都是高人，彼此相知，说些平常人们都懂的话，言外之意却要旁人自己领会。

车轮滚又滚，行行复行行。

或许中间去上了个厕所，或许上厕所后还被什么东西绊了一下，总之，不知什么原因，子路和老师的队伍失散了，他远远地落在队伍后面。幸好，傍晚时分，他遇到了一位老者，老人正佝偻着身子，在田边卸下用木棍挑着的除草工具。

子路恭敬地问："老人家，您看到我的老师了吗？"

老者仔细朝子路上下瞅了瞅，很不耐烦地答道："你这个人，四体不勤，五谷不分，我怎么知道你的老师是谁。"

老人说完，放下木棍，往田里除草去了。

子路见四周空荡荡的，也没什么人，天色又将晚，他只好拱手站在一边等。老人弄完田里的事，料定子路今晚无处可去，就请他到自己家里过夜。一到家，他就忙碌起来：杀了一只鸡，然后洗菜做饭，还将两个儿子叫出来，与子路相见。

吃饭，聊天，一夜的交流，很充分，老者的两个儿子显然都是明白人。

次日，子路赶上了老师的队伍，并向老师报告了前一天的一切经过。孔老师说："这是一位隐士啊。你应该赶回去回个礼，并将我的话带给他的两个儿子。"子路又返回老者的家，老人已经出门了。

孔老师要子路带的话是这样的："不仕无义。长幼之节，不可废也；君臣之义，如之何其废之？欲洁其身而乱大伦。君子之仕也，行其义也。道之不行，已知之矣。"

不去做官是没有道理的，长幼之秩序、君臣之秩序，一样不可废弃。你们这样做，是为自己干净，但破坏了社会的重要关系。君子出来做官，是履行义务，至于大道行不通，这个我们早就知道了。

老者的两个儿子自然明白子路所说话的意思，但他们和爹爹一样，都是不愿意出仕之人，他们反而异口同声地劝子路："你和你的老师，知其不可而为之，这也太傻了吧。我们只将自己置身于大地田园之中安身立命。"

接舆、长沮、桀溺、荷蓧(diào)丈人，孔老师一律尊重他们：志向各有选择，他们避世，他们有自己的生活方式，不必勉强。孔老师知道他们一致反对他"知其不可而为之"的政治主张，但孔老师坚信自己的努力不会白费，只要信念不失，总会有成功的一天。

周天子或者诸侯，一天用餐四次，吃饭的时候还要有音乐伴奏。早餐估计不用乐师，但亚饭(第二顿饭)、三饭(第三顿饭)、四饭(第四顿饭)都必须有伴奏。

鲁哀公的时候，鲁国的宫廷乐队已经不成形，乐师们都流失到别国去了。乐坛的主持，首席音乐家挚大师，移民去了齐国；亚饭干乐师，移民去了楚国；三饭缭乐师，移民去了蔡国；四饭缺乐师，移民去了秦国；打鼓的方叔，移居到了黄河边；摇小鼓的武，移居到了汉水边；少师阳与击磬的襄，移居到了海边。

乐官四散，乱世的悲哀。

李隆基的五百匹舞马，在生日宴会中舞起来，那是何等的气势。安史之乱后，这些马流落民间。某次，数匹舞马落入安禄山手下一个将军手中，被当作战马。夜幕降临，士兵们聚会喝酒，音乐响起，这些马不由自主跳起舞来，被视为妖孽遭毒打。越打它们，它们跳得越欢，最后被打死。有人说这是舞马时，大家都唏嘘不已。

李隆基用上好的蓝田玉打造了一把磬，以流苏与金钿珠翠为饰，珍贵异常，令杨玉环欢喜至极。马嵬坡兵变，杨玉环被赐死，李隆基从四川重回长安后，看到玉环的那把专用玉磬时，一时老泪纵横。

欢乐时，乐（yuè）是乐（lè），大乐（yuè）是大乐（lè），众乐（yuè）多乐（lè），然而，一个简单的道理是，过度之乐（yuè），乐极一定生悲。

第十卷

子张第十九

尧曰第二十

子張

孔老师就是太陽和月亮

子张第十九

虽然孔老师去世，但他的思想，仕、礼、学、孝悌、忠恕、智、德等，在这一篇中，却如春草勃发，子张、子游、子夏、曾子、子贡(因子路、颜回死于孔老师之前)，都是战国大地上孔子思想土壤中盛开的鲜艳花朵。

看孔子的思想如何生长。

子张这样说“士”的标准：“见危致命，见得思义，祭思敬，丧思哀，其可已矣。”做该做的事，即便献出性命也在所不惜；见有得的机会，就要想一想该不该得；祭祀时，要想到是不是恭敬；办丧事时，要想到是不是有哀思。

孔老师是如何评价“士”的呢？

“居上不宽，为礼不敬，临丧不哀。”(《八佾》第三)这样的士，孔老师不要看。

“见利思义，见危授命。”(《宪问》第十四)。这样的士，是理想中的好人。

“君子九思”的最后一思：“见得思义”(《季氏》第十六)。这样的士，“义”字当头。

看来，孔老师的大部分课程，子张都听了，没有缺席。子张在孔老师的课堂上，对孔老师的这些言论做了总结概括，更加全面一体化。

子张曰:“执德不弘,信道不笃,焉能为有?焉能为亡(wú)?”

从反面说,执德弘,信道笃,就能牢牢树立起心中的理想与信念,成为一个高尚的人。德行实践不够坚持,信念不够深刻,极可能成为那种可有可无的人。

清代王士祯《池北偶谈》卷二十一有《引经》,读来让人哭笑不得。

德清(今浙江省德清县)人陈端庵,是清朝顺治己丑年(公元1649年)进士。他考上进士后,授新城(今杭州市富阳区新登镇)县令。陈端庵性情仁厚,见不得别人痛苦。每次对犯人用刑,他都要对着犯人哭泣,流下同情的眼泪。

有个姓王的书生,房子被人抢夺,却久久得不到赔偿,王书生就到县衙告状。审来审去,陈县令审不出个所以然,他只好慢吞吞地对王书生说:“《诗经》里有句诗讲,‘维鹊有巢,维鸠居之’。王秀才呀,你难道就不能做一做喜鹊吗?”

众人听到这样的判决,都笑了。

有法令而不会灵活运用,要么是能力问题,要么就是畏于对手的威势,或来自权,或来自钱,总之,他怕强势的一方,只能对弱势一方进行压制:反正是弱势方,他也掀不起什么波浪。就我个人选择,我宁要板着面孔,六亲不认,办事公平公正的官员,我不要你同情的眼泪,犯了错活该。

陈县令就是子张说的那种可有可无的人,他如此判决,说轻了是糊涂,说重了就是拿百姓的利益当儿戏,这还只是涉及财产,如果是人命案呢?无法想象。

子夏的学生去问子张一个问题:“如何交友?”

子张反问："这个问题，你们子夏老师是怎么说的呢？"

子夏学生答："我们子夏老师说，朋友可以交就交，不可以交就拒绝。"

子张微笑着答："我所想的和你们子夏老师有点儿不同，君子应该尊敬贤者，也要宽容一般的大众。赞扬行善的人，也理解没能力行善的人。我如果才德出众，什么人不能容纳呢？如果不贤，我还没有拒绝别人，别人早已拒绝我了。"

在这里，如何交友，交什么友，已经不那么重要了。

子张与子夏的观点开始出现了不同，这是值得注意的现象。

无论孔子是什么样的交友观，子张与子夏在课堂上听到的应该都是同一种观点，然而，老师走了，时光流逝，老师当年的主张，也会因学生再对学生施教时说话的场景与对象不同而有所改变，慢慢就出现了分歧。韩非子就说过，孔子之后，有子张之儒、子思之儒、颜氏之儒、孟氏之儒、漆雕氏之儒，有仲良氏之儒，有孙氏之儒，有乐正氏之儒，儒出现了八个派别。

不过，就此问题，有人请教王阳明老师，王老师这样回答："子夏说的是小孩间的交往，子张说的是成人之间的交往。如果善于运用，都是正确的。"

王阳明的思想总是别开生面，这还真有点儿符合孩子的性格：你对我好，就是我的朋友；你对我不好，就不是我的朋友。就这么简单。

子夏老师出场。

子夏曰："虽小道，必须可观者焉；致远恐泥，是以君子不为也。"

哪些是子夏说的小道呢？百家众技，如农圃医卜之属。这些小道，确实有它们可取的地方，但要干大事业的君子，却不能专注于此。

子夏接着说："百工居肆以成其事，君子学以致其道。"

说白了，还是有点儿看不起百工，这和孔老师如出一辙。樊迟问稼，就被孔老师狠狠训了一顿。说看不起似乎有点儿重了，在孔门师生眼里，还有比这百工更重要的事，那就是认真努力读书学习，将来报效国家。

此观点的弊端，应该很明显：大家一窝蜂去读书从政，百工从哪里来？吃的从哪里来？

明代黄瑜《双槐岁钞》卷八有《木工食一品俸》，正好可以反面回答小道也有大作为的职业观。

永乐年间，蒯福的木工手艺好，老了以后回乡，他的儿子蒯祥就顶替父亲的工作。蒯祥奉命到北京宫中，凡是宫殿庙社的活儿，他都能干。正统年间，蒯祥主持皇宫三殿及文武诸机关的修建工作。天顺末年，他奉诏修建皇陵。成化年间，蒯祥已经做到工部营缮主事员外郎，后来又被提拔为太仆少卿、工部右侍郎，再转左侍郎，他享受的待遇，累计加起来已经够上从一品了。成化辛丑三月，蒯祥去世，享年八十四岁。他的祖父母、父母，皇上都有所赐赠。他的儿子做了锦衣千户，享受国子生待遇。

子夏接着说："日知其所亡(wú)，月无忘其所能，可谓好学也已矣。"

这是一种良好的学习方法：每天都学习领会一些未知的知识，每月都不忘记已知的知识。即便专指进德与修业，这也是好方法。

清代阮葵生《茶余客话》卷十六有《强记法》《连号法》，讲的就是巧妙的读书记忆方法，今天依然可以运用，我相信有效。

历城的叶奕绳，曾说过他的读书强记之法：每读一书，遇到所喜欢的，就抄下来。抄完，朗诵十余遍，然后，将其贴在壁间，每天一定抄十余段，少的也有六七段。再然后，合上书，去看贴在壁上的抄件，每天要看三五次，一定将其背得滚瓜烂熟，一字不落。壁上贴满了，就将第一天贴上的揭下，放进书柜中，新读新抄的随即补贴上。随收随补，一天也不耽误。一年下来，约得三千段。数年之后，叶的肚子里已经满是经典了。

邢懋循，也说了他老师教给他的读书连号法：初一日读一纸，次日又读一纸，并初日所读读之，三日又并初日次日所读读之。这样，读的内容每天都会增加。读到第十一天，就将第一天所读的拿掉。每天都连读十天的内容，读了一周，其实就是读了十周。即便是中下等的智力，也无不烂熟了。

子夏曰："小人之过也必文。"

犯了错以后找借口，是人性的弱点，许多人会这样做，或许，一般人表现得更明显一些。

下面这些特别的词语，每一个都由重要新闻事件构成，随便查一下，都可以找得到事实的最后真相。不能都将其归纳为小人所为，但它们一定是文过饰非的典型，虽出于一些无奈，但总是借口，无论它以什么面目出现：

> 钓鱼式执法，保护性拆迁，轻度性追尾，合约式宰客，礼节性受贿，临时性强奸，规定性捐款，选择性收费，确认性选举，政策性提价，试探性自杀，自主性坠亡，休假式治疗，临时工式大火，车辆超载式桥塌，干湿交替式楼塌——

子夏曰："君子有三变，望之俨然，即之也温，听其言也厉。"

远望，庄重严肃；靠近，和颜悦色；说起话来，准确严谨。这是君子的三种面孔，画像虽然粗线条，大致轮廓却分明得很，特别是靠近，则有春风拂面之感。

然而，君子只有这三种面孔吗？显然不是。单从个体说，一百种、一千种也不止，但万变不离其宗，无论内视外察，君子都是品德高、做事有节制、对人热情的人。

子夏曰："大德不逾闲，小德出入可也。"

大节不可越界，小节有一些出入则无妨。从情理上讲，这确实应该。君子也有七情六欲，君子也是常人，如果一味刻板，则显然活得不真实。问题是对"小节"的理解，我以为，子夏说的"小节"当指鸡毛蒜皮之类的事，不涉及原则。

宋代赵与时《宾退录》卷七中那个有洁癖者显然在小节上做得过分了。

谢景仁的居室干净素雅，他每次要咳吐的时候，总是要吐在左右侍者的衣服上。吐完以后，允许侍者盥洗一天。他喉咙里刚一痒痒，咕噜一声，左右都争着扯起衣服来接。

谢大官人是东晋的名士，他的这种行为，往好里说是不随地吐痰；往坏里讲，是只顾自己干净，而不顾别人是不是接受得了。那些侍者也是贱，争着接痰，为的是多一天休息时间。

子夏曰："仕而优则学，学而优则仕。"

关键词是"优"。"优"有多义，在此，充足、富裕与优良、优秀，似乎都可以解释，但词义重点不同，意义也就有差别。

充足，富裕——做官有余力就去学习，学习有余力就去做官。

优良，优秀——做官做好了就去学习，学习学好了就去做官。

两相比较，意义没有太大的变化，但前者相对，后者绝对，我还是比较认同前者。前者的前一句，可以理解成今日之终身学习，无论你是多么大的官员，都要学习一辈子，这样才不会出现能力不足的情况。后者也是一种提倡，当今大学生参加公务员考试，也是一种趋势，虽然竞争激烈，几十人甚至几百人争一个岗位，但恰好证明学而优则仕。

不过，此后的科举制，将学与仕简单对接，学只有一个目的，那就是仕，只有仕了，才算学优，否则，一切工夫都是白费。

近年去过不少状元乡、进士村，每每在介绍栏中，我都会仔细看录取名单，我关注的是一种叫"特奏名进士"的等次，一般人都不理解，以为都是普通进士，其实不然，这"特奏名"三个字，真是饱含辛酸，那是读书人考了一辈子，参加过十几次考试，仍然没有考取，终于，他等到了（活到了）皇帝规定的那个期限：今年科考，以往考过十五次（有时是十七次）的考生，只要参加了考试，无论成绩好坏，一律录取！自然，这"特奏名进士"，只是名誉上的，并没有实质性的待遇，但对一个考了一辈子的考生而言，好歹也是个安慰。

"特奏名"的前提是熬，一定要寿命长，十七次，三年一次，差不多是五十年，有多少读书人能熬过来？从这个角度说，"学而优则仕"真是一把杀人不见血的利刃，它割去了多少读书人的大好青春。

乾隆曾坦言，科举既不为选贤任能，也不为教化国民，而在于让读书人拘于八股，皓首穷经，用'名利'两字牢牢拴住他们，使其再无暇思索什么真理大道，则大清永姓爱新觉罗。

子游对人说："子夏的学生们，一些洒扫、应对、进退的事，做得挺不错，但都是细枝末节的小事而已，做人的根本道理却没有学会。这怎么可以呢？”

子夏听说后，反驳子游：“唉，子游讲错了。我们传君子之道，哪些先教，哪些后教，哪些不教，拿这园中的草木比喻，是各有区别的。对君子应该学习的道理，怎么可以歪曲理解呢？按圣人的标准，做事情要慎始慎终、全面兼顾才好。”

洒扫，洒水，以水挥地及墙阶，令不扬尘，然后清扫；应对，答应，一定要有辞；进退，怎么走路，何时拱手，一些细小的威仪容节。

子夏未必不知道这些小事与大事的区别，他强调做好小事在先，其实与孔老师所说的“行有余力则以学文”是一致的：先做小事，以小事明大事。

子游背后议论同学是非，有违老师提倡的正人君子之道。

子夏不顾同学面子直接反驳，更显见孔门分派已成必然。

今天（2021 年 9 月 10 日），恰逢教师节，看王阳明是如何指导做个好老师的。

每天早晨，学生们到校参拜行礼后，老师要依次耐心而亲和地问每个学生：在家时热爱亲人、尊敬长辈是否做到真切而没有懈怠疏忽？在自我的礼节上有没有身体力行而没有欠缺呢？早上来读书在路上行走时是否谨慎注意？有没有放荡不羁？自己的一切言行有没有做到忠信而笃实呢？每位学生一定要如实回答，有则改之，无则加勉。老师还要随时针对具体情况，委婉地加以启发开导，然后让他们各自回到座位上学习。老师布置的作业不在量多，而在精熟。要根据学生的资质，能认识两百字的只教一百字，让学生精力富余，这样，他们就不会因为辛苦而厌学，反而会因有收获而心情愉悦地主动学习。

王阳明的教育主张很简洁，那就是要顺应孩子们的天性引导他们从小事做起。

子游曰:“丧致乎哀而止。”

曾子曰:“吾闻诸夫子:‘人未有自致者也,必也亲丧乎!’”

居丧时,充分表现悲戚就可以了。什么时候表现得最悲痛呢?曾子听孔老师说过,就是父母过世的时候。

厚养薄葬,让双亲在厚养中充分感受孝义。

也有做做样子的不孝之徒。

唐朝张鷟的《朝野佥载》卷三有例如下:

东海有个孝子,叫郭纯,母亲去世了,很悲伤,每一次都大哭,每次哭的时候，都有很多的鸟飞到他家的院子里。政府派人一核查,真有此事,这是郭的孝心显灵啊!于是授锦旗,在全乡表彰他的孝心。有人不相信,偷偷侦察,终于搞清楚原因,那些鸟是他训练出来的。以前他每次哭的时候,就将饼子掰碎,丢到地上,群鸟争着来食,一连好几天都这样。后来,那些鸟一听到郭纯的号叫,就集中到他家的院子里了。

子贡又重新出场。

这一回,他主要在人们如何正确评价孔老师的话题上发力。

子贡评价圣人的大前提是这样的:“君子之过也，如日月之食焉。过也,人皆见之;更也,人皆仰之。”

日食与月食如何形成?太阳、地球、月亮三球成一直线时,从外形上看,圆的日月就缺了一块。比如日食,不是缺了,而是月亮遮住了太阳,阴影以内看不见太阳。又比如月食,月球进入地球的影子区域会发生月全食和月偏食。这自然是个比喻,日月都有缺陷,何况是人。这缺陷就算是过错，那也是人人都见到的过错，改掉这些过错，大家依然仰望他。

鲁国大夫叔孙武叔在朝堂上大放厥词："子贡的才德，要比孔仲尼更卓越。"

很多人都听到了，大夫子服景伯将这话转告子贡。子贡听了，也没有生气，就给子服景伯打了一个比方："我们以这房屋的围墙作比喻吧。我家的墙只及肩的高度，人在墙外，家里有什么东西，墙外看进来一清二楚。孔老师家的墙，却有好几丈高，如果不从门进去，在墙外看不到里面宗庙的雄伟、房舍的富丽。但是，能找到门进去的人极少，所以叔孙武叔这么说也没什么好奇怪的。"

叔孙武叔果然别有用心，他居然又在另一场合大肆毁谤孔子。

子贡对此立即发表果断的评论："孔仲尼是没有人能毁掉的，也是不可能毁掉的！一般人的才德，只像山丘一样，可以超越，但仲尼却像太阳与月亮，根本没有办法被超越。一个人自绝于日月，对日月又有什么损害呢？只不过让人看出他的不自量力罢了。"

王阳明的弟子问王老师："为什么大圣人也免不了被人诽谤呢？"

王老师答："毁谤自外来的，虽圣人如何免得？人只贵于自修，若自己实实在在是个圣贤，纵然人们都毁谤他，也说他不着，却若浮云掩日，如何损得日的光明？若自己是个外表端庄、内心空虚无着之人，即便没一个人毁谤他，内心潜藏的恶总有一天会暴露出来的。毁谤、赞誉都来自外面，只要不断加强自我修养，外来的毁誉不算什么。"

王阳明比子贡显然更理性，毁誉皆来自身外，加强内心修养，懒得理他就是。

或许，颜回去世，孔老师去世，子贡真的是一枝独秀，不断被人称赞，这一回，连同学都来了，这位怀疑过孔子私授儿子的陈子禽同学，这样对子贡拍马屁：“子贡同学，您太谦让了吧，孔老师的才德难道比得上您吗？”

子贡似乎有点无可奈何的样子，他有点看不起子禽同学，但仍然耐着性子答道：“君子讲话一定要谨慎呀。我们的孔老师，无人能及，就像这天空没有办法用梯子爬上去一样。我们老师，假如给他治理国家的平台，那他一定会做到：百姓能立足社会，百姓会按照他指引的方向前进，远方的百姓也都会来投靠，百姓也会为国家的事齐心协力。当老师在世时，百姓以他为荣；当他不幸辞世时，百姓为他悲哀。这样的人，我们怎么能及呢！”

少也贱，故多能鄙事之孔丘，自强不息，不知而后知之，刻意尚行，克己复礼，博文约礼，日进于德，恒修心中之诚，终于成就大德。朱熹如此赞：“天不生仲尼，万古如长夜。”

子贡不愧为孔门优秀的学生，老师去世，他守墓六年，绝无仅有，而他维护孔老师的言语，并不是一味盲从，而是发自内心：老师就是这样一位伟大的人，今天不可能有人比得上他，未来也不可能有人比得上他。

事实证明，子贡的判断是对的。古代中国的思想，就是滥觞于孔子，发扬于战国诸子，到了汉代，就由儒教统一了，即便后来新增了佛教、道教，儒释道三足鼎立，儒仍然处于领先位置，特别是宋代的程朱理学、明代的阳明心学，对儒教虽有改造，但毋庸置疑，儒学始终是中国古代哲学思想的核心。

尧曰

一切都是天命

尧曰第二十

荀子描写了下面这些著名人物的外貌，只是，准确与否，无法考证，但我认为，荀子有他的文本参考来源，基本外形应该不会相差太大。

尧帝、周文王、孔仲尼，身材高大；舜帝、周公，身材矮小，是那种在人堆里很容易被忽视的人。周公还很瘦，好像立着的树干；禹和汤呢，惨了，禹瘸着腿走路，汤则半身不遂。

高大而苍老的尧帝，数十年考察，千思万虑，终于选好了接班人，还将自己的两个女儿嫁给他。传位这一天，朝堂两旁，众臣齐立，尧帝颤巍巍地对站在他面前的接班人舜嘱咐道："姚重华呀，天的任命，已经落在你身上了，你要公平地把握正义。如果天下百姓穷困，上天给你的禄位也将永远终止。"

舜选贤任能，励精图治，天下大治。按照司马迁的说法，舜摄政28年，尧才去世，尧死之后，舜又在位39年。

尧禅让，舜也禅让，他让位给了禹。让位前，苍老的舜将尧对他的嘱咐又对禹嘱咐了一遍，舜将话传给禹听的时候，虽然六十多年过去，尧对他说的每一个字，每一个字用的语气，舜的脑子里都清晰如昨。尧的话中，还含着一丝丝的威胁呀："如果治理不好天下，上天就会罢掉你的王位！"草殿上，又回荡起苍老而雄浑的声音，久久不散。

夏朝的方国商国，它的首领叫成汤，子姓，名履。成汤在伊尹等大臣的帮助下，不断兼并，终于成为强国，与夏桀大战，最终灭了夏朝，定国号为商。

商汤称帝那一天，对着上天恭恭敬敬地祈祷："我小子履，在此向光明而伟大的上苍献上黑色的公牛作为牺牲，并向您报告，有罪之人，我不敢擅自赦免，服侍您臣仆的所为，我也不敢隐瞒，要赏要罚，一切由您决定。我本人如果有罪，请不要责怪天下人；天下人如果有罪，罪由我一人承担！"

商纣王将成汤的大好江山毁了，周武王（姬发）伐纣，完胜。周朝于是大封诸侯，所有的好人都安享富贵。

姬发刚上任三天，立即召集下属开会。他问大家："有没有保存下来的，可以永远指导我们周朝子孙后代的古代规约和行动方法呢？"大家都直摇头，说没见过也没听说过有这样的东西。姬发于是很郁闷。这时有人出主意了："我们把姜太公找来问问吧，他老人家懂得多。"姜尚一来，姬发就很谦虚地问："您老人家看见过黄帝、颛顼的治国方法吗？"太公说："我在《丹书》上好像看到过。大王如果想听，请您斋戒三天。"姬发太高兴了，果真有高人呢！他立即斋戒。

三天后，姜太公很庄重地给姬发讲起了先王的治国之道。这些治国方法，总的来讲主要有：靠仁义得到国家，用仁义保护国家，就会有百世不变的江山；靠不仁得到国家，用仁义保护国家，就会有十世江山；靠不仁得到国家，用不仁不义去保护国家，祸害马上就来了。

姬发听完姜太公的话，真是如遭雷击，醍醐灌顶，胆战心惊。散会后，他感慨万千，思如潮涌，马上书就《戒书》若干。这些座右铭一共十七条，贴满了他的办公室及卧室和随时能看到的地方，日日提醒，时时警惕。

姬发向群臣保证："我虽然有许多亲人，但都比不上你们这些行仁义的大臣。今后，百姓如果犯了过错，都由我一个人来承担！"

周武王对百姓宽厚、信任，行事公平公正，天下之民归心，百姓的满意度越来越高。孔子总结了周武王的德行，主要有如下几点：

1.谨修度量衡，整顿官吏制度，全国政令得以畅行；

2.恢复被灭亡的国家，延续已断绝的祭祀；

3.邀请并提拔隐逸不得志的人才为国家服务；

4.将百姓、粮食、丧礼、祭祀当作国家的重要工作来抓。

成汤名履，寓意他一路走得很艰苦，打江山真不容易。在他前面的夏，其实更不容易，中国第一个王朝，虽是禅让而来，但夏禹治水真的是太艰难了。

2019 年 10 月，我去绍兴市柯桥区的夏履镇，一个藏在深山里的生态乡镇。

我感兴趣的是这个名字，从字面上看，夏朝的一只鞋子，真和夏朝有关吗？真和鞋子有关吗？《吴越春秋》上是这么说的，和夏朝大禹有关。

我们站在芦头滩上，据说，大禹当年就曾在这里治水："乃劳身焦思次行，七年，闻乐不听，过门不入，冠挂不顾，履遗不蹑。"雨一直下，洪水滔滔，大禹心焦，他坐在芦头滩边的一座桥上观察水势，或许，是草鞋的绳带断了，一不小心，脚上的一只草鞋掉落桥下，没等去捞，便被洪水冲走了，后人为了纪念，就把这座石桥叫作"夏履桥"。

我在夏履桥上来回走了两遍，桥下清流汩汩，满山满目皆是青翠的竹子。夏朝的一只草鞋，是大禹治水的象征，即便是传说，也是美好的纪念。

此前，子张同学已经数次问政于孔老师，这次，他又问了："老师，君子要怎么做才能将政务治理好？"

孔老师具体而细微地回答了"尊五美，屏四恶"，子张一一记下。

"尊五美"是惠而不费、劳而不怨、欲而不贪、泰而不骄、威而不猛。

第一美：看百姓可以在哪方面得利而引导他们得利，施惠于民，自己却不耗费；

第二美：选择百姓愿意服劳的事情使百姓服劳，就不会招来怨恨；

第三美：想推行仁道就尽量推行，此乃有欲而不贪；

第四美：不管对方是谁，都不慢待他们，神情舒泰而不骄傲；

第五美：庄重严肃，让人有生畏之心，威严却不凶猛。

屏四恶是：不教而杀谓之虐；不戒视成谓之暴；慢令致期谓之贼；犹之与人也，出纳之吝，谓之有司。

第一恶：不事先教育百姓，百姓犯错就用杀戮来行政，这就是虐；

第二恶：不事先告诫百姓，而突然查验他的工作成效，这就是暴；

第三恶：发布政令迟缓，但到了期限却又不通融，故意害人，这就是贼；

第四恶：说好要施与百姓，却出手吝啬，像一般的小官员。

孔老师回答完，又对子张总结了一下，语重心长："这五美四恶，其实都是君子施政时的一些细节。尊五美，屏四恶，关键在于个人品德的提升与修养。如果己所不欲勿施于人；如果推己及人；如果己欲立而立人，己欲达而达人，那么，就不会出现'四恶'现象，就可以施行仁政，报效国家，造福社会。”

子张听着老师的教诲，连连点头。

朝廷新开一例，凡物有两个名字的都充军，有三个名字的都要斩。茄子自觉双名，于是躲进水中。水曰：“你来为何？”茄子答：“避朝廷新例，因说我有两名，一名茄子，一名落苏。要去充军，我怕了。”水曰：“若是这等，我该斩了，一名水，一名汤，又有那天灾人祸的放了几粒米，把我当酒卖了。”

冯梦龙讲这个笑话的时候，显然有多种层面的讽刺：不辨是非的有罪推断，制造假酒的不法商贩。如果以此来对照四恶，前三恶恰好对得上。事先为什么不说清政策？要是知道，谁还敢取两个名字？再说了，两个名字也不是自己取的。其实，茄子那两名还只限于明朝以前，到后来还有别名矮瓜、吊菜子、昆仑紫瓜等，茄子遍布中国大江南北，名字或许还有更多，注定要斩头的。

《论语》的长课堂就要结束，孔老师最后谆谆教导如下：

子曰：“不知命，无以为君子也。不知礼，无以立也。不知言，无以知人也。”

孔子五十就知天命。什么是天命？如此深奥而博大。我理解有三个层面。

第一个是宗教哲学层面。

日落日出，月圆月缺，雷电风暴，地动山摇，面对大自然，原始人类实在理解不了：天为什么会如此捉摸不定？每当灾难来临，人类要么躲进山洞，要么跪在地上磕头，发展到后来，人类认定，天上一定住着万能的天神，是天神掌握着他们的命运，于是有了各类的祭祀，祭祀就是一种告饶与祈求。

第二个是天文地理层面。

在人类眼里，这时候的天，天上的银河，日月星辰，已经变得可以有所认知。人类知道，天是一个浩瀚无边的概念，除了日月，星星也是天的组成部分，但即便是朝廷专职管理天象的官员，依然无法具体知晓，天究竟是怎么运行的，他们能向皇帝提供的，只是一种天文记录，并将一些特别的现象与帝国的命运联系起来。顺天，才能应时，罪己诏就是皇帝向天的认错书。

第三个是生态生活层面。

时令、节令，人类遵循季节的命令，随四季的更替，进行着重复又重复的耕作，以满足自身生存的一切需要。天更加阔大，天文化迅速发达，各种与天有关的神话传说也越来越多。天上有一个完整的天人世界，他们生活无限美好，永生快乐。与此同时，人类又造出一个地下王国，地下主要用来惩罚那些恶人：生前作恶，死后必进地狱受罚。对于天上及地下的世界，帝王也充满了好奇。总体上，这一层面的天，已经让人类深深地感觉到，只有与天和谐相处，才能过上好日子。

孔子的天命观，我觉得上述三个层面的意思都有。他是文化人，虽不能全部明白是怎么回事，但尊重天是第一重要的事，他将斋戒当作人生头等大事。他深深领悟到，要做一个天地间有德行的人，时时行走在人生的正途上，才是真懂得天道。他持之以恒，将之付诸自己的教学实践及为政理念中，天也终于酬之于勤。

天地间，身材高大的孔子，又抬头观天思天了。

三千多年前就诞生的印度圣典《梨俱吠陀》诗，第十卷第九十首有这样的诗句（引自金克木《梵佛间》），它叙述了天、神与人之间的关系。这应该是歌颂祭祀的，但想象实在奇特：

月亮由心意产生；
太阳由两眼产生；
由嘴生面因陀罗（天神）和阿耆尼（火）；
由呼吸产生了风。

由脐生出了太空；
由头出现了天；
地由两足；（四）方由耳；
这样造出了世界。

当天神们举行祭祀时，
以布卢沙（人）为祭品；
春是它的酥油，
夏是柴薪，秋是祭品。

王阳明认为，人与万物之间有微妙的感应，不但禽兽草木，即便天地也与我同体，鬼神也与我同体。

有学生请王阳明解释。

王阳明问："你看天地之间，什么是天地的心？"

学生答："我听说人是天地的心。"

王阳明再问："人为什么是天地的心？"

学生答："只是因为人有灵魂。"

王阳明答："可见充满天地之间的只有人的灵魂，人与天地万物，只是被自己的形体隔开了；人的灵魂，便是天地鬼神的主宰。天如果没有人的灵魂，谁去仰他高？地如果没有人的灵魂，谁去俯他深？鬼神如果没有人的灵魂，谁去辩他吉凶祥灾？天地鬼神万物离开了人的灵魂，便不成为天地鬼神万物了；人的灵魂离开天地鬼神万物，人也不存在了。天地万物鬼神与人的灵魂都是一气流通的，如何分开呢？”

学生再问：“天地鬼神万物，千古长存，为什么没有人的灵魂便都不存在了呢？”

王阳明再答：“你去看看那些死人，他们的灵魂都游散了，他们的天地万物鬼神又去了哪里呢？”

王阳明赋予天地万物以人的灵魂，是知天命的积极应对之法。不过，无论中外古今，天命问题始终神秘，千条万条，唯有顺，才能安。

孔老师最后一次苦口婆心：“知命，知礼，知言，知人，由内到外，由我到人，求善求德，这些都努力实践做好了，你们明白了自己在这个世界的使命，就可以安身处世，闯荡社会了。”

同学们，你们出发吧，去帮我实现未竟之周公理想。祝福你们！

永远的《论语》(后记)

我写《论语的种子》，直接起因是替未出生的孙儿取名。

三年前，我替未出生的孙孙取名为“学而”，这是想了好久才决定的，无论男女，“学而”，这可是来自中国最有学问的书《论语》第一篇的篇名呀；如果再生一个，就叫“述而”——《论语》第七篇的名字，按理想主义推论，这个“述而”以后可以从事与语言表达有关的职业。陆学而，大家都说好，儿子陆地却说不好，他说太文气，他要自己取。见此情景，妻倒聪明，她替孙儿迅速取了个小名，“瑞瑞”。我的名字里有祥，再加个瑞，祥瑞，真是通俗吉祥，且瑞瑞男女均可，大家一致同意。

接下来的饭桌上，我们经常讨论瑞瑞的大名，首先排除新生儿爆款名字前三十强，比如男孩子的宇轩、宇泽、奕辰、浩然，女孩子的一诺、梓涵、梓萱、欣妍、诗涵，都一一排除。生僻字也排除，不能苦了瑞瑞，读书考试写个名都要慢三十秒。另外，特别吸引人眼球的也排除，比如王者荣耀、谢主隆恩等，极容易成为笑料。陆地每过几天口中就会冒出一个名字，比如陆杭衡，因为儿媳嘉莉是湖南衡阳人，但也都被我们一一找出不足之处。陆大有，嗯，有点儿意思，《易经》第十七卦就是“大有”，大有总比小有好。有次，他突然说，如果是男孩儿，索性就叫陆九渊吧。我说这么大胆，可细一想，虽是宗亲名人，也未尝不可。至少陆地研究过陆九渊。

瑞瑞降生，是个女娃，陆地以“修蕴”两字命名之。

自己的孩子自己做主，我也不干涉。“修蕴”，意思也不错，修身养性，自我反省，蓄藏智慧，做人做事有分寸，这是高标准。某次我们在珠海采风，蒋公子龙先生闻后笑说："孙儿的名字要爷爷取啊。"我只是笑笑，不过，还是特意请子龙先生为瑞瑞题写了"修省蕴哲"四字作为励志纪念。

即便如此，我心中依然将瑞瑞看成"学而"。每次我抱着瑞瑞，就想着"学而"，这个"学而"于是就似长在我心中的树一样，越长越快，树干越长越粗。我知道，这种感觉，是几十年来断断续续读《论语》积聚起来的，只是因"学而"而变得强烈了。于是我又一次重返《论语》课堂，仔仔细细地读，聆听孔老师的教诲，与他的弟子交谈，一时沉浸在春秋的各种日常中。

《论语》共二十篇，四百九十二章。自古以来，没有哪本书如《论语》一样有着完全不同的解读方法。《论语的种子》，是我阅读《论语》个性化笔记的片段合集，承继《论语》传统，每篇文字皆为长短不一的论语体，着眼于对孔门弟子人物性格的剖析、师生问答境遇的还原、意蕴与话外之意的延伸，不少相同的话题归纳合并叙述。写作过程中，虽不拘泥于对字词句的辨析，但依然追求最大程度上的准确，我依据何晏《论语》集解、朱熹《论语集注》、刘宝楠《论语正义》、钱穆《论语新解》、南怀瑾《论语别裁》等大家的注疏，再加以比较梳理，对所涉章节的解读力求把握原义，力求古今义理打通，叙述简洁好读，从孔门师生平凡的日常起居中，抵达教育与人性的深刻。

钱穆说："今天的中国读书人，应负两大责任，一是自己读《论语》，一是劝人读《论语》。"我越想越觉得钱穆的话有道理，那就写吧，反正是我一家之言。而后一发而不可收，竟然写完了二十篇，我将其命名为《论语的种子》，因为，两千五百多年来，这颗种子已经长成参天大树，至今仍茂盛茁壮，且生生不息。可以这样说，没有《论语》，中国传统文化是不完整的。

为了一个名字，写了一本书。她很快就会变成亭亭玉立的大姑娘，以后读到这个后记时，我希望她扑哧扑哧笑个不停。

暮春三月，春服既成，冠者五六人，童子六七人，浴乎沂，风乎舞雩，咏而归。

让我们读《论语》吧！春草勃发的时候，我和瑞瑞站在运河边，大声诵读《论语》，柳枝随风婀娜拂动，大船来往突突，白鹭时而横江。子在川上曰：“逝者如斯夫，不舍昼夜！”

癸卯年桃月

陆春祥书院

参考文献

[1] 何晏《论语注疏》集解——广西师范大学出版社 2019 年 8 月

[2] 朱熹《论语 大学 中庸》集注——上海古籍出版社 2013 年 8 月

[3] 刘宝楠《论语正义》——中华书局 1990 年 3 月

[4] 钱穆《论语新解》——九州出版社 2018 年 12 月

[5] 钱穆《孔子与论语》——岳麓书社 2020 年 11 月

[6] 南怀瑾《论语别裁》——东方出版社 2014 年 7 月

[7] 李泽厚《论语今读》——安徽文艺出版社 1998 年 10 月

[8] 傅佩荣译解《论语》——东方出版社 2012 年 6 月

[9] 周志文《论语讲析》——北京出版社 2019 年 10 月

[10] 王肃整理《孔子家语》——北京联合出版公司 2015 年 7 月

[11] 王钧林等译注《孔丛子》——中华书局 2009 年 10 月

[12] 司马迁《史记》——中州古籍出版社 1996 年 10 月

[13] 王阳明《传习录》——中州古籍出版社 2008 年 1 月

[14] 李启谦、杨佐仁编《孔门弟子研究资料》——曲阜师范学院孔子研究所

[15] [日]和辻哲郎著，刘幸译《孔子》——上海古籍出版社 2021 年 6 月

[16] [日]武内义雄著，汪馥泉译《中国思想简史》——北京联合出版公司 2018 年 12 月